PEGGY KURKA

Das Blaue Kind

Peggy
Kurka

Das Blaue Kind

Meine Geschichte als Schwarze Deutsche

QUADRIGA

Dieser Titel ist auch als E-Book erschienen

Die Bastei Lübbe AG verfolgt eine nachhaltige Buchproduktion. Wir verwenden Papiere aus nachhaltiger Forstwirtschaft und verzichten darauf, Bücher einzeln in Folie zu verpacken. Wir stellen unsere Bücher in Deutschland und Europa (EU) her und arbeiten mit den Druckereien kontinuierlich an einer positiven Ökobilanz.

FSC www.fsc.org
MIX
Papier | Fördert gute Waldnutzung
FSC® C014496

Zum Schutz der Persönlichkeitsrechte der genannten Personen sind Orte und Namen geändert.

Textredaktion: Thembi Wolf, Berlin
Umschlaggestaltung: Kuzin & Kolling, Hamburg | Hannah Kolling
Einband-/Umschlagmotiv: © Jork Weismann
Satz: hanseatenSatz-bremen, Bremen
Gesetzt aus der Minion Pro
Druck und Einband: GGP Media GmbH, Pößneck

Printed in Germany
ISBN 978-3-86995-131-7

5 4 3 2 1

Sie finden uns im Internet unter quadriga-verlag.de
Bitte beachten Sie auch: lesejury.de

Für John Otis, Beck und Mac

Ich habe jahrzehntelang gedacht, dass ein erfülltes Leben der stetige Kampf ums Überleben ist. Der Kampf, nicht zu sterben und irgendwie in Sicherheit zu sein. Ich bin gelaufen und gelaufen, sehr weit gelaufen, fast um die ganze Welt. Im wahrsten Sinne des Wortes. Ich hatte mich so sehr daran gewöhnt, dass es jeden einzelnen Tag bestimmte. So viele schöne Momente konnten mir nur kurz Freude bereiten, denn dann ging die Jagd um den Erdball, weg von da, wo ich herkam, weiter.

Erst kürzlich hielt ich inne, sah um mich und befand, dass ich noch einmal zurückblicken möchte, um dieses Buch zu schreiben. Einfach nur Freude zu haben, ohne mich zu reiben, ohne mich mit den dunkelsten Seiten eines jeden Menschen, der mir begegnet ist, zu befassen.

Meine Geschichte ist unsere Geschichte.

Inhalt

»Auf dass die kreisenden Gedanken endlich einen Grund finden.«

Christoph Schlingensief

Zu sagen ist …

Seit ich nun Schwarz bin
find ich kaum mehr Ruh
so viel zu sagen ist
so viel zu weinen ist
so viel zu lieben, zu bedenken ist
so froh dass meine Haut
sich fast vom Fleische löst
will doch die Freude gleich in jeden Spalt

Hallo, Du wunderschönes Ding
aus Adern und Blut
Händen wie Füßen
Dank an Euch Beine
In Zeiten des weiten Wanderns mich trugen
Niemals schwächeln taten
Hände, die mich an Ästen und Sträuchern
an Griffen des Lebens halten ließen
Bei mir waren, als ich vergaß

Peggy Kurka, Santanyí, Mai 2022

Vorwort

Das hier ist mehr als überfällig. Der Erinnungsknast ist mir zu eng geworden. Mich überfiel ein unerklärlicher Drang danach, zu erzählen, woher ich komme. Woher wir kommen. Wir ganzen Wirs. Wir Wirs, die in der DDR von 1961 bis 1970 geboren wurden und aufgewachsen sind. Die Jahre, zu denen die afrodeutsche Wissenschaftlerin Peggy Piesche forschte, weil sie interessante Aufschlüsse hinsichtlich der Zuschreibungen und Rezeption des »Fremden« und »Anderen« vor allem in Bezug auf Schwarze Menschen ermöglichen. Besonders über deren gesellschaftliche und kulturelle Sozialisation. So wie auch ich, Peggy Kurka, es erlebt hatte.

Die Schwarzen und Braunen Wirs, die ungeachtet, nicht mitbedacht, aber mitgelaufen sind. Ohne jemals eine Identität bekommen zu haben, aus gesellschaftlicher Absicht, vermengt mit persönlichem Versagen autoritärer Erwachsener. Die DDR war ein Land von über 700 Erziehungseinrichtungen, in denen mehr als 500.000 Kinder und Jugendliche gebrochen und gezüchtigt wurden, wenn das nicht schon zu Hause erledigt worden war. Rassismus und Ausgrenzung waren der normale Singsang des Ostens. Vielleicht waren sie auch das Resultat einer selbsternannten Kultur, die sich von Anfang an auf die Fahne schrieb, den Naziverbrechern keinen Prozess zu machen. Ganz frei nach dem Motto: Vorwärts immer, rückwärts nimmer.

Nach mehreren verzweifelten Versuchen, mich abzutreiben, gebar mich Irmgart, eine zweiundzwanzig Jahre alte, verheiratete, Weiße Frau, so sagen sie, im Mai 1969 in einem Müttergenesungsheim in Bad Saarow am Scharmützelsee. Sie überließ mich dem fragwürdigen System, das den Wert eines Menschenlebens anhand einer Farbtabelle und der Parteizugehörigkeit formulierte. In einem Jahr, kurz vor Sommerbeginn, zu einer Zeit, in der das Wort Menschenwürde leider schon vollständig verdreht war, begann mein Leben. Ein Leben, von dem niemand erfahren sollte. In diesem Kinderheim, als Schwarzes Baby dem diktatorisch-kommunistischen Staat gehörend, begrüßte mich das Universum auf eine Runde Leben. Mein leiblicher Vater kam aus Guinea, einem zu dieser Zeit eher westlich orientierten Land. Er studierte für Devisen – also Dollars – an der Hochschule für Ökonomie »Bruno Leuschner« in Karlshorst. Er und die junge Irmgart begegneten sich eher flüchtig, so beschrieb sie mir später während unseres einzigen Treffens. Bis heute möchte sie noch nicht eingehender mit mir darüber sprechen, was ich zu akzeptieren habe.

So beginnt meine Geschichte über Wünsche, Träume, Lebenslügen, über Identitätslosigkeit und die »stille Eleganz« pädophiler Neigungen und Rassismus in der Familie. An diesem Ort, zu dieser Zeit und in den verworrenen, verwahrlosten Werten meiner Folgefamilie mitten im zweigeteilten Deutschland. Ich war das eindeutige, lebendige Abbild für die Solidarität in der DDR. Mir wurde aus einer Schneeweißen Perspektive heraus geholfen. Solidarität als Hierarchieform. So ähnlich beschrieb es Peggy Piesche in einem Interview sehr passend und in ihrem Artikel »Schwarz und deutsch? Eine Ostdeutsche Jugend vor 1989 – Reprospektive auf ein nicht existentes Thema in der DDR«.

Vielleicht ist das Folgende nur mein persönliches Los. Vielleicht aber – und davon bin ich persönlich überzeugt – ist es die Geschichte vieler Menschen, egal ob aus dem Osten oder aus dem Westen. Dann ist es nämlich unsere, unser aller Geschichte. Auch die Geschichte derer, die wegsehen und sich wie Kinder die Augen und Ohren zuhalten, darauf hoffend, dass die Vergangenheit ihre Geschichten begräbt. Ich wollte immer irgendetwas mit meinen Erfahrungen anfangen. Sie nicht sinnlos gewesen sein lassen, sondern anderen dienlich. Sicher ist es nicht allen so gegangen wie uns. Dann erzähle ich das Folgende für den Teil der 500.000, die noch keiner angehört hat. Es sollte bitte nicht umsonst gewesen sein, dass ich noch da bin und befähigt zu sprechen.

Das Glück zu haben, noch hier zu sein, durchfährt mich immer wieder. Mir öffneten sich beim Schreiben so viele Türen, während sich andere wieder und wieder schlossen. Sonderbarerweise fand ich dennoch immer genug Türklinken zur richtigen Zeit. Manchmal in der wirklich allerallerletzten Sekunde. Ich war getrieben davon, immer weiter zu gehen, tiefer in meine Erinnerungen zu steigen, ohne zu wissen, warum und wohin. Dahin, wo ich herkam, ging es auf keinen Fall mehr. Seit dem Mauerfall und der Wiedervereinigung gab es diesen Ort ohnehin nicht mehr. Es ließ mich in meinem Leben immer traurig und wütend zurück, wenn ich mich umdrehte. Ich suchte immer die Freude, die Sonne, den Erfolg. Ich wollte so weit weg, wie es nur irgend ging. Was ich dort fand, war nicht so leicht zu lieben. Ein Haus auf einem Fundament aus weggeträumten Geschichten ist wackelig. Die Bedeutungslosigkeit trieb mich durch meine Tage. Und das Gefühl, meiner Adoptivmutter zu gehören und mich schuldig zu fühlen, wenn ich nicht war, wer ich für sie zu sein hatte.

Beim Zurückblicken auf mein Leben ereilte mich zumeist ein Ekel und die riesengroße Sehnsucht danach, dass eines Tages alles gut werden würde. Irgendwie gut und nicht wie das, was ich in mir verbuddelte. Ich wollte immer nach vorne schauen, aber etwas zog mich zurück. Jetzt habe ich mich doch noch einmal gründlich umgedreht und mir alles angesehen. Ich verstehe, während ich schreibe, und sehe ein größeres Bild, eines, das mich als Molekül der Masse der Gesellschaft definiert. Größten Dank und Respekt an mein Gehirn! Dafür, dass es in der Lage war, über so lange Zeit, Schmerz aus vergangenen Tagen zumindest partiell aus dem Leben herauszufiltern.

Kürzlich fragte mich ein bekannter Fotograf, mit dem ich mich über dieses Buch unterhielt, ob ich depressiv geworden sei. Darüber, ob ich das sein könnte, habe ich nie wirklich nachgedacht. Es hatte nie diesen einen Moment gegeben, an dem alles gut war und dann nicht mehr. Beim Darübernachdenken meine ich, mein ganzes Leben lang mit derlei Problematiken zu tun gehabt zu haben. Das würde auch erklären, weshalb mir einfachste Dinge manchmal unglaublich schwer fielen und mir überdimensional viel Kraft abverlangten. Ich denke, es ist meiner Kreativität und unbändigen Neugier zu verdanken, dass es immer etwas in meinem Leben zu ergründen oder zu erledigen gab.

Dass Erschöpfung und Müdigkeit niemals ein Grund waren, etwas, das sich vor mir auftat, nicht erleben zu wollen.

Viele Menschen, die ich beruflich und auch privat getroffen habe, vertrauten sich mir an und entblätterten sich vor mir. Ohne dass ich danach gefragt hätte. Anhand ihrer Geschichten lernte ich etwas über meine eigene. Ich verglich mich mit ihnen. Oft fragte ich mich: Halten sie nur so wenig Schmerz und Enttäuschung aus – oder bin ich einfach so sehr daran gewöhnt, dass alles im Leben schwer ist? Ich dachte immer, Schmerz und Einsamkeit seien immer da, bei allen, Normalität eben. Warum taten mir diese Dinge nicht weh? Was hat mich so hart werden lassen?

Kein Thema war mir je zu intim. Für mich ist das Feld, auf dem sich Konversationen abspielen können, weit. Auch wenn manche Begegnungen nur kurzweilig sind, können sie wertvoll sein. Als Suchende unterhalte ich mich mit jedem gern und vermute in jeder Begegnung erlösende Klarheit. Hatte jemand ein Yoga-Retreat, eine Meditationsreise oder eine Hypnosetherapie ausprobiert und lehrreiche Erfahrungen dabei gemacht, bin ich vor Neugier fast geplatzt und habe es nachgemacht. Voller Hoffnung, in der mir neuen Materie Antworten auf meine noch unformulierten Fragen zu finden. Immer, wenn mir schien, dass ein Weg etwas zutage bringen könnte, auf das ich mit meinem Verstand keinen Zugriff haben kann, bin ich ihm mit Hingabe gefolgt. Wusste jemand eine tolle Astrologin, habe ich das ausprobiert. Die Liste ist lang: Pilates, Shiatsu, Reiki-Einweihungen, schamanische Sitzungen, chinesische Medizin, Akupunktur, Heilersitzungen und zwei klassische Traumatherapien, ein Töpferkurs, Schwimmunterricht. So ging es immer ein kleines Stück weiter vorwärts. Einfach nur vorwärts, auch wenn vorwärts manchmal wie ein Rückwärts zu sein schien. Die Essenzen dieser Praktiken haben viel mit Selbstreflexion und Disziplin zu tun. Und der Befähigung, innerem und äußerem Druck nachzugeben. Sie lehren, aus friedlicheren Quellen des Körpers Antriebsenergie zu generieren, nicht nur aus Wut und Aggression. Davon habe ich noch immer reichlich, ich verwende sie nur anders.

Dennoch ist es mir nie gelungen, in all den spirituellen oder auch klassischen Coachings ein ganzes Bild meiner selbst zu finden. Das Ankommen im Hier und Jetzt wollte mir nicht gelingen, das Ja-Sagen zum Leben. Ich konnte nicht einmal zu Gott beten, denn dieser Gott, den ich kannte, war Weiß.

Ich habe schon mehrere Anläufe genommen, um mir zu gönnen, meine Geschichte aufzuschreiben. Für mich, um vollständig zu werden und nicht mehr verstecken zu müssen, wer ich bin. Ich schenke mir mit diesem Buch meine Identität, die ich und jeder Mensch im Universum verdient haben. Das größte und aufwendigste Geschenk, das ich mir je gemacht habe.

Ich kann das Vorwort hier noch nicht enden lassen, obwohl

es sich anbieten würde. Die Komplexität und Vielschichtigkeit der Umstände in meinem Leben und derer, die sich mir als Familie vorgestellt hatten, veranlassen mich zu erklären, bevor meine Geschichte beginnt. Ohne, dass ich vorschnell zu viel erzählen möchte. Es wäre verständlich, als Leser:in hier abzubrechen und sich den Kapiteln zuzuwenden. Ich möchte in diesem Fall empfehlen, zu einem späteren Zeitpunkt wieder hierher zurückzufinden.

Marion war meine Adoptivmutter. Auf den Moment ihres Todes in unser beider Tage habe ich lange gewartet. Es war ein großes Problem für mich, dass ich sie nicht liebte und mir wünschte, dass sie tot ist. Ich vertraute mich einmal einer Therapeutin an mit dieser Sorge, die mich dann für narzisstisch hielt. Sie ermahnte mich, doch meiner Adoptivmutter dankbar zu sein und sie zu respektieren.

In einer späteren Hypnosetherapie, mit einer wunderbaren, feinfühligen Frau, fand ich mich völlig aufgelöst tobend und kurzatmig in der Badewanne wieder. Ich war mein zehn oder elf Jahre altes Ich, die Hand am Penis eines erwachsenen Mannes. Die Hypnotiseurin holte mich schnell wieder zurück ins Hier und Jetzt. Das waren die ersten, konkreten, schmerzlichen Erinnerungen und der Anfang einer heilenden Reise. Einer der vielen Anfänge in meinem Leben. Ich wusste, dass Marion mich niemals in Ruhe lassen würde mit ihren Vorwürfen und Besitzansprüchen, ihren rassistischen negativen Zuschreibungen. Nun ist sie fort, und ich wünsche ihr einen friedlichen Übergang, wohin auch immer es gehen mag. Diese Runde hier ist jedenfalls vorüber. Nach Marions Ableben bin ich mutiger geworden, schlafe besser, traue mich, noch mehr auszusprechen. Es ist überwältigend, zu erkennen, wie groß meine Angst vor ihr und ihren Spielchen war. Wie tief sie mir in den Zellen steckte. Nun äußere ich mich und höre nicht mehr damit auf.

Ich erlöse mich hiermit. Aus ihrer Jahrzehnte andauernden Gehirnwäsche und meiner Rolle als Weißgezüchtetem Privatbesitz.

Bis heute habe ich darum gerungen, mir und meiner Wahrnehmung Glauben zu schenken. Meine Erfahrungen und Erinnerungen waren nicht von meinem kindlichen Selbst erfunden und entsprangen nicht einfach, so wie meine »Familie« es zu sagen pflegte, meiner Fantasie.

Ich habe mich darauf gefreut, dass der Tag kommt, an dem ich mir selbst glaube, und nun ist er da.

Nur weil eine Abstammungsurkunde umgeschrieben wird und jemand seinen Namen einträgt anstelle deines eigenen, bist du als Kind nicht einfach jemandes Schöpfung. Du kannst nicht einfach so, scheinbar zu deinem Besten, hin und her gereicht werden, wie es noch immer abläuft, zu Hause angekommen bist du dann noch lange nicht. Oder fühlst dich willkommen.

Nur wenn das Kind geschützt und gesehen wird, ist die Eingliederung in eine neue Familie geglückt. Natürlich war eine gelungene Adoption in einer menschenverachtenden Diktatur wie der DDR undenkbar. Aber heute und in der Zukunft ist es absolut realistisch und wünschenswert. Schwarze Kinder oder Kinder of Color, die in Weiße Familien eingegliedert werden sollen, haben zeitlebens ein Recht auf ihre eigene Identität und Herkunft. Diese darf nicht von der neuen Elternschaft ausgelöscht oder umgekrempelt werden. Das leibhaftige Kind ist in seiner Vollständigkeit als Teil der neuen Familie zu verstehen. Wie können sonst Liebe, Vertrauen und Fürsorge gedeihen. Unser aller Hier braucht uns vereint, Schwarz und Weiß, alles dazwischen und drumherum. Der Westen braucht den Osten und kann ihn nicht einfach überrollen und seine Historie begraben. Er war schließlich unsere Heimat und erzählt unsere Geschichten. Seine Ahnen lehren unsere Kinder. Gesellschaft bedeutet Gemeinschaft und hat sie zu schützen, unsere Würde zu erhalten und unser Recht auf Herkunft zu gewähren sowie unseren Wert.

Ich hatte als Schwarzes Kind in der DDR keine Vorbilder. Ich war nie und nirgends repräsentiert. Nur, wenn ich mal im Westfernsehen Whitney Houston oder Michael Jackson sah, aber das waren Stars aus einer anderen Welt. Die ersten Schwarzen Menschen im richtigen Leben traf ich am Modeinstitut. Es waren zwei Frauen und ein Mann. So selbstbewusst, dass es kaum auszuhalten war. Sie schienen zu wissen, dass sie Schwarz sind, überhaupt irgendwer sind. Im Gegensatz zu mir waren sie stolz und schienen nicht den Antrieb zu haben, sich passend zu machen. Sie sprühten vor Identität. Sie wuschen sich nicht Weiß, sie schienen Zugang zu ihrer afrikanischen Seite, zu sich, zu haben. Ganz natürlich, ohne viel Aufsehen. Ich verstand nicht, wie das gehen konnte. Sie nahmen ihren Raum ein, unhysterisch und einfach ganz normal.

Ich hätte mir nie Schwarze Freunde geleistet. Zu sehr war ich damit beschäftigt, so Weiß wie möglich, so normal wie möglich zu sein. Einsamkeit war mein Herzschlag, an den ich mich nie gewöhnen konnte. Ich hätte mich nie im Leben beklagen dürfen oder wollen oder ganz selbstverständlich meine Meinung sagen können und dabei annehmen, dass sie von Relevanz ist. Die familiäre, politische und allgemeine Situation ließ es nicht zu.

Damals konnte ich noch nicht einordnen, warum ich so war, warum ich mich so fühlte, als gäbe es keinen Schlüssel für mein Innenleben. Ich hatte nicht einmal die Idee davon, dass ich eines habe, dass Gefühle ein Teil von mir sind, keine ausgelagerten Störenfriede. Ich hatte keinen Schimmer davon, was mit mir passiert war, was mich wirklich geprägt hatte. Ich dachte ja, alle Menschen wachsen mehr oder weniger so auf wie ich.

Es ist schwer, seine Eltern als psychisch krank, *disordered* oder gewalttätig zu beschreiben. Erst recht, wenn bis zum heutigen Tag alle schweigen. Es ist eine Odyssee, durch die Katakomben meines Körpers und meiner Seele zu ziehen und nicht nur meinen Leser:innen, sondern auch mir selbst meine Geschichte zusammenzutragen.

Alles war vorher so unscharf, dass nicht einmal ich es sehen konnte. Marion hatte sich als ein zusätzliches Organ mit ihrem Gift in mich hineingepflanzt. Wenn da Liebe gewesen wäre, dann würde ich sie vermissen, aber ich bedaure nur, dass wir uns als Erwachsene nicht lieben können. Dass sie alldem nie etwas hinzuzufügen hatte.

Sie sagte, ich wäre undankbar und hätte eine wilde Fantasie. Nun ist es so und damit ist sie gegangen. Ich hoffe nicht, dass noch allzu viel mehr vom Gift in mir ist. Die letzten bigotten Fetzen knetete und meditierte ich in den folgenden Wochen und Monaten aus mir heraus. Ich kann es kaum glauben: Ich bin frei. Ich gehöre jetzt nur mir.

Erst schien es mir unangebracht, weiter an dem Thema Rassismus und Gewalt in der Familie zu arbeiten und weiter über die Lebensumstände in der ehemaligen DDR aufzuklären. Die kulturellen und politischen Umstände aus meiner Sicht zu beschreiben und zu erklären, mit welcher Angst und welchen Züchtigungsmethoden die Menschen damals zu tun hatten. Welche Charaktere sich hinter der Fassade des Kommunismus versteckten und wie sie es geschafft haben, über Bestrafungen, Drangsalierungen der Familienmitglieder, der Freunde oder Kollegen oder sogar die Bedrohung und Gefährdung des eigenen Lebens das ganze Volk in eine Art Überlebensmodus zu versetzen und damit ein Geflecht aus Verrat, Hass, Gewalt, Schuld und Angst, immer wieder Angst, in die Köpfe der Menschen zu trainieren. Falschmeldungen, eingeschränkte Möglichkeiten zu alltäglichen politischen und kulturellen Geschehnissen verhalfen, verschwommene Abbilder der Realität zu verbreiten. Ich erinnere mich daran, wie beschwerlich es war, umfangreiche Informationen darüber zu bekommen, was im eigenen Land passierte.

Korruption, Geldwäsche, Folter, Bedrohung und Gewalt: Wenn die Wurzeln eines Baums auf derlei Strukturen wachsen, was soll denn daraus erblühen? Welch ein Geschöpf gedeiht denn auf so einem Boden, welche Kultur? Es ist leider auf eine Art vergleichbar mit der Situation der in Russland lebenden Menschen. Auch das muss unaushaltbar sein: als Volk für solche bestialischen Taten verantwortlich zu sein.

Inmitten all dieser Geschehnisse thront wie ein verrückter Gnom wieder die Ausgrenzung von Menschen mit dunkler Hautfarbe. Es ist kaum zu glauben, dass bei allem Wirrwarr, dem Leid und der Not dafür auch noch Platz ist. Die Farbe der Haut bestimmt, ob man leben darf oder nicht.

Es ist immer die richtige Zeit, Missstände anzusprechen und Ungerechtigkeiten nicht zu dulden. Unabhängig davon, ob Ausgrenzung aufgrund von Klassismus, strukturellem oder offensichtlichem Rassismus oder Diskriminierung stattfindet. Man darf einen bewussten Entschluss eines jeden verlangen, sich dem Leben zuzuwenden und kritisch mit der eigenen Bequemlichkeit zu werden. Sich liebend zuzuwenden, so gut es eben geht, aber nicht einfach in den toten Winkel der Verantwortung zu treten. Unsere Kinder sehen, was wir tun, und tun es uns gleich. Es sollten mutige und zugewandte Taten sein, die der deutschen Gesellschaft aus dem schlecht sitzenden Anzug des Nationalsozialismus und Kapitalismus heraushelfen. Egal, wie groß oder klein diese Taten sind, wenn sie doch nur dem Leben, der Lebendigkeit dienlich sind und nicht nur einer bestimmten Gruppe, zu der man sich selbst hinzuaddiert. Kein Reden wird benötigt, davon hat es ausreichend gegeben; und ist nicht auch jedes Buch bereits geschrieben, jedes Wort verwendet? Die einfachsten humanistischen Regeln liegen dem zugrunde. Jeder kennt sie und ignoriert sie doch.

Unser aller Gegner ist die Bequemlichkeit. Und vielleicht sogar das Geld, denn obwohl es nur unser Zahlungsmittel ist, gerät es mehr und mehr zur Währung eines menschenverachtenden Schweigerituals.

Wir haben heute, mit den Geflüchteten aus der Ukraine, wieder einmal eine riesige Bewegung von Menschen, die Zuflucht suchen. Einen Ort, an dem sie sicher sein können. Einen Ort für sich und ihre Familien. Die Fürsorge der Bürger:innen, besonders in den grenznahen Gebieten, ist enorm und es erfreut mich zutiefst, das zu sehen. Dennoch blieben auch hier wieder Schwarze Menschen zurück, durften nicht ebenso selbstverständlich in die rettenden Züge nach Westeuropa einsteigen. Sie haben wieder einen Sonderstatus. Es werden wieder Hierarchien nach Bedeutsamkeit, Herkunft und Hautfarbe konstruiert.

Es schmerzte mich, diese Bilder von flüchtenden Schwarzen Menschen zu sehen. Es hat mir den Boden unter den Füßen weggezogen und mich für einen Moment lang glauben lassen, dass es egal ist, ob ich mein Buch zu Ende schreibe oder nicht. Alles ist verloren für uns Black and Brown People. Nicht rassisch zu sein, hat nichts mit »sich anständig zu benehmen« zu tun oder damit, bestimmte Haltungen oder Meinungen nicht laut zu sagen. Antirassismus besteht darin, ein generelles Gleichheitsverständnis für jede existierende Gestalt des Menschseins anzustreben und zu leben. Niemandem darf es gestattet sein, die eigene Daseinsberechtigung über die eines anderen Menschen zu platzieren. Das ist so absurd und absolut inakzeptabel. Die riesigen materiellen und damit einhergehenden monströsen sozialen Unterschiede in den westlichen Gesellschaften kreieren leicht Überheblichkeit. Dessen sollten wir gewahr sein und uns immer wieder justieren.

Der Sog der Weißen kapitalistischen Mehrheitsgesellschaft ist verlockend und doch irgendwie der Pakt mit dem Teufel.

Ich habe nie Hunger erlebt und bin trotz allem gesund, habe immer im Warmen geschlafen. Die Angst war mir die größte Herausforderung und hat sich in vielen Gesichtern und Gewändern gezeigt. Manchmal kam sie als Meinung, mal als Übelkeit, mal als Überreaktion, mal als Schweigen, mal als Schreien, auch als freundliches Lächeln, als zugewandtes Nicken. Angst passt in jedes Kleid. Angst zu haben bedeutet, nicht zu vertrauen. Angst heißt, dem Gegenüber alles zuzutrauen, vor allem alles Negative.

Angst heißt Einschränkung, Angst ist Enge und Isolation. Angst heißt auch recht haben. Angst ist Boden für Hierarchien, Rassismus, Gewalt auf der Straße und daheim. Angst ist unsere größte Feindin, und ihre Gesichter sind unerschöpflich vielseitig. Menschen, die anderen Angst machen, haben selbst am meisten Angst. Was sie am meisten schwächt, ist Stärke. Gelassene Stärke.

Ich war mir so sicher, mein Erleben sei ausschließlich persönlicher Natur. Während meines Recherche- und Schreibprozesses habe ich so vieles an meinem Verhalten und dem meiner Umgebung verstanden. Ich verstehe Menschlichkeit heute anders. Ich verstehe anders als jemals, dass wir wählen, was wir sehen, und auch, was wir nicht sehen. Nicht alle Menschen sind stark, und nicht alle halten dasselbe aus. Nicht jeder ist in der Lage zu erkennen, dass eine Meinung eine Meinung ist, aber ein Fakt eben ein Fakt bleibt. Gewalt bleibt immer Gewalt, egal aus welchem Grund sie angewendet wird. Sie obliegt nicht der Wahrnehmung der Betrachtenden. Ein Überschreiten von Grenzen, Missachtung, Demütigungen, seelische und körperliche Gewalt stehen nicht zur Diskussion aller frei. Leider wissen zu oft nur

Täter:innen und Opfer, dass sie involviert in ein demolierendes Konstrukt sind. Täter:innen sind vor allem dann gefährlich, wenn sie sich selbst als Opfer verstehen und in diesem Status verbleiben. Ohne je die Verantwortung für das eigene Handeln übernehmen zu können. Denn in diesem Status kann man es nicht. Es ist komplex und nicht messbar, obliegt jedem Einzelnen, das für sich zu definieren, sich selbst anzuschauen. Sogar wer vor Gewalt, Übergriffigkeit, Lieblosigkeit und Diskriminierung davongelaufen ist, so wie ich, ist nicht frei davon, unbemerkt und aus dem tiefen Schmerz heraus weiterzutragen, was sich Tag für Tag und Jahr um Jahr tief in die eigenen Zellen verwachsen hat.

Wenn Kinder das Ziel von Gewalt werden, sind sie unmöglich in der Lage, sich zu wehren. Sie sind maximal befähigt, sich auf die Umstände einzustellen. Unmengen von Kraft aufzuwenden, um, so gut es geht, für sich selbst zu sorgen. Was zumeist ein wenig zielführendes Unterfangen ist und zu permanenter Überforderung der Seele und des Körpers führt. Als erwachsene Menschen können Betroffene dann lernen, in die Knoten der Finsternis hineinzusehen. Das hilft, auch wenn es einen fast zerreißt. Danach wird es heller, freundlicher, das Leben etwas langsamer, weniger hektisch, und es findet nicht mehr immer alles am Limit statt.

In der DDR waren ein kollektives Brainwashing und Hörigkeit die Werkzeuge der Politik und der Staatsführung. Es ist wohl jedem zu raten, egal wo oder wie lebend, sich die Mühe zu machen, seinen Status quo zu beleuchten, seine Werte zu hinterfragen. Und zu schauen, auf welchen geschichtlichen Bauten sie gewachsen sind, ob sie noch der aktuellen Situation dienlich sind.

Damals im Osten erinnere ich mich an verschwindend wenige Geisteswissenschaftler:innen, Intellektuelle oder Kunstschaffende. An spirituelle Menschen kann ich mich überhaupt nicht erinnern. Oder einfach Menschen mit Rückgrat, die den Mut hatten, ihre Ansichten zu verteidigen. Denn das musste man. Man hatte sie mit seinem Leben zu verteidigen. Wer hat schon diese Eier oder Eierstöcke?

Das, was da war, war nicht Kommunismus. Und wäre es auch niemals geworden. Diese Erkenntnis drang phasenweise durch den Schleier der vielen Verbote, vorgefertigten Verhaltensweisen und Meinungen ins Bewusstsein vor allem der »Stadtmenschen«. Viel mehr gab es nicht zu tun in diesem Land, als für oder gegen das System zu sein. Das galt nicht für mich. Die Bevölkerung arrangierte sich mit dem, was sie hatte, und stellte sich ein auf die Umstände. Das tun wir Menschen so. In der Hoffnung, dass wir zu denen gehören, die all das überleben werden.

Zu jeder Zeit haben und hatten die Menschen Träume, wilde Ideen, haben sich verliebt, geheiratet, Kinder bekommen, sich gestritten, geschieden, ihre Geschäfte verloren, sind gestorben, haben getrauert und dann wieder von vorn angefangen. Einigen privilegierten prominenten Musikern, Varieté-Stripperinnen, Fotomodellen ist es gelungen, relativ gewaltfrei – durch Heirat, Familienzusammenführung oder einen bewilligten Ausreiseantrag – das Land unbeschadet zu verlassen. Für alle anderen war es eine Grube, in der sie festsaßen. Man versuchte, irgendwie mit alledem zu leben, sich um die Staatssicherheit und Staatsorgane herumzuschlängeln, was an keinem einzigen Tag funktioniert hat. Denn abgesehen vom gesellschaftlichen Unterbau des sozialistisch-diktatorischen Staates gab es einen nicht unerheblichen Anteil der Bevölkerung, den man nicht lange bitten musste, andere zu verraten. Es war ihnen ein inneres Bedürfnis, »umher zu leben« und für Recht und Ordnung zu sorgen. Über andere zu reden und deren Leben in so düsteren Farben wie nur möglich in das nächste offene oder auch verschlossene Ohr zu reden. Mit dem Addendum dieser Spezies war dafür gesorgt, dass kein Marmeladenbrot auf dem Küchentisch unkommentiert blieb, und jeder wusste das. Es war keine wirkliche Schande, es war einfach so. Und selbst wenn, es wäre nichts weiter geschehen. Es wurde verschwiegen, dauerhaft und schwerfällig als Teil der Normalität akzeptiert. Die Gefahr, verraten zu werden, nahmen alle hin. Die Stimme der Angst immer im Nacken wie einen altbekannten Freund, der hin und wieder anklopft. Man bildete sich ein, genau zu wissen, wem man zutrauen würde, einen zu verraten. Ich redete mir absurderweise ein, dass mir nichts passieren könnte, während all das passierte. Dass es, wie sich herausstellte, so viele waren, die ihre Lieben, Kolleg:innen, Nachbar:innen bespitzelt und verraten haben, ahnte wohl niemand, nicht einmal die Mitarbeitenden und Mitläufer:innen selbst. Das hat sich erst viele Jahre nach der Wende gezeigt. Und es scheint noch nicht beendet zu sein.

Was wird nun aus all den Menschen, die die DDR überlebt haben, in den 700 Spezialheimen, vom Säuglingsheim bis zum Jugendwerkhof? Einrichtungen für die Erziehung sozialistischer höriger Vollidioten? Man spricht immerhin von 135.000 bis eventuell 500.000 Kindern und Jugendlichen, die dieser Willkür ausgesetzt waren. Wahllos genehmigte Margot Honecker als Ministerin für Volksbildung die Einweisungen in derlei Spezialeinrichtungen. Ihr Ziel war es nicht, Kindern und Jugendlichen zu helfen, ihren Weg zu gehen, sondern sie so zu brechen, dass sie nicht mehr stattfanden. Weil sie stumpf und ohne eigenen Willen Befehle ausführen sollten. Was soll ein Mensch mit einer solchen Prägung denn heute glauben?

Der Kapitalismus hat natürlich auch seine Schwachstellen. Er nimmt sich, was er braucht, egal ob Leben oder Lebensräume anderer durch mehr Wohlstand gefährdet werden. Meiner Meinung nach ist es nicht unbedingt das System, das als erwiesene Grundlage für das wiedervereinigte Deutschland gelten sollte. Es war ja nur als einzige Alternative noch da. Ist also demnach als »Gewinner« eine Selbstbezeichnung. Nach der Wende ist die Bevölkerung der ehemaligen DDR mit vielen Versprechungen gefüttert und noch hungriger gemacht worden. Man hat vergessen, ihre Heimat mitzunehmen und ihre Geschichten zu erzählen. Und zeitgleich den Ossi an sich als dumm und geistig unterentwickelt dargestellt, als bescheuerten Schwachkopf, der nicht weiß, wie die Welt geht. Mir ist nicht daran gelegen, hier etwas zu beschönigen. Ich erzähle, stelle Fragen und fasse, wo es mir möglich ist, Fakten, Gefühle und Erfahrungen zusammen.

Man stelle sich vor, welche Bilder sich über eine:n Schwarze:n Ossi im deutschen Westen in den traurigen, lahm geshoppten Gehirnen formatiert haben und gewiss noch immer tun. Schwarz? Aus dem Osten? Wie geht das denn? Nicht lang ist es her, da sprach mich eine etwa achtzigjährige Dame, die aus der DDR geflohen war, an und wies mich darauf hin, dass es im Osten doch gar keine N– gegeben hatte. Während ich vor ihr stand und sie mich beleidigte, behauptete sie, dass es gar nicht sein kann, dass ich gelebt habe. Eine besonders fortgeschrittene Form der Ignoranz, Überheblichkeit und Feindseligkeit. Solche Gespräche sind leider ein mir sehr bekanntes Potpourri des schlechten Benehmens.

Genau dieses Verhalten hat den Boden bewässert, auf dem der Missbrauch in meiner Familie gedeihen konnte. Als gut und anständig gilt hierzulande, wer seine Steuern pünktlich zahlt, saubere Schuhe anhat, das Kind auch schön anzieht, welches gute Noten hat, und die Frau genauso hübsch, gut frisiert, gebildet, hübsch lackierte Fingernägel, das Auto gewaschen, das Treppenhaus einmal in der Woche gereinigt, freundlich zu den Nachbarn.

So jemand schlägt die Familie nicht, ist schon gar nicht pädophil veranlagt und auch nicht gewaltätig. Wobei gesagt sein will, dass Pädophilie, das Verlangen Erwachsener nach sexuellen Handlungen mit Kindern oder Babys, als Krankheit verstanden wird. Das ist jedenfalls das Bild, das wir von günstig gelungenen Menschen haben. Aber es ist trügerisch. Ich werde es immer wieder betonen: Gewalt hat keinen Look! Ich empfinde es als unanständige Überheblichkeit der Weißen deutschen Bevölkerung, zu glauben, dass der oder die ungestüme Bürger:in arm und ungebildet ist. Dass Gewalttäter:innen womöglich familiäre oder kulturelle Vorbelastungen haben, die man womöglich auch noch meint, auf den ersten Blick sehen zu können. Der gesellschaftliche und finanzielle Status, die Bildung, das soziale Verhalten im Berufsleben oder gegenüber anderen spielen bei der Zuordnung der Täterschaft keine Rolle.

An diesem Punkt gibt es in Ost- und Westdeutschland keine Unterschiede. Nur dass in der DDR alles zusätzlich politisch aufgeladen war. Auch aus diesem Motiv wurde geschwiegen: Kindesmissbrauch hätte die reine Weste des sozialistischen Staates beschmutzt und wurde deshalb nicht benannt und äußerst schlampig strafrechtlich verfolgt. In der BRD waren die Familiengebilde zu dieser Zeit auch eher patriarchalisch und konservativ, Missbrauch in Institutionen und Familien war ein Teil der Tagesordnung. Aber wenigstens gab es bereits die Begrifflichkeiten der häuslichen Gewalt und des sexuellen Missbrauchs und dadurch die Grundlage, dafür anklagen zu können. Hinzu kam, dass das harte Regime im Osten proklamiert hat, dass wir Schwarze und Braune »zivilisierte Affen« seien und nicht der Rede wert. Wir kamen noch nicht einmal nennenswert in der DDR-Unterhaltungsbranche vor, geschweige denn in relevanten Positionen. Man versuchte, uns einzugliedern und Weiß zu erziehen. Wie wir uns auch bemühten, wir blieben Menschen zweiter Klasse. Umerzogene Wilde. Unvollständige, unzivilisierte

Menschen, ohne die Befähigung, eigenständig und klug zu denken und zu handeln.

Nach der Wende fand man schon eher Gefallen an unserem Exotisch-Sein. Aber der Unterschied in dem, was ich durfte und was Weiße Frauen durften, blieb bestehen.

Ich war stolz darauf, »Weißgewaschen« zu sein. Das ist, was mich meine Familie und mein Umfeld in Kindertagen gelehrt haben. Und es sollte lange so bleiben, dass ich an diesem Bild festhielt. Ich hatte gelernt, wie rassistisch denkende Menschen ticken und wie man ihnen zu begegnen hatte. Ich wusste, was sie von mir erwarteten, wenn sie sich dennoch auf mich einließen. Ich beklagte mich nicht. Nur wenn ich zu viel Alkohol getrunken hatte, kam die Stunde der Wahrheit, und ich habe meinem Frust über all die Ungerechtigkeiten Luft verschafft. Leider oft erst in einem Stadium, in dem man mich nicht mehr deutlich verstehen konnte. Aber das korrigiere ich ja hier. Während ich mich mit meinem Manuskript befasse, trinke ich keinen Tropfen. Nicht davor und auch nicht danach. Das hätte ich schon früher machen sollen.

In meinem Job als Modell und auch später als Haar- und Make-up-Artistin konnte ich mich ganz gut in die Gesellschaft mogeln. So kam es mir zumindest immer vor. Ich rutschte oft so durch, weil ich als attraktiv und halbwegs talentiert galt. Attribute, mit denen ich nicht viel anfangen konnte. Aber ich hörte sie hin und wieder von anderen an mich gerichtet. Für mich war Schönheit meine einzige Daseinsberechtigung. Ich musste darin gut sein, um nicht weggeschickt oder getötet zu werden. Das hatte sich in mir so abgelegt, als Irene damals verschwand. Irene, die in den Augen meiner Mutter als unattraktiv galt. Doch davon werde ich später erzählen.

»Wer nicht schön ist, stirbt!« – Das hat sich so in mir abgelegt. Es hat unterschwellig immer viel mit Schmerz zu tun gehabt und mich eben zugleich auch gerettet. Ich blieb in der Mode- und Kunstbranche und behielt immer dieses Gefühl in meinen Knochen. Deshalb stellte ich die Wahl meines Berufs in den letzten fünfundzwanzig Jahren selten ernsthaft und intensiver in Frage. Bedient man, was gewünscht ist, darf man bleiben. Wenn nicht, ist man raus. Mode ist ein visuelles Feld, nicht alle verstehen, dass sie von unserer Kultur und Gesellschaft geprägt ist. Gefällt die Erscheinung, geht die Tür schneller auf, wenn nicht, bleibt sie einfach zu. Als Freiberuflerin bewegt man sich in genau diesen Gewässern. Das hat zu meinen Erfahrungen gepasst. Es hat mich oft getriggert und mir einige Schritte in meiner Karriere sehr schwer und spröde gemacht, doch ich bin geblieben. Die Freude an der Fotografie ist es, die mich gehalten hat. Die Freude an der Zusammenkunft mit Menschen ist, was mir kostbar geworden ist. Das Werten anderer über meine Arbeit ist mir ein bekannter Begleiter aus Kindertagen. Das gemeinsame Performen mit Kolleg:innen, den kreativen Prozess mit anderen zu teilen, hat mich letztlich Jahr um Jahr getragen. In einer Gruppe schöpferisch zu arbeiten oder auch einfach nur gemeinsam einen Auftrag zu erfüllen, das sind Momente, die mich genährt haben, und sie tun es noch immer. Seit Neuestem ist mir die Stille besonders nah gekommen, und wir vertragen uns gut. Schreiben ist ein einsamer Prozess, es war mir bis hierher fremd, allein durch einen kreativen Tunnel zu reisen. Allein sein oder Sich-allein-Fühlen ist nun eher ein Ort des Friedens in allem und bezeichnet Bewegung. In Stille und mit dem Rauschen meiner Spülmaschine als Takt, führe ich meine Selbstgespräche neuerdings hinein in meine Texte.

Ich hoffte, meinen Sohn in eine diversere Gesellschaft hinein erzogen zu haben. Und wie Generationenwechsel so sind, lernen unsere Kinder aus unseren Fehlern, sind mutiger, machen es besser. Aber die Arbeit ist noch lange nicht getan. Die deutsche Geschichte wird noch immer nicht vollständig gelehrt, und Diversitäten werden noch mit langen Fingern herausgepickt. Es ist noch nicht so, wie es sein sollte. Aber ich war selbst nicht wach genug. Ich war bequem geworden und hatte mich mit meiner guten Stellung als akzeptierte »gute« Schwarze arrangiert. Darauf bin ich nicht stolz. Dennoch weiß ich, warum ich das getan habe: Ich wollte leben und dazugehören.

Während ich schreibe, fühle ich, wie wichtig es ist, Worte zu finden, um zu begreifen und heilen zu können. Sie helfen, sich wiederzufinden, wenn man mal verloren gegangen ist. Sich nicht einzulassen auf eine stumpfsinnige Diskussion über Hautfarbe und welche Charaktereigenschaften damit einhergehen. Wenn Generationen sich wandeln, braucht es auch andere Begrifflichkeiten. Das Verständnis vom Wort ist genauso beweglich wie das Leben selbst. Jede Zeit hat ihre Sprache. Gerade gibt es viel Raum und Notwendigkeit für diese Veränderung.

Familien, die Schwarze oder Braune Kinder adoptieren, sollten Unterstützung dabei bekommen, das noch immer erschwerte Leben ihrer Kinder in der Weißen Mehrheitsgesellschaft lesen zu lernen. Damit es ihnen möglich ist, sie auf ihrem Weg wirklich begleiten zu können und zu bestärken darin, dass sie ein Recht auf alles haben.

Es ist eine Verantwortung, Kinder zu bekommen oder welche zu adoptieren. Kinder gehören uns nicht. Nicht die, die wir selbst austragen, und auch nicht die, die man sich in kleinen Bettchen aussuchen kann. Auch nicht die, die keine Eltern mehr haben und Waisen sind, auch nicht die, für die sonst niemand mehr einsteht. Weil ihre dienliche Funktionalität über ihrem persönlichen Wohlbefinden steht. Wir müssen lernen, noch mehr auf Zeichen der Kinder zu achten, die in Not sind. Ihnen einen Weg ebnen aus der Gewalt. Ihnen zuhören, denn sie sprechen über ihre Sorgen. Ihre Signale sind Sondersignale, ihre Sprache ist anders als die der Erwachsenen. Sie verurteilen ihre Familien und Freunde nicht und wissen oft nicht, dass es falsch ist, was sie erleben, und sie so etwas nicht erleben sollten. Wir müssen unbedingt wachsamer werden.

Und was die Geschichte der DDR angeht: All die gebrochenen Menschen, die nach dem Zweiten Weltkrieg einfach nicht mehr kämpfen wollten oder auch einfach nur nicht mehr umziehen wollten oder keinen Mut mehr fanden, noch einmal auf ein besseres Leben zu hoffen, sind weiterhin am selben Ort geblieben. Da braucht man nicht verwundert zu sein, weshalb ein großer Teil der Bewohner des ehemaligen Ostens eine Partei wählt, die nicht an einer großen diversen Gemeinschaft interessiert ist. An diesen Orten sind die alten Werte von früher eher unverändert. Eine flächendeckende Enttäuschung darüber, vergessen worden zu sein, zieht sich durch die ehemalige Ostzone. Und was ist mit denen, die gar keine Wahl mehr hatten, weil sie müde geworden waren oder traumatisierte Persönlichkeiten sind? Und denen, die auf echten Kommunismus gehofft haben, und nicht zuletzt denen, die übrig waren aus dem Nationalsozialismus und jetzt in der hart erkämpften Demokratie des Westens wieder gehört werden. Die sich ob der Parole des Sozialismus »Vorwärts immer, rückwärts nimmer« ihrer Verantwortung für ihre Taten entziehen konnten. Denn die Kommunist:innen ersparten es sich und den Verbrecher:innen des Nationalsozialismus den Prozess zu machen. Sie zogen es vor, mit allen gemeinsam den Sozialismus zu stärken. Im Sumpf der treuen Parolen haben dann einfach alle mitgebrüllt und ihren faschistischen Gedankenmustern weiter freien Lauf gelassen, ohne sie jemals in Frage zu stellen. Man stelle sich diesen Brei der Gesellschaft vor. Das ist Ostdeutschland und nun auch unser aller Land.

Mein Leid hat ein Ende gefunden. Meine Geschichte, meine

Gesundheit sind auf einem helleren Weg. Ich hätte es nicht für möglich gehalten, dass das möglich ist. Dass diese Jagd irgendwann zu Ende sein würde. Dass man es überleben kann. Dass man irgendwann gehört wird. Und wenn man will, dann genau jetzt. Dieses Buch ist meine Welt, gesprochen mit meiner Stimme, geschrieben auf meine Weise. Ich will darin auf die Dinge blicken, in absoluter Kontrolle über mein Leben.

Eine fast Weiße Narbe gleich unterm Herzen

Was soll ich mir wünschen
An trüben Tagen wie diesen
Dass mich irgendwer liebt
Dabei eine Fahne schwingt
Dabei ich nicht wieder vorbeischauen kann

Und scheint mir die Sonne ins Gesicht
tönt doch immer ihre Stimme
»Nicht für Dich, mein Kind
Du musst erst noch gut werden
dann scheint sie auch für Dich
doch das ist noch ein langer Weg«
sagt sie

Ja, so lang war er
Doch nun
so sprach die hellste Pracht am Himmel
Lachst Du mich an,
Lache ich zurück
Ganz leicht.
Hätte ich doch gewusst
dass Mutter gar nicht Göttin war
die zu richten hatte übers Licht
in meinem Herzen

Danke mein Körper!
Hast Dich gut geschlagen
Nun ist's auch gut soweit
Für ewig und immer
Du bist meine Heldin
So soll es sein

Ein Kribbeln
Eine Träne
Ein Sprung in die Luft
Rennen am Strand
Den Käse endlich ohne Brot
Und lachen wann ich will
Mit ausgestrecktem Bauch
Ein Eis
Und die Narbe an meiner Lippe ist kaum noch zu sehen
Ich stinke nicht mehr
meine Laune ist gar nicht so übel

Peggy Kurka, 5. April 2022

Born Day, When It All Began

Es war im Februar 2019. Ich arbeitete schon fast 20 Jahre als Haar- und Make-up-Artistin, hatte in London und Paris gelebt und wurde gerade brandneu wieder von einer Agentur in Deutschland vertreten. Ich lebte in Hamburg mit meinem Sohn. Hatte einen Trott in meinem Leben, mit dem ich, obgleich er mich nicht ausfüllte, zufrieden war. Zu akzeptieren, nicht so zu leben, wie ich wollte, schien mir angemessen, und ich kreierte stattdessen viele Aktionen in meinem Sein, die ich tat, weil ich etwas anderes nicht haben konnte. Ich dachte damals nicht viel darüber nach, dass ich nicht einfach eine Frau bin, die etwas Braunere Haut hat als die anderen, oder darüber, dass ein Teil von mir Afrikanerin ist und ich Schwarz gelesen werde. Bis zu diesem Tag hatte ich absolut keine Ahnung, was das für mein Dasein bedeutete. Was es mit dieser dauerhaft breitgemachten Beschwerlichkeit in meinem Leben auf sich hatte.

An einem Winterabend änderte sich das. Ich war noch in meinem Studio und säuberte mein Equipment, das ich nach der letzten Shooting-Reise vor einigen Tagen, platt vom Flug, beiseitegeschoben hatte. »Oh nein, bitte nicht.« Mein Telefon klingelte, und ich hatte keine Lust, dranzugehen. Die Nummer kannte ich nicht. Ich wollte nach Hause. Ist genug für heute, befand ich. Doch meine Neugier siegte: Ich musste wissen, wer das war.

»Hi, Peggy Kurka hier. Wer ist am Apparat? … Kenne ich nicht … Von wem ist die Empfehlung? Ah, okay.«

Sein Name war Edward. Jan habe mich empfohlen, sagte er. Neugierig fragte ich weiter, und noch immer war ich nicht zufrieden, denn ich suchte, wie immer, wenn etwas zu schön scheint, um wahr zu sein, den Fehler. Das war gewiss ein Überbleibsel zu vieler unschöner Erfahrungen, die mein natürliches Grundvertrauen erschüttert hatten. Manchmal bin ich deshalb skeptisch, wenn Anfragen *out of the blue* bei mir ankommen. Dann höre ich genauer zu, um auf keinen Fall ein wichtiges Detail zu überhören, worüber ich mich nachträglich ärgern könnte. Ich will zum Beispiel heraushören, ob das wieder eines dieser Projekte ist, für die man mit Kleidungsstücken entlohnt wird. Das konnte manchmal ganz schön sein, aber nicht heute. »Also, wer genau will mich, und was für ein Look soll es werden?«, fragte ich ein wenig unwirsch ins Telefon.

Erst nachdem ich ihm einen Augenblick zugehört hatte, begriff ich, dass Edward Buchanan Creative Director und Eigentümer der Marke *Sansovino 6* war. Er sprach zu mir mit warmem, bestimmtem Ton. Ich konnte ihm gut folgen und genoss die angenehme Art zu kommunizieren. Er wollte, dass ich für sein neues Lookbook an Debra Shaws Haar arbeite. Shaw ist ein afroamerikanisches Topmodel. *Back in the days* war sie Leistungssportlerin und wurde vom Vater des legendären Athleten Carl Lewis trainiert. Ich kannte sie nur aus der Ferne. Aus verschiedenen internationalen Magazinen, aus dem Film *Prét-á-porter* von Robert Altman und aus George Michaels Video zum Song »Fast love«. Ich war schon seit einer Ewigkeit Fan ihres außerordentlichen Looks und ihrer Anmut. Oft hatte ich ihre Sheets – Ausrisse aus Magazinen – auf meinem Tisch, als Moods für andere Produktionen, die sich daran inspirierten.

Jeder Artist hat Lieblingsmodelle, und Debra stand auf meiner Liste ganz oben. Ich hatte nicht die Chance, alle meine Lieblinge zu treffen, nun aber sie. Als ich den Hörer auflegte, sprang ich vor Freude fast an die Decke. Ich hatte noch nie mit einem

Schwarzen Top-Mädchen gearbeitet. Zwar schon ab und zu mit internationalen Designern, aber es ist dennoch immer wieder aufregend, neue, talentierte Kollegen kennenzulernen. Ich war zu diesem Zeitpunkt schon einige Jahre nicht mehr zum Arbeiten in Paris oder Mailand gewesen. Mein Sohn ging in Hamburg aufs Gymnasium und ich wollte mehr in seiner Nähe sein. Der Anruf fühlte sich also an, als würde die Welt auch zu mir kommen, wenn ich nicht zu ihr konnte. Die Strecke von Hamburg nach Berlin und zurück ist mit dem ICE leicht an einem Tag zu schaffen. Wir verhandelten die Bedingungen, wann und wie ich anreisen würde, und mein Honorar.

Üblicherweise präpariere ich mein Equipment einige Tage vor dem Shooting und stimme meine Tools und Produkte auf mein Modell ab. Ich bin es von mir gewohnt, aufgeregt zu sein vor so bedeutungsvollen Ereignissen, und bekomme dann einen Tunnelblick, um auf keinen Fall etwas zu vergessen, das ich später benötigte. So arbeite ich vielleicht sogar manchmal besser als in entspanntem Zustand. Ende Februar 2019 stieg ich also in den 6:26-Uhr-Zug nach Berlin. Mal abgesehen davon, dass es immer etwas weh tut, wenn der Wecker auf eine so ungnädige Zeit wie 4:30 Uhr gestellt ist und einen schrill aus dem besten Teil des Traumes reißt, konnte ich mich mit meinem großen Enthusiasmus gut und motiviert nahezu in der Nacht aus der Tür bewegen. Einen riesigen Koffer voller Haar und Equipment im Schlepptau, stieg ich in den Zug. Dieses fünfundzwanzig Kilo schwere Ding ist mein Begleiter, wenn ich auf Jobs fahre, und mir nahezu an den Hacken angewachsen. Wenn ich einmal ohne ihn reise, erschrecke ich zuweilen, weil ich glaube, ihn vergessen zu haben. In den Bahnsitz versunken, trank ich zwei Tassen Kaffee und starrte ins Morgengrauen, während die Landschaft an mir vorbeiflog. Dann verkündete die freundliche Stimme aus dem Lautsprecher der Deutschen Bahn, dass ich nun am Berliner Hauptbahnhof angekommen war.

Die Bahnsteige waren belebt, der Tag in vollem Gang. Die schrillen Geräusche ließen mich in einer Sekunde komplett wach und eingeschaltet sein. Ein freundlicher Taxifahrer mit lange nicht gewaschenem Haar und leicht verschwitztem Nacken war so hilfsbereit, mir mit meinem Gepäckstück zu helfen. Wir wuchteten das Ding in den Kofferraum, fuhren dreimal um die Ecke und rauschten in der völlig überheizten hellgelben Karre auf den Hof des Studios in Kreuzberg. Ich betrat eine riesige Loftetage und begrüßte alle. Von meinem Callsheet, das es vor jeder Produktion gibt, damit jeder weiß, wer die anderen im Team sind, kannte ich bereits die Namen. Manchmal ist mir wenigstens eine Person persönlich bekannt, nicht aber an diesem Tag. Ich hatte alle gegoogelt und auch bereits gesehen, wer der Fotograf Luis Alberto Rodriguez ist. Auch Edwards Biografie hatte ich gelesen, über seine Karriere bei Bottega Veneta als Knitwear Designer und über sein eigenes Label *Sansovino 6*. Ich sah voller bester Erwartung auf das, was da kommen würde. Als Creative Consultant neben Edward war auch ein Mann namens Mac Folkes gelistet, als »Good Taste Meter«. Der Tag schien einiges zu versprechen. Auch wenn sich so hohe Erwartungen manchmal nicht bewahrheiten, war ich aufgeregt. *I hope I am good enough!*, dachte ich.

An meinem Workspace angekommen, breitete ich, wie meistens, mein bordeauxrotes Kikoy auf dem Arbeitstisch aus und platzierte meine Tools und Produkte darauf. Ich packte mein Equipment aus und stellte alles so auf den Tisch vor mir, dass ich das, was ich benötigte, schnell zur Hand hatte. Heute brauchte es nicht so viel: nur meine Bürsten, Kämme, einen Fön, einige Moisturizer, Spitzenserum, Glanzcreme, Haarspray, Pins und Haargummis. Das ist im Vergleich zu anderen Tagen wenig. Mein persönlicher Spleen ist es, alles parallel zueinander anzuordnen. Ein Prozedere, das ich schon Millionen Mal vollzogen habe, und trotzdem ist es jedes Mal anders. Da die Orte immer andere sind, die Modelle, die Themen und Aufträge variieren.

Schon während der Vorbereitung empfand ich ein wohliges Gefühl. Etwas mir völlig Fremdes ging hier vor sich. Ich befinde mich in einem Raum mit nahezu ausschließlich Schwarzen Menschen. Das war mir bis dahin noch niemals zuvor passiert. Ich kannte das Gefühl nicht, mich in einer Gruppe von Menschen aufzuhalten, die allesamt nicht Weiß sind. Sie gaben mir auf eine zuvor unbekannte Weise das Zeichen, dass ich zu ihnen gehörte. Und ich wusste auf eine ebenso sonderbare Weise, dass es stimmte. Debra und ich sprachen ein wenig über die Besonderheiten ihres Haars und sie ließ mich wissen, worauf ich achtzugeben hatte. Und dann unterhielten wir uns über dies und das und unter anderem auch darüber, wo wir aufgewachsen sind, wo wir leben und warum wir da leben, wo wir leben.

Ich erzählte ihr davon, dass ich in der DDR mit Weißen Adoptiveltern aufgewachsen war und dass ich bis weit in mein Erwachsenenleben hinein keine Ahnung hatte, dass ich eine Schwarze Frau bin und eben keine Weiße und auch niemals eine sein würde, sosehr ich mich auch bemühte, so zu sein wie alle um mich herum. Es schien ihr völlig unverständlich zu sein, wie man zu einem angemessenen Selbstbild kommen kann, zu Stolz und Selbstliebe, ohne sich mit irgendwem identifizieren zu können. Ohne Vorbilder, ohne Community, ohne Afro-Friseur:innen und ohne eine Familie, mit der man gemeinsam eben *Black* ist. Als Mac Folkes, Edwards bester und ältester Freund, helfende Hand und kreativer Berater am Set an uns vorbeilief und einige Fetzen unseres Gespräches auffing, traute er seinen Ohren nicht. Für ihn als Afroamerikaner war das ein unvorstellbares Bild. »Wie überlebt man so etwas?«, fragte er mich. »In einer komplett Weißen Familie und dann auch noch in der DDR, in einem totalitären Regime und einer ausschließlich Weiß geprägten Gesellschaft?« Er wollte wissen, wie man ohne eine Community leben könne. »Wer waren deine Vorbilder? Was waren deine Träume? Wie hast du den Hass und die

Verachtung ertragen? Wer ist für dich eingestanden? Wer hat dich beschützt und getröstet?«

Es war in diesem Moment, in dem Studio in Kreuzberg, unter anderen Schwarzen Menschen, in der Ecke wie immer mein großer Koffer, dass plötzlich, nach all seinen Fragen, ein überdimensionaler Druck von mir abfiel. Ein Druck, von dem ich gar nicht wusste, dass es einer war. Wie das ständige Piepen in meinem linken Ohr, das mir erst auffiel, als es von Mal zu Mal weniger wurde und eines schönen Tages fast gänzlich verschwand. Eine dauerhafte Anspannung, mit der ich von Tag eins meines Lebens vertraut war und mit der ich herumlief, als sei sie das normalste Ding der ganzen Welt, löste sich. Meine Sehnsucht nach dem Leben, mein Selbsthass, mein Aussehen, meine Haare, meine Haut, die Art, wie ich mich bewegte, die Momente, die mir Glück verschafften. Musik, die mich berührte, Gesichter, in die ich gesehen hatte, Leidenschaften, die ich nicht wagte zu leben, die Jagd nach dem Besseren der anderen, die Hoffnung dazuzugehören, irgendwann: Alles wackelte und wurde durch diese wenigen, genauen Fragen aufgerüttelt. *Wie hatte ich den Hass und die Verachtung ertragen? Wer war für mich eingestanden? Wer hatte mich beschützt und getröstet? Wo waren die schönen Schwarzen Menschen, denen ich folgen konnte? Wer sagte mir, wie schön ich bin, wie schön mein Haar und meine Haut sind?* Es waren die Fragen eines mitfühlenden Mannes, der wusste, welche Seite der komplexen Medaille des Schwarzseins mir da nicht beigebracht worden war. Vor diesem Tag verwendete ich das Wort Rassismus nie. Ich kannte keine Zusammenhänge von Kultur, Historie und der Art, wie ich aussehe. Ich dachte, dass mein Charakter eben zu wünschen übrig ließ und deshalb mein Leben so anstrengend sei. Ich dachte, es sei anstrengend, weil ich so unbegabt und zu faul war. Dass es deshalb anderen leichter fiel.

Mal abgesehen davon, dass ich einfach nur ich war, trainierten mich die Gesellschaft und vor allem meine Adoptivfamilie gründlich, auf gar keinen Fall die Nähe zu meinesgleichen zu suchen. Ich sollte ausschließlich Weiße Vorbilder wählen. Ich bemerkte üblicherweise nicht, dass das ein nur unbefriedigendes Unterfangen ist und immer und ewig bleiben würde. Wenn alle Mädchen sich die Haare lang wachsen ließen, ging das für mich nicht. Ich zog und zog an meinem festen, krausen Haar, aber es sprang immer wieder zurück in die Form, aus der es kam. Nicht einmal ein Friseur hätte helfen können. Die meisten weigerten sich ja sowieso, mein Haar zu berühren. Bedauerte ich mein Nicht-so-wie-die-anderen-Sein, stieß ich auf mitleidige oder verständnislose Reaktionen. Klagte ich darüber, dass niemand aussähe wie ich, oder war wütend über unangenehme Bemerkungen und meine lieblose Kindheit, kamen zumeist pseudointeressierte, mitleidige, gelangweilte oder genervte Reaktionen. *Ach Quatsch, das glaube ich nicht. Du bist ja auch speziell, das war sicher schwer für deine Eltern.* Oder: *Sie haben dich sicher geliebt, und du hast es nur nicht gemerkt.* Gern auch: *Du siehst doch fast gar nicht afrikanisch aus, bist doch so hell und hast auch gar keine dicken Lippen und keine platte Nase.* Oder: *Sei doch froh, im Kinderheim hättest du es schlechter getroffen.* Oder: *Alle wollen doch mit uns ins Bett. Uns finden doch alle sexy.* Aber die Fragen dieses Mannes, an diesem Tag in Berlin-Kreuzberg zeigten mir, dass jemand verstand, was es bedeutet, als Schwarzer Mensch in einer Weißen Mehrheitsgesellschaft aufzuwachsen. Ich träumte Weiße Träume, die sich niemals für mich erfüllten. Ich träumte sie bis zu diesem Tag.

Unsere Schwarzen Vorfahren haben dieselben vierhundert oder fünfhundert Jahre alte Geschichte der Unterdrückung (es ist nicht ganz klar zu lesen, wann die Sklaverei und das Ausbeuten des menschlichen Körpers und die damit einhergehende Barbarei begannen), natürlich jeder in seinem Land und auf seinem Kontinent mit eigener Besonderheit, mit den unterschiedlichsten rassistischen Gesichtern und Strukturen, die die jeweilige Gesellschaft ausmachen. In dem Land, in dem ich aufgewachsen war, hatte man so getan, als hätte niemand sich an den weltweiten Menschenrechtsverletzungen ob der Herkunft und Hautfarbe beteiligt. Ein unangenehm berührtes Schweigen oder gar aggressives Aufbäumen sind mir in Erinnerung, wenn es um Kolonialismus und Rassismus ging …

Mir war nicht klar, wie groß mein Bedürfnis nach Zugehörigkeit war. Ich wusste nicht, dass es jemals so etwas wie Identität für mich geben könnte. Afrika war doch der Kontinent, auf dem alle hungerten und arm waren. Ich war ja glücklich und dankbar, als eine der wenigen Geretteten in Deutschland leben zu dürfen. Ich wurde gelehrt, dass ich einem schlimmen Schicksal entgangen war. Meine Schmerzen und mein Leid schienen verdient. Ich hatte in einer Familie gelebt, zu essen bekommen, wurde gekleidet und erzogen. Das Wasser kam aus der Leitung, ich war sauber (so gut es eben ging, sagte meine Adoptivmutter), die Straßen waren befestigt, jeder Mann durfte nur eine Frau haben, wir kleideten uns und bedeckten unsere Geschlechtsteile auf der Straße. Nicht wie die da, die halb nackt herumlaufen. Ich durfte lesen und schreiben lernen, es fehlte nur noch, dass sie sagten: Du kannst, dank uns, auch aufrecht gehen und dich wie eine zivilisierte Person benehmen. Das war ja wohl genug, das war mehr als genug! Für mich war das die Messlatte. Mac, der von diesem Tag in Kreuzberg an in meinem Leben bleiben sollte, sagte später mehrfach zu mir: »Because they want you to feel like that.« Es war seine Antwort, wenn ich mal unsicher war und ihn fragte: »Do you think I'm good enough in my work field?« Wenn ich sagte: »They weren't treating me well on set.«

Oder in diesem einen Moment, als im Studio, nach einem langen und intensiven Arbeitstag, der Fotograf zu mir meinte: »Ich habe übrigens mehr von dir erwartet.« Mac sagte in solchen Momenten: »Never forget who is speaking to you. It is a White man, in a White society, not more, not less.« Natürlich kannte ich diese Wahrnehmungen. Aber es war mir neu, sie mit Worten auszuschmücken und ihnen volle Aufmerksamkeit und vollen Klang zu geben. Immer wenn Mac solche Sätze zu mir sagte, fiel mir die Verkrampfung aus den Gliedern. Es war ein wohliges, mir absolut unbekanntes Gefühl, und es verließ mich nicht mehr. Es sollte mir von nun an all die Türen öffnen, von denen ich noch nicht einmal wusste, dass sie existierten. So wie man manchmal erst beim Trinken merkt, dass man durstig ist. Ich fühlte mich, als wäre ich eine Ente, von Elefanten aufgezogen worden, die sich immer gewundert hatte, warum sie so klein geblieben war und bunte Federn statt dicker trockener grauer Haut hatte. Warum ihr Rüssel so kurz war und die Geräusche, die sie aus Freude auswarf, so fern denen der anderen. Ich wurde gehört, das allererste Mal im Leben, ich war also nicht verrückt. Was ich fühlte, war alles richtig.

Aber zurück zum Tag am Set, an dem ich Mac kennenlernte. Ich hatte die verschiedenen Moisturizer und Pomaden, die ich für den schlichten, zurückmodellierten Look für Debras Haar brauchte, auf dem dunkelroten Tuch ausgebreitet, mit dem ich die Arbeitsplatte vor dem Spiegel abgedeckt hatte. Musik lief im Hintergrund, eine Musik, nach der es sich leicht bewegen ließ, *groovy and Black*. Das fiel, so meine ich, nur mir auf, denn ich war es gewohnt, die Musik der Weißen deutschen Menschen am Set zu hören. Musik, in der immer nur in Portionen etwas Soul oder R&B vorkam, was gerade so Mainstream war. Und die niemals ausschließlich afrikanische Musik quer durch alle Genres spielten. Obwohl ich mit Schwarzen Fotomodellen aus unterschiedlichsten Ländern gearbeitet hatte, gab es für mich keine Verbindung mit ihnen. Manchmal gab es etwas, das ich nur schwer beschreiben kann. So etwas wie ein leises »Hi!«. Das Wort Zugehörigkeit wäre hier zu weit ausgeholt. Ich wusste auch nicht viel über Afrohaare, nur ein wenig aus der Erfahrung mit meinem eigenen Haar und dem meines Sohnes. Das war gewiss mehr, als die meisten Haarartisten in Deutschland so hatten. Ich konnte nicht professionell braiden, keine Cornrows, keine Dreads, überhaupt keine Rasta-Looks kreieren. Mit den Looks konnte ich arbeiten, aber sie nicht selbst umsetzen. Meine Vorstellungskraft war sehr eingeschränkt, dabei inspirierten mich Schwarze Frisuren. Ich hätte als Haarartistin einfach ein Praktikum in einem Afrosalon machen können und dort mehr über mein eigenes Haar lernen. Aber etwas in mir sträubte sich, wollte ich doch lieber, *just in case,* zu sehr zu den Weißen gehören.

Ich habe oft erlebt, dass irgendein Weißer, wenig ambitionierter Friseur gelangweilt und überfordert an mir herumzupfte. Ich verstand nicht, was so schwierig daran war, mir eine schöne Frisur zu machen oder überhaupt eine Frisur. Ich hatte nicht einmal ein Vorbild dafür, wie ich mein Haar hätte tragen können.

Debras Haar glänzte smooth und seidig und war nun glatt an ihren Kopf geschmiegt. Ich hatte es eng im Nacken zusammengenommen. Wir hatten viele Outfits zu shooten.

Luis Alberto Rodriguez, der Fotograf, war einst Tänzer und hatte das schönste Auge für Bewegungen, das ich jemals erlebt habe. Es war, als gäbe es zwischen Luis' Wort und Debras Körper einen imaginären Faden, der dafür sorgte, dass ihr Körper seinen Anweisungen leicht folgen konnte. So eine Art, mit Modellen zu arbeiten, hatte ich noch nie zuvor gesehen und erst recht nicht miterlebt.

Die Bilder, die Luis von Debra machte, ergriffen mich. Etwas war darin enthalten, das mir vollkommen unbekannt war. *The*

Black way of beauty in the fashion industry. Ich war beeindruckt von der Art von Respekt füreinander, die am Set herrschte. Es versprühte sich ein Gefühl von Gemeinschaft und Akzeptanz. Zum ersten Mal war ich nicht »die eine Schwarze« am Set, nicht die, die anders ist. Auch zu sehen, dass ein Schwarzer Designer nicht mit Weißen arbeitet, um bessere Chancen zu haben, gesehen zu werden, sondern seine Community mitnimmt in seinen Erfolg, beeindruckte mich. Man hielt zusammen und förderte einander. Das war mir bis dahin fremd. Ich wusste nicht, dass ich als Schwarze stolz sein durfte auf das, was ich bin. Dass es etwas Wunderbares ist, Halbafrikanerin zu sein, dass ich schön war genau deshalb. Dass ich nicht nach den Kriterien und Richtlinien Weißer Augen zu gedeihen hatte. Wir arbeiteten noch immer konzentriert, während all diese Gedanken sich so völlig ungeplant in meinem Gehirn abbildeten und mir hin und wieder glasige Augen bescherten. Mir war das Ziel nicht so ganz klar. Ich folgte einfach dem Geschehen. In der Luft lag ein Gemisch aus Expertise und absolutem Wohlwollen. Während des Mittagessens führten Mac und ich unser Gespräch fort. Manchmal lachte er laut auf, manchmal sprach er mit ernster Miene. »How strong you are« und »Look at you!« Ich fand: Ja, genau. Recht hat er. Aber warum merkt nur er das, warum ist mir diese Stärke vorher als Schwäche ausgelegt worden? Warum ist mein nun verstandener Schmerz zuvor »dummes Gerede« gewesen, warum ist es vorher »Unsinn« oder sogar »Verrücktheit« gewesen? Einfältigkeit? Was ist hier eigentlich los?

Im Zug auf dem Weg zurück nach Hamburg wusste ich, dass mein Leben nie mehr so sein würde wie zuvor. Ich wusste nicht, wie, aber es würde nicht mehr auf dieselbe Weise weitergehen, die ich kannte.

Ich hatte das Bedürfnis, über all das zu sprechen, was ich erlebt hatte, wie ich gesehen, angesehen und weggesehen worden bin.

Ich bin ein Schwarzer Mensch, dachte ich. Eine Schwarze Frau zu werden hat danach noch etwas länger gedauert und noch etwas mehr Mut erfordert.

Mac und ich blieben fortan in Kontakt. Wir schrieben uns täglich und telefonierten miteinander, wann immer wir Zeit fanden. Ich erkannte, dass ein Teil meiner Persönlichkeit absolut verkümmert war. Mein deutsches und mein afrikanisches Ich waren einander noch nicht vorgestellt worden. Die Schwarze Peggy hatte sich vernachlässigt zurückgezogen, und nun sorgte Mac dafür, dass das nie wieder passieren würde. Er trug mich in meine afrikanische Seite. Als hätte er mir die Erlaubnis gegeben, Schwarz zu sein. Bald sprudelte vieles aus mir heraus, wovon ich zuvor geglaubt hatte, es sei Nonsens. Ich beschrieb in den Gesprächen mit ihm den Schmerz, als ich in Weißen Räumen beleidigt wurde, wenn sich am Flughafen immer wieder Weiße Frauen vor mich stellten, als sei ich Luft, wie ich in meiner Heimat täglich auf Englisch angesprochen werde. Ich erzählte Mac von dem Mieter unter mir, der mich jahrelang darauf hingewiesen hatte, dass wir hier nicht im Busch seien und ich doch bitte auf Zehenspitzen durch meine Wohnung laufen solle. Realitäten, die ich vorher nicht gewagt hatte, laut werden zu lassen. So lehrte ich Mac, wie sich Rassismus in der deutschen Gesellschaft verwachsen hat, in vielerlei Hinsicht anders, als er es aus den USA kannte. Wie die Sehgewohnheit der Menschen hierzulande durch Menschenzoos und Völkerschauen geprägt wurde und auch durch die besondere Art und Weise, wie deutsche Sklavenhändler von hier aus ihr Unwesen in der Welt trieben, ohne sich je die Finger zu beschmutzen.

Ich hatte schon vorher manchmal versucht, mit Freund:innen, Bekannten und Kolleg:innen meine Sicht auf Rassismus und auch Kritikpunkte an ihnen zu besprechen. Ich hatte versucht, glaubhaft zu vermitteln, wie es mir ergangen war. Aber meine

Erzählungen versickerten in mitleidigen oder genervten Gesichtern und verschlossenen Ohren. Meine Weißen Gegenüber begegneten mir mit den Worten: »Ich habe auch Probleme« oder »Was kann ich denn dafür, dass es Rassisten gibt?« Ich hörte: »Es ist doch nicht meine Schuld« oder gern auch: »Schwarze sind ja auch rassistisch. Als ich mal in einem Club war, in New York, da habe ich mich auch richtig schlecht gefühlt, weil ich Weiß bin.« Man sagte mir: »Übertreib doch nicht immer so« bis hin zu »Du bist doch gar nicht so dunkel, bei dir sieht man das doch gar nicht richtig. Du siehst aus, als wärst du gerade im Urlaub gewesen, so *fresh!*« Und mir wurde empfohlen, Rassismus doch einmal positiv zu betrachten: »Du fällst eben auf, wenn du einen Raum betrittst, sei doch froh.«

Mac sagte mir: »Vergiss niemals, wer zu dir spricht und ob es sich lohnt, zu antworten.«

Er passte auf mich auf, liebte mich, schätzte mich, lehrte mich, lachte mit mir und auch über mich, inspirierte mich. Ihn in meinem Leben zu wissen, mit seiner Liebe und seinem Wissen wiederbelebt zu werden, aktivierte meinen eingerosteten Intellekt und lenkte meinen Lebenswillen weg von meiner ständigen Angst, nicht Weiß genug zu sein, hin zu einer aktiven und kritischen, furchtlosen Schwarzen Frau mit weit offenem Herzen.

Mac und ich wurden zu einem Wir. Wir diskutierten täglich, lasen gemeinsam Artikel über Kunst, die Macht des Wortes, die Liebe und das Erleben von Einsamkeit. Das erste Video, das er mir sendete, auf meine Frage an ihn: »Bin ich als Künstlerin gut genug?«, war die Rede von Malcolm X: »Who Taught You to Hate Yourself?« Ein Eye-Opener für mich.

Mac wich mir bis zu seinem überraschenden Tod im März 2020 nicht von der Seite. Ich hätte so gern mehr Zeit mit ihm gehabt. Da, wo er jetzt ist, sehen wir uns wieder. Darauf freue ich mich.

Wenn ich Dich suche

Warten auf den Tag
den Du Anfang nennen möchtest
die Stunden beachtend
auf den Morgen wartend
dann auf den Abend zu warten
dem Gras beim Wachsen zuzusehen
um es auf ein Maß zu kürzen
damit wir es Rasen nennen
den Regen anzuhören
dann danach zu sehnen
dass er stoppt
dann dem Licht bös zu sein
denn es bleicht die Seiten unserer Bücher

Körper verlieren mehr Wasser
als wir später trinken können
beten dann und hoffen
auf Frieden
um dann im Frieden
wieder Streit zu haben
dann kämpfen wir darum nicht zu verlieren
was wir gerade neu erworben,
hat es uns ganz wundervoll
und gnadenlos von uns entfernt
fort gebracht, leer gemacht
mit sanftem Ansinnen gefüllt
Wir danken Gott für gutes Essen
beschimpfen Ihn für laute Straßen,
die wir selber befüllen mit unserem rastlosen Leben
Wir danken ihm für das Geschenk der Liebe
dann wollen wir sie nicht
weil sie all unsere Sinne berührt
und verwirrend ist
sie uns wachsen und nicht verweilen lässt

so wie die Blumen und das Gras
gehören wir dem Wachstum
dem Wetter
den Flüssen und Meeren
dem Wind,
doch nicht den Dingen
Heute ist Jetzt.
Das Jetzt
für uns da ist
all sein Möglichsein allein für uns bewahrt
Ohne zu drängen
ohne zu bestrafen,
es fragt und wir antworten

so leben wir
und finden uns wieder bei einem Picknick mit uns selbst
um danach die Sinfonie des Tages zu kosten
und dann
dann ist wieder jetzt

Peggy Kurka, Hamburg 2020

Definition Mutter

Mutter sagte, du seist ein schlechter Mensch, Mutter
eher ein Gebilde des Schreckens
Erst schläfst Du mit dem Schwarzen
dann wächst in Dir ein Wesen
Schwarz womöglich

Und dann sah sie sich selbst in Not
Dem eigenen Leib, der nicht mehr tat
was ringsherum gehofft, gewünscht, erzwungen
Schuld um Schuld
der Kampf der Mütter
die eine Schuld ist des anderen Schuld
Tut Gutes, sagte die eine Schuld
gewann, triumphierte
und rettete mein Leben
mein Leben, um ihres zu retten

Schuld gehört der ersten Frau
denn sie schlief mit dem Schwarzen Mann
obgleich der Angetraute ruhig im Weißen Bette schlief
Ihr war nun der Ritterorden
denn das böse Ende blieb nun aus

Nun kam der Segen über mich
Dank Dir bin ich fast Weiß geworden
Und träume brav der anderen Träume
geb Dir meinen Braunen Körper
In Liebe tritt es ihn täglich nieder
Bin ich ein gutes Schwarzen Kind
fast Weiß gezüchtet
sieh nur richtig hin
Ihr Haar, ach ja, ein wenig wirr
Was machen wir denn da?

Triebst mich in die Dankbarkeit
Ein Brot, ein Bett, das Alphabet, ein Kleid
gute Speisen und hier und da ein Tänzchen,
was euch alle so erfreute
dass vor Lachen eure Körper auf dem Boden sich rollten
Wo lerntest Du, mein Kind, Dich wie ein Affe zu bewegen.
Bist Du doch in Weiß gedacht
und wohlerzogen
genügt es doch zum Lustigsein
ein eigener Affe war ja dein

Die brennende Wange
und dann auch die andere
schweig sonst sende ich dich fort
an den Ort an dem dich keiner will
an dem man Schwatte nicht sehr gerne hat
und ihnen nicht das Leben will
Da wo Du herkommst, hungern alle
haben geblähte Bäuche
bevor sie dann von dannen gehen

Lerne!
Das hier ist Dein Paradies
Das hier ist mehr als Du verdient hast
Sei gefälligst dankbar, dass Du leben darfst
und wenn Du weinst, dann trete ich
bis zum Schweigen
Hörst Du?
Schweig!
Ich war ein glückliches Kind.
Ein Segen für mich
Mutter

Peggy Kurka, Santanyí, Februar 2022

Meine Adoptiveltern

Wie sehr ich sie vergöttert habe, meine Mutti, so nannte ich sie. Die meisten sagten damals »Mutti« und »Vati«. Es war die sozialistische Bezeichnung für die Eltern. Ich kannte nur ein Mädchen, Jenny Lehmann, wir wurden beide 1975 in die Klasse 1b eingeschult, die »Mama« und »Papa« sagte. Ihre Eltern waren nicht in der Partei. Vielleicht deshalb. Unter Kamerad:innen und Genoss:innen sagte man jedenfalls »Mutti« und »Vati«.

Wenn man bedenkt, unter welchen Umständen sich die DDR selbst gegründet hatte, scheint es nicht allzu abwegig, dass eine Gesellschaft so instabil war und von Angst getrieben wurde. Hinzu kam noch, dass der Teil der Menschen, der innerhalb der Grenze im Ostsektor lebte, nie mehr herauskommen sollte. Es gab ja keine Reisefreiheit. In welchem Modus muss sich ein Volk befunden haben zu dieser Zeit? Als die Mauer 1961 erbaut wurde, sind manche Menschen aus Überzeugung im Ostsektor geblieben, andere, weil einfach ihr Wohnort dort war. Durch den Beschluss, Deutschland zu zerteilen, wurden Familien, Freundeskreise, Beziehungen, Liebschaften, Gemeinschaften einfach zersägt, entzweit und mit sich zurückgelassen. Meine Adoptiveltern gehörten zum Teil der Bevölkerung, die dem Kommunismus und der SED zugetan waren. Sie waren voller Hoffnung auf ein besseres, ein gleichberechtigtes Leben und Miteinander. Sie waren überzeugt davon, dass der Kapitalismus etwas von Grund auf Schlechtes ist. Bis auf ein paar Dinge wie Kaffee, Kakao, Strumpfhosen, Aftershave, Parfüm, Jeans, Süßigkeiten. Fleiß und Gehorsam waren Tugenden, an die beide fest glaubten. Sie addierten sich mit Leichtigkeit in ihr Lebenskonzept. Und sie passten gut zu ihren eigenen Zielen. Sie schenkten sich dem Staat und hatten beide die Vorstellung, eine musterhafte Familie zu gründen und sozialistisch hochwertige Kinder zu bekommen und zu erziehen.

Für mich hatte Marions Gehorsam auch mit Angst zu tun. Sie hatte die Fähigkeit, sich passend zu machen für die anderen, um das Bestmögliche herauszuschlagen. Sie schien die klassische Mitläuferin zu sein, stand für nichts ein, außer für Macht, Geld, Wohlstand und Männer. Das alles gehörte bei ihr unmittelbar zusammen. Obwohl sie sich als musterhafte Bürgerin positionierte, fehlte ihr in meinen Augen die Befähigung zu tiefem Glauben, zu wirklicher Überzeugung, der Mut, ein Rückgrat zu haben. Sie strebte Perfektion an. Ihre Parteizugehörigkeit unterlag diesen Zügen ihres Wesens.

Mein Adoptivvater hingegen glaubte wirklich an die Ziele des Kommunismus und auch an alte preußische Tugenden. Er wollte dem Vaterland dienen, jeden Tag in einer Uniform zur Arbeit gehen, um für meine Begriffe an den Wochenenden Krieg zu proben. Er war sich bis in die letzte Zelle sicher, auf der richtigen Seite zu stehen. Er liebte, machte Fehler, schlimme Fehler, aber, absurderweise hatte er für mich trotzdem etwas Menschlicheres als meine Adoptivmutter.

Marion, meine Adoptivmutter, wurde als Tochter zweier Bauern geboren. Jeden Morgen, fast noch in der Nacht, standen sie auf, um sich um das Vieh zu kümmern, bis in den Abend. Ich kannte meine Großeltern nur alt. Bereits mit Anfang fünfzig waren sie müde und ausgelaugt, grauhaarig und mit gegerbter Haut. Omas Wangen waren von rötlich-violetten Adern durchzogen, die

Haut pur und weich und leicht glänzend, durch die Vaseline-Lanoline-Mischung, die sie täglich mehrmals auftrug. Ein dunkelbrauner Haarreif aus Horn hielt das krause Haar, das wild in alle Himmelsrichtungen wuchs, zusammen. Sie hatte sich eingeredet, dass wir beide die gleichen Haare hätten und am Ende doch leiblich miteinander verwandt sein könnten. Es gefiel ihr, mir solche Geschichten zu erzählen. Dann machte sie die Augen zu schmalen Schlitzen und beugte sich liebevoll zu mir herunter. Sie begann dann verschmitzt zu lachen wie ein kleines Mädchen und sagte: »Krause Haare, krauser Sinn, da steckt der Deibel drin!« So hatte sie es gelernt und stolz an mich weitergereicht. Meine Haare waren also das Sinnbild des Teufels. Ich glaube, sie konnte nicht akzeptieren, dass ich nicht ihr leibliches Enkelkind war. Sie wollte gern, dass wir uns ähnlicher sind.

Großmutter Frida – ich liebe ihren Namen, sie hatte noch sechs andere, die ich bereits vergessen habe – trug immer eine Schürze, meistens geblümt, darunter einen Rock, dazu einen eng gestrickten Pullover. Und über allem noch eine Strickjacke. Alles in bunten Farben und ein klein wenig angeschmuddelt und ausgeblichen, denn sie arbeitete viel. Ihre Befähigung, Liebe und Zuneigung auszudrücken, beschränkte sich aufs Backen, Kochen und die Küche aufräumen. Alle sollten immer satt sein. Meine Großmutter riet mir früh, niemals zu heiraten und immer auf eigenen Beinen zu stehen. Ich sollte fleißig sein und stark und gute Noten in der Schule haben. Manchmal bekam ich etwas Geld, mal fünf Mark oder auch mal zehn, zugesteckt. Als wir älter waren, wurden auch mal fünfzig oder hundert daraus.

Großvater Erich – auch diesen Namen liebe ich – hatte einen ähnlichen Tagesrhythmus, nur dass er sich nicht um das leibliche Wohl von irgendwem scherte. Wichtig war, dass seine hölzerne kunsthandwerkliche Doppeldeckerzigarettenbox immer mit Tabakwaren gefüllt und Würfelzucker im Haus war, damit er seinen Cognac darübergießen konnte, um es uns Kindern von Zeit zu Zeit als *Goodie* in den Mund zu stecken. Er wusch nie ab, kochte nie und half nur unerheblich im Haushalt. Gar nicht so ungewöhnlich für diese Generation, die bis hierher bereits zwei Weltkriege überlebt hatte. Dafür spannte er manchmal die Pferde vor die Kutsche, und wir machten lange Fahrten durch die wunderschöne brandenburgische Landschaft und besuchten Freunde. Großvater machte bis an sein Lebensende lange Spaziergänge im Wald mit seinen Jagdhunden Tasso und Waldi. Er radelte oft in die Dorfkneipe, um sich zu betrinken. Aber er kam früh zurück, so richtig spät wurde es selten. Laut war er dann und irgendwie lustig. Dann drückte er mich immer fest und griff sich dabei oder danach in den Schritt und mir an die Brust oder den Po. Ich dachte mir nichts dabei, so machten Großväter das, und ich war ganz verliebt in ihn. Als ich so etwa zehn oder elf Jahre alt war, begann er, sich an meinen gerade zu wachsen beginnenden Brüsten zu reiben, griff eigentlich bei jeder Gelegenheit nach ihnen, wann immer es für ihn okay war. Er küsste auch gern meinen Hals. Dabei lachte er und fühlte sich sehr wohl. Ich mich auch, denn es bedeutete ja wohl, dass er mich gernhatte. Andauernd spielten sich diese Rituale ab.

Auch, als ich einmal meine Freundin Helen mitgebracht hatte, konnte er seine Finger nicht unter Kontrolle bringen. Er befummelte ihre Brüste, so scheinbar nebensächlich, wie er es bei mir immer zu tun pflegte. Mit den Händen packte er an ihren Po und erfreute sich mit ein wenig Vibration an ihren Kurven. Zum Glück war das alles so abwegig für sie, dass sie pöbelnd auffuhr und ihm auf die Finger schlug. »Dein Opa ist ja 'n Grabscher«, sagte sie. Mir fiel das nicht auf, denn irgendwie gehörte es in meiner Familie dazu, so mit jungen Mädchen umzugehen. Niemand interessierte sich dafür, es war einfach nur normal für uns. Nur Helen kam nie mehr mit mir zu meinen Großeltern.

Meine Oma Frida hatte zwei ihrer Kinder, meine Mutter und ihre große Schwester, im Zweiten Weltkrieg geboren. Und wenn ich mich richtig erinnere, auch eines verloren, auf Wegen, die sie nie genau beschrieb. Es müssen harte Zeiten gewesen sein, und die Menschen waren gebrochen. Durch Folter, Hunger, Kälte, Bombenangriffe, Krieg und Kriegsgefangenschaften, Flucht, Krankheiten und Verluste. Und nicht zuletzt auch durch das, was Menschen, die überleben wollen, noch so tun, um es zu schaffen. Großmutter erzählte mehr als nur einmal davon, wie die Frauen und Mädchen sich vor den Vergewaltigungen durch russische Soldaten und Zivilisten schützten. Karlo, mein älterer Bruder (auch adoptiert, und hier sei, nur zum Verständnis, erwähnt, er ist Weiß), sagt, dass sie ihm von ihrer eigenen Vergewaltigung erzählt und Großvater Erich den russischen Soldaten dafür umgebracht habe. Mir hat sie dagegen erzählt, dass sie sich unter einer toten Kuh versteckte und man sie nicht finden konnte. Darauf war sie sehr stolz. Wo ihre Kinder unterdessen waren, davon sprach sie nie. Glück den Familien, die nach dem Krieg wieder zusammenfanden. Großvater kam schließlich nach Kriegsende zurück. Er war in Russland in Kriegsgefangenschaft und hatte mit einem Bombensplitter im Bein zu kämpfen. Über seine seelischen Verletzungen, über das, was er in diesem Krieg getan hatte, hat er niemals zu uns Enkelkindern gesprochen. Immerhin ein Segen, dass sie einander hatten. Auch wenn ihre Verbindung nicht sehr liebevoll war, hatten sie sich ewige Treue geschworen und versprochen, immer füreinander da zu sein. Erich hielt es, so schien es mir, mit dem ersten Teil des Ehegelübdes nicht so genau. Er hat – angeblich – seine Hände unter jeden sich ihm bietenden Schürzenzipfel gesteckt. So beschrieb es Oma immer. Man brauchte einander in dieser Zeit, und einen solchen Luxus, wie es ihn heute gibt, sich einfach aus einer so unglücklichen, deprimierenden, respektlosen Verbindung zu lösen, gab es nicht. Vielleicht in den Städten, doch gewiss nicht auf dem Land. Trotz allem bekamen sie noch zwei weitere Kinder. Romantische Liebe oder liebevolle Gesten habe ich nie zwischen ihnen gesehen. Als sie sich zu Beginn einmal begegneten, war das sicher anders. Nun lebten sie, so wie viele Familien, die nach dem Krieg wieder zueinanderfanden, aus Pflichtbewusstsein und Verantwortung füreinander beisammen. So habe ich es jedenfalls beobachtet. Ein eher unvorstellbarer Lebensentwurf heutzutage. Selbstverständlich fühlen wir Menschen uns heute in Beziehungen auch einander verpflichtet. Aber eher, indem wir uns an Regeln zu halten haben und uns im Rahmen der Gesetzgebung bewegen. Ich denke, hat man nun einen Krieg oder sogar zwei miteinander überstanden, so ist man einander aus anderen Gründen treu, als wir es heute tun.

Das Haus meiner Großeltern war immer offen für uns, und es gab immer leckeres selbstgekochtes Essen und einen gemütlichen Ort. Alles wurde selbst zubereitet. Es gab nie Fertiggerichte oder solche Dinge. Obst und Gemüse wurde gegessen wie im Garten gewachsen. Alles, was nicht gleich verzehrt werden konnte, wurde eingekocht. Tiere wurden geschlachtet, um Fleisch zu essen oder Wurst herzustellen. Ganz einfach. Manchmal wurde auch gelacht, aber ein richtig lustiger Ort war es nicht. Wir waren fünfzehn Enkelkinder und alle gern auf dem Hof. Zumindest, als wir klein waren. Später waren Karlo und ich schon zu sehr wie Stadtkinder und nicht mehr so sehr an den Gepflogenheiten des Landlebens interessiert. Das Gehöft in der Gemeinde eines winzigen Dorfes im brandenburgischen Land, das meinen Großeltern von der LPG (Landwirtschaftliche Produktionsgenossenschaft) zugeteilt wurde, war einfach, aber großzügig. Mit vielen Ställen, Platz für Pferde, vielen Hühnern, Enten und Gänsen, Katzen, Kaninchen und anderen Tieren. Ich habe großen Respekt vor Pferden – um es nicht gleich Angst zu nennen –, und die ewig bellenden Hunde meines Großvaters mochte ich nicht, ich fürchtete sie.

Es gab eine Hierarchie unter uns Enkelkindern, die die Großeltern bis zum Schluss nicht verändert haben. Erst kamen die Kinder meiner Tante, der älteren Schwester meiner Mutter, dann der Sohn der jüngeren Schwester, dann die Kinder des jüngeren Bruders und zu guter Letzt wir beiden Adoptivkinder. Das blieb für immer so, jedenfalls der Teil, dass wir Letzte blieben im Liebesverteiler der Familie. Jeder ließ uns spüren, dass wir keine »richtigen« Kinder waren, anders als die anderen.

Deshalb durfte man uns anders behandeln. Denn wir hatten dankbar zu sein, dass wenn wir uns nicht benahmen, wir nicht zurück ins Heim gebracht wurden. Und ich insbesondere, schließlich hatte ich nicht mit meinen hungernden »Stammeskollegen« zu leben. Was für ein großes Glück für mich.

Marion wurde 1943 in Deutschland, inmitten des Zweiten Weltkriegs, geboren, in Cottbus, wie ich erst 2022 aus ihrer Sterbeurkunde erfuhr. Sie tat es ihrer Mutter nach und wurde Landwirtin. Ob das ihr freier Wille war, vermag ich nicht zu beschreiben. Nach einiger Zeit entschied sie sich jedenfalls dafür, als Erzieherin zu arbeiten und ließ sich umschulen. Das klingt, wenn man es heute anschaut, wie ein ganz normaler Werdegang. Ist es auch, aber was es bedeutet hat für sie und für viele Kinder und Jugendliche in der DDR, in solchen Einrichtungen erzogen zu werden, kann ich erst heute, mit viel Abstand, klar betrachten. Nun war sie sehr stolz auf ihren Beruf und arbeitete gern darin. Es war, um es dezent auszudrücken, gern gesehen, in die SED einzutreten und aktives Mitglied zu sein. Regelmäßig fanden Parteiversammlungen statt, an denen Marion nahezu kontinuierlich teilnahm. Es war Teil ihres Jobs und des Lebens, das sie gewählt hatte. Marion hatte keinerlei politische Ambitionen. Mit nichts und niemandem. Ich bin nicht sicher, ob sie je freiwillig aus reinem Interesse einen Sachtext gelesen hat.

Diethmar, mein Adoptivvater, war als Unteroffizier bei der NVA, der Nationalen Volksarmee, jedenfalls zu Beginn seiner Laufbahn. Ich meine, sein Stützpunkt war in der Nähe, in der nächstgrößeren Stadt. Über seine Familie kann ich nicht so viel sagen. Nur, dass sie eher akademisch strukturiert war. Fast alle lebten in Berlin, hatten studiert, pflegten beste Verbindungen und arbeiteten in bildungsbürgerlichen Berufen. Womöglich ist er auch in Berlin geboren worden. Ich hatte nur selten in meiner Kindheit und Jugend mit ihnen zu tun. Obwohl ich eine Cousine väterlicherseits sehr mochte und sie mich auch, hat es niemals dazu gereicht, in Kontakt zu bleiben. Man mochte mich, aber ich gehörte irgendwie nie so richtig dazu. Nicht so, wie die anderen. Es ist wohl auch bezeichnend, dass ich nicht viel von ihnen weiß.

Es war meistens nachmittags oder am frühen Abend, wenn zum Tanz gebeten wurde, an dem Ort, an den es alle zog in Werder. Das Gesellschaftshaus war ein beliebter Platz für junge Menschen der Umgebung, um sich zu zerstreuen, eine Art Ausflugsgaststätte. Hier fanden manchmal auch Tagungen und Jugendweihen statt, man konnte im Biergarten gesellig sein oder in der Gaststätte tagsüber oder auch am Abend essen gehen. Und an manchen Tagen, zumeist Wochenenden, spielte eine Band zum Tanz. Marion tanzte gern, hatte ein Talent dafür, sich hübsch zu kleiden und ihr Haar aufwändig und geschmackvoll aufzutürmen.

Sie war keine wilde Frau. Irgendwie anständig adrett, nicht extravagant, aber sehr attraktiv, schlanke Statur, eher helle Haut, braunes Haar, grüne Augen, die ihres Vaters. Sie war ihm optisch und auch sonst sehr ähnlich.

Diethmar war ein stolzer, extrem gut aussehender Mann, mit blondem, lockigem, kurzem Haar und blauen Augen, daran glaube ich mich zu erinnern, aber vielleicht waren sie auch grün oder braun. Er kleidete sich elegant und roch immer sehr gut. Wahrscheinlich hat er sie zum Tanz aufgefordert oder sie zu einem Drink eingeladen, Sekt wahrscheinlich oder Kirschlikör, den mochte sie so gern. So genau beschrieben sie es mir nicht. Aber das Tanzen und Ausgehen verband sie, sie gefielen einander, und so ließen sie zu, einander näherzukommen. Bald gaben sie sich das Jawort und planten ihre gemeinsame Zukunft. Marion war inzwischen Erzieherin, und Diethmar arbeitete im medizinischen Stützpunkt in der Kaserne in Werder. Sie zogen in das kleine Dörfchen, dicht an Erichs und Fridas Hof.

Erst lebten sie zu zweit in einem kleinen Dorf im Landkreis Brandenburg. Die Landschaft an diesem Ort der Welt ist außerordentlich schön. Die Wälder sind wild und ausladend, bestehend aus Laub und Nadelbäumen. Durch die Landschaften ziehen sich offene Wiesen und Weideflächen, Seen und kleine Rinnsale. Damals gab es wenige betonierte Straßen, fast nur welche aus Kopfsteinpflaster. Die Wiesen und landschaftlichen Leerflächen fanden früher meistens für den Ackerbau und die Viehzucht Verwendung. Es gab dort keine weiträumig ausgebaute Urbanisation. Eine Kirche, eine Kinderkrippe und einen Kindergarten, eine Kaufhalle, das Postamt. Nur das Nötigste eben. Schule, Bäcker und Schlachter. Ein Kaufhaus für Küchenzubehör, Bekleidung, Schreibwaren gab es in den Nachbardörfern oder nächstgrößeren Kreisstädten. Jeder kannte jeden, und jeder lebte irgendwie auch ein bisschen das Leben der anderen mit.

Meine Adoptiveltern waren beide Mitglieder der SED. Erst in einfachen Ämtern, dann in angeseheneren Positionen innerhalb ihres Landkreises. Sie glaubten fest an die Richtigkeit des Systems und kannten keine Zweifel. Dem jungen Paar sollte der Kinderwunsch versagt bleiben. Diethmar war ständig auf Manövern seiner Truppen. Es wurde für den »Ernstfall« geprobt, und hin und wieder gab es auch Verletzte. So verbrachte er gelegentlich Zeit im Armee-Krankenhaus am Scharmützelsee in Bad Saarow, das sich dicht am hiesigen Müttergenesungsheim befand. Dort konnten Frauen auch unbemerkt und heimlich unerwünschte Kinder gebären und die Kinder dort hinterlassen. Entweder, um dort aufzuwachsen oder zur Adoption vermittelt zu werden. Wenn Marion ihren Mann also dort besuchte, begann sie Ausschau zu halten nach einem Kind, das möglicherweise zur Adoption freigegeben worden war. So konnten sie meinen älteren Bruder finden. Einen kleinen, zarten Jungen mit braunen Augen, dunkelbraunem glattem Haar und sehr heller Haut. Ein erfreulicher Zuwachs für die Familie. Das Glück und die Freude um den Sohn waren groß.

Die Adoption ging sehr schnell vonstatten. Sie waren beide in politisch korrekten und angesehenen Berufen. Also wurde nicht viel dokumentiert oder schriftlich festgehalten. *Das Kind Karlo Wagner wird an Kindes statt angenommen. Name der leiblichen Mutter, Vater unbekannt.* Zack! Glück im Sack! Keine Geschichte, keine Erklärung, keine Akte, keine Prüfung der Eltern. Sie konnten ihn mit in ihr kleines Dorf nehmen, und ihr Leben nahm seinen Lauf. Karlo kam in den Kindergarten und so weiter und so fort. Nach ungefähr drei Jahren, als Diethmar wieder einmal nach einem Manöver verletzt im Krankenhaus lag und Marion und Karlo ihn gemeinsam besuchten, verbanden Mutter und Sohn den Krankenhausbesuch mit einem Besuch im Kinderheim, um zu zeigen, wie gut es dem Jungen ging, wie prächtig er gedieh.

Sie spazierten durch die Reihen, sahen in die Bettchen, in denen all die Kinder ohne Eltern lagen, saßen oder standen. Karlo blieb an meinem Bettchen stehen und sah mich an. Er schien fasziniert zu sein. Er plauderte freudig begeistert aus, dass er so eine N–puppe noch nie zuvor gesehen hatte, und er verkündete laut, er wolle, dass dieser Sarotti-M– seine Schwester wird, die er mit nach Hause nehmen kann. Die Schwestern rieten der jungen Frau, sie solle auf keinen Fall dieses afrikanische Baby adoptieren. Ich hätte einen schwarzen Vater und würde sicher noch dunkler werden, als ich sowieso schon war. Und alle würden denken, sie hätte mit einem Schwarzen Mann Sex gehabt. Er sei da gewesen, um mich zu besuchen und mir meinen ersten Namen zu geben: Abeny. »Das hätten Sie sehen müssen. Um Gottes willen, nehmen Sie nur nicht das Kind, nehmen Sie ein anderes.« Die Schwestern im Müttergenesungsheim hatten nicht viel übrig für mich, sowieso nicht und für mich als Schwarzes Kind schon gar nicht. Ich schlug damals immer wieder mit meinem kleinen Köpfchen gegen die Stäbe meines Bettes, um mich wohl irgendwie lebendig zu fühlen. Das dumpfe Geräusch sollte mich lange begleiten.

Marion war Erzieherin und hatte ein Herz – oder so etwas in der Art – für Kinder, um die sie sich sorgen konnte. Lieben konnte sie ja nicht, aber versorgen konnte sie und tat es auch gern. Ich tat ihr leid, wie sie mir später in einem Brief schrieb. »Man konnte dich doch nicht einfach da so sein lassen, jemanden so zu behandeln, weil er dunklere Haut hat.« Das befand sie als unmenschlich. Es könnte so eine Mischung aus Bockigkeit, Helfersyndrom, Selbstgefälligkeit und Romantisierung gewesen sein. Ich vermute, dass sie besessen war von der Idee, mich zu adoptieren. Sie gefiel sich und konnte sich selbst gut aushalten dabei, einem armen Schwarzen Baby zu helfen, das keiner wollte. So war und blieb unsere Verbindung noch lange, nachdem ich bei ihnen eingezogen war. Dieser Stolz! Wie sie, Marion Kurka, mir das Leben gerettet hat. Ein wenig dieses Ruhmes bekamen auch mein Vater und Karlo ab.

In der DDR war es bereits allseits modern geworden, Kinder zu adoptieren. Es gab die Tendenz der Vorsitzenden des Ministeriums für Volksbildung, Margot Honecker, Kinder zu züchtigen und nur durch Strenge und Disziplin zu sozialistischen Bürgern und Bürgerinnen werden zu lassen. Auch Walter Ulbricht und seine Frau Lotte hatten schon vor den Augen des Landes ein Mädchen adoptiert und so für die Solidarität der Völker untereinander posiert.

Die staatliche Erziehungspraxis war doppeldeutig. Durch die vielen Institutionen war es den Familien möglich, eine Art stabilen Alltag zu leben, zugleich konnten so bis in die kleinste Zelle der Familie die Menschen kontrolliert und nach Margots masochistischem Weltbild geformt werden. Für Schwarze Kinder und Jugendliche hatte sie sich um 1979 etwas ganz Besonderes ausgedacht.

Im Rahmen der Internationalen Völkerfreundschaft wurden Mitte der 1960er-Jahre Gastarbeiter vorübergehend in die DDR geholt, um beim Aufbau des Landes zu helfen. Es gab Arbeitskräftemangel dadurch, dass viele Menschen sich für ein wirtschaftlich besser gestelltes Leben in der Bundesrepublik entschieden hatten. Ab etwa 1979 kamen auch viele Arbeitshilfen und auszubildende Kinder und Jugendliche aus Mosambik, Kuba, Nicaragua und der Demokratischen Volksrepublik Jemen. Sie sollten gut ausgebildet werden und billige Arbeitskräfte sein, ohne festen Aufenthaltsstatus. Danach sollten sie hochqualifiziert in ihre Heimatländer zurückkehren. Im selben Jahr wurden auch vierhundert verwaiste oder halb verwaiste Kinder aus Namibia aus Flüchtlingslagern in die DDR gebracht, um hier aufzuwachsen und eine sozialistische Erziehung und Ausbildung zu genießen. Man steckte diese Kinder später zumeist in die Industrie, an die Maschinen, in die Fabriken. Den Fähigkeiten entsprechend wurde hier nicht gefördert. Eine Integration all dieser Menschen, die große Teile ihres Lebens im Land verbrachten, fand niemals wirklich statt. Bis auf Einzelfälle lebten sie oft in eigenen Hochhaussiedlungen in der Platte.

Meine Mutter hat mich relativ früh wissen lassen, dass sie nicht meine leibliche Mutter ist. Ich meine, ich war vielleicht in der ersten Klasse, vielleicht auch etwas jünger, also fünf oder sechs Jahre alt. Wir lebten in Werder, einer Kleinstadt in Brandenburg. Es hat mich nicht bekümmert, was sie mir sagte, und ich fragte kaum nach. Ich fand es eher spannend als schockierend. Es klang nach einer Geschichte, die aufregend schien. Eine verheiratete Frau, die mit einem N– ins Bett geht und dann noch nicht einmal dazu steht! Und nun ist es, das Mädchen, also ich, gerettet vor den grausamen Menschen, die ihr, mir, das Schlimme angetan haben. Den Inhalt verstand ich nicht, aber die Geschichte fühlte sich an, als gehörte sie nicht zu mir und hätte auf sonderliche Weise gar nichts mit mir zu tun. Sie berührte mich nicht. Ich weinte nicht. Ich lachte nicht, war auch nicht überrascht oder extrem neugierig. Es war vollkommen egal, scheint mir. Nichts davon verstand ich wirklich. Nur, dass ich nicht war wie die anderen, das begriff ich. Aus vielen Gründen war ich anders. Ich hatte einen Schwarzen Vater und eine Mutter, die mich nicht wollte.

Die Frau, die mich geboren hat, sei eine grausame Frau, sagte Marion, denn sie habe mich nicht gewollt, weil ich Schwarz sei. Sie hatte ihren Weißen Ehemann betrogen, war schwanger mit mir geworden und fürchtete darum, dass ihr Mann sie verlassen könnte wegen des Fehltrittes mit einem Schwarzen Studenten aus Guinea, den ja auch jeder bemerken würde. Man würde mit dem Finger auf sie zeigen, sie verurteilen und verachten. »Wie kann man nur«, fuhr sie fort, »so unverantwortlich sein und ein Kind einfach zurücklassen, nur weil es eine andere Hautfarbe hat als man selbst.«

Mein gut aussehender, großer, sehr Schwarzer Vater, wie die Heimerzieherinnen zu berichten wussten, hätte wohl auch nach mir geschaut, aber auch er, so betonte meine Adoptivmutter, ließ mich schließlich im Kinderheim zurück. Mich, Abeny Wenzel. Überklebt auf dem gelblichen Impfausweis mit »Peggy Wenzel«

und dann noch einmal mit »Peggy Kurka«. Mein Name war also schon mal geklärt. Jeder hatte seinen Senf hinzugegeben und ihn hin und her gewechselt, bis alle froh zu sein schienen, bis ich deutsch genug klang. Sie befanden, ein Kind, wenn es denn schon Schwarz ist, hatte so zu heißen, dass es nicht so sehr auffiel und es leichter war, sich an die anderen anzupassen, denn das war von nun an das Ziel.

So war ich heiter, was immer auch geschah, weil ich das Glück hatte, da zu sein, wo ich gerade war, und nicht irgendwo anders. Womöglich wäre ich sonst in Afrika gelandet, wovon mir nur bekannt war, dass dort Menschen täglich des Hungers und der Armut wegen sterben mussten, leider. Dass dort alle leicht bekleidet waren und weder lesen noch schreiben konnten. Hier lernte ich ja alles, was ich benötigen würde. Wie schön für mich und welch ein unbeschreibliches Glück. Denn »die dort können da alle nicht für sich sorgen. Sei froh, dass du hier bei uns bist.«. Ich war so dankbar, dass ich nicht wie meine Schwarzen Brüder und Schwestern leiden musste. Ich glaubte, dass ich, wenn ich mir nur genug Mühe gäbe, sicher auch bald so aussehen würde wie alle anderen und dann, wenn ich alles richtig machen würde und noch viel besser, dann wäre ich wie sie und würde auch dazugehören. Aber mein Haar wollte und wollte nicht glatt werden und tat einfach nichts von dem, was die Haare der anderen taten. Meines war störrisch, stand nach oben, wuchs einfach nach oben und hing nicht herunter. Es wurde kaum nass, das Wasser drang nicht hindurch und perlte ewig ab, so eng waren meine Locken. Es waren keine *Curls*, ganz ehrlich gesagt, es war krauses schwarzes Haar, das irgendwie wuchs und schnell verfilzte. Menschen steckten ihre Finger hinein und machten ihre Witze darüber. Aber ich gab nicht auf, eines Tages würde ich Weiß sein, so wie sie alle. Ich sah nicht aus wie meine Familie, nicht wie meine Mitschüler:innen, meine Lehrer:innen, meine Trainer:innen, meine Nachbar:innen, die Verkäufer:innen in der Kaufhalle oder im Konsum und sehr lange auch wie niemand im Fernsehen. Niemand hatte meine Hautfarbe, und vor allem hatte niemand Haare wie ich. Kein Friseur wollte sie schneiden, meine Eltern hassten sie, denn sie wussten auch nicht, was sie damit tun sollten. Frisuren? Nicht daran zu denken! Man zerrte an mir herum, nach ekelhafter Chemie stinkende Frisiercreme wurde mir ins trockene Haar getan und dann gekämmt. Jeder, der einen so dichten Afro hat wie ich, weiß, was das bedeutet. Man kämmt ein solches Haar nur im nassen Zustand mit einer Haarkur oder reichhaltigen Pflege darin. Sie kämmten es in trockenem Zustand von vorn nach hinten, und das Schlimmste war, von hinten nach vorn. Jeden Tag kämpften sie sich durch meinen Schopf. Ich wäre nicht auf die Idee gekommen, dass ein Mensch stolz auf solche Haare sein oder Freude daran haben könnte. Wenn in der Kaufhalle zu finden, massierte Marion mir so eine stinkende Haarcreme in mein krauses, widerspenstiges Gekruschel, um es leichter von allen Seiten bürsten zu können. Dann zog sie einen Scheitel in der Mitte des Kopfes und teilte meine Haarmenge in eine linke und eine rechte Hälfte auf. Jede Seite wurde zu einem bommeligen Zopf, gehalten von Zopfhaltern in Kirschengestalt.

Ich musste mir schon Mühe geben, denn irgendetwas stimmte ja nicht mit mir. Wenn meine ganz normale Familie mich nicht haben wollte und weggab und danach auch alle hinter vorgehaltener Hand über mich sprachen, schien ja ganz offensichtlich etwas nicht zu stimmen mit mir. Ich lauschte darauf, was es an mir zu bemängeln gab, und versuchte, all das zu werden, was alle um mich herum erwarteten. Aus tiefster Dankbarkeit und Verbundenheit denen gegenüber, die es mit mir versuchten. Ich konnte das, denn ich war ein gutes Mädchen. Das sollten alle wissen.

Ich hatte gelernt, was für eine Last ich war und dass ich von Glück reden konnte, wenn man mich nicht zurück in ein Heim oder irgendeine Aufbewahrungsstätte schickte.

Kind zu ihr

*Traurig ist am Wort,
nur dafür geschaffen zu sein,
dem sich Windenden als Krücke beizustehen
es weiter tun zu können
die starr lauschende Seele nicht retten wird,
von langer Dauer oder kurzer
lieb gesungen
gesprochen mit blasendem Gaumen
hilfesuchend nickend
stirbt ganz langsam
ein Schwarzes Kind
was tuts?
bis ich dir gebe was du suchst
damit ich mehr von dröger Leere zehren kann
Nun! sagtest Du und tatest nicht
obgleich du grubst nach
tosendem Applaus
dem grellen Licht der Liebe
an falscher Stelle
für andere
Taten wartend blieben.
Hatten sie gewonnen?
rieben sich die Weißen Hände
und wähnen sich im Tal der Blinden Herzen*

Peggy Kurka, 13. Dezember 2021

Bis hierher war die Menschenverachtung meiner Adoptivfamilie einfach nur persönlich und relativ unauffällig. Rassismus gab es offiziell nicht. Kinder zu quälen fiel in diesen Jahren der DDR unter Zucht und Ordnung. Kinder zu adoptieren und davon auch noch eines in Schwarz war nach sozialistischen Kriterien der Genossen beispielhaft. Man bewunderte das junge, staatstreue Paar für seinen Mut und sein solidarisches Verhalten den Schwächeren und Hilfebedürftigen gegenüber.

Auch ich wurde im Alter von etwa einem Jahr mit wenig bürokratischem Aufwand in die kleine Neubauwohnung in der brandenburgischen Provinz entlassen. Marion nahm sich zwei Wochen Urlaub, um mir etwas persönliche Nähe zukommen zu lassen, die ich dankbar annahm. Das war die Zeit, die von staatlicher Seite einer Frau nach einer Adoption zugestanden worden war, um sich ein wenig einzurichten und sich an die neuen Umstände zu gewöhnen. Mir als Kind stand gar nichts zu. Ein Bett, Essen, Kleidung und die vorgeplante Erziehungsreise durch die Ganztagskrippe, den Ganztagskindergarten und die Ganztagsschule.

Nach diesen zwei Wochen kam ich in die Krippe, so wie es für alle Kinder meines Alters von Staats wegen vorgesehen war. Rein in deren Zirkus und mitgemacht! Raum für Bindung? Vertrauen? Zeit, um anzukommen? Zeit, um zu verstehen, dass das jetzt mein Leben war? Gab es nicht. Marion und Diethmar verstanden sich zu dieser Zeit schon nicht mehr so gut. Beide kamen aus nicht sehr liebevollen Familien, in denen man zusammenblieb, egal wie. Es gab viel Geschrei. Lügen und Betrug waren an der Tagesordnung. Ich kann mich nicht an vieles erinnern, ich war noch viel zu klein. Aber Karlo, der fast sechs Jahre älter ist, erzählte davon. Marion und Diethmar waren sehr ehrgeizige Menschen, liebten Erfolg und gutes Ansehen. Es bedeutete ihnen viel, was die anderen von ihnen dachten. Menschliche Missgeschicke wurden nicht gelöst, sondern verstummten in Gebrüll und Schuldzuweisungen. Die Aufteilung der Aufgaben in Familien mit Kindern zu dieser Zeit hinkte noch sehr. Die Frauen sollten zwar Vollzeit arbeiten, um das sozialistische System zu stärken, die Kinderbetreuung übernahm der Staat, aber der Haushalt blieb Frauensache. Marion war völlig überfordert mit zwei Kindern, die sie eigentlich doch nicht wirklich wollte, sondern ja nur der gesellschaftlichen Ordnung wegen angenommen hatte. Diethmar verbrachte immer mehr Zeit in der Kaserne. Er war körperlich gefordert von den ständigen Manövern und seiner 120-prozentigen Präsenz als junger Offizier der NVA. Sie suchten beide nach Aufmerksamkeit und Nähe, die sie einander nicht geben konnten. Ich vermute, dass beide Affären hatten. In so einem kleinen Ort kannte eben jeder jeden. Alle waren auch irgendwie befreundet miteinander oder gerade zerstritten. Man arbeitete zusammen, war einander Genosse oder Genossin oder die Kinder spielten zusammen. Mein Vater liebte mich sehr, unsere Mutter hasste mich mehr, als dass sie warme Gefühle für mich hegen konnte. Mein Ziel war es, sie stolz zu machen, und das gelang hier und da aus Versehen auch mal, aber meistens nicht. Sie hatte sich ihr Leben mit Kindern anders vorgestellt. Wir sollten das Familienglück vervollständigen, aber wir taten nicht immer, was sie wollte. Das hat sie nie so ganz begriffen. In ihrer Welt gab es nur die Möglichkeit, dankbar dafür zu sein, dass wir nicht im Heim zu leben hatten. Dafür hatten wir zu gehorchen. Daran ließ sie mich nie zweifeln. Ich war nichts ohne sie. Nichts Positives galt mir, für Negatives gab es Gebrüll und Schläge.

Meine Adoptiveltern taten einander nicht gut. Beide waren in verstrickten Familienverhältnissen aufgewachsen, hatten Verstörendes erlebt, das sich still und selbstverständlich in ihre Leben eingeflochten hatte. Sie kannten keine Grenzen, beide nicht. Hinzugefügt sei, dass die Frauen in der DDR hart waren. Der Dienstauftrag aller Eltern war es, sozialistische, pflichtbewusste

Bürger:innen des Landes zu produzieren, die gerne arbeiten gehen und als Hauptziel die Erfüllung des Volkswirtschaftsplanes hatten. So wie bereits im Dritten Reich eine gute Ehefrau ihrem Dienst nachkam, tüchtige, gesunde Kinder zu produzieren und ihren kämpferischen, immer recht habenden Mann zu stärken und ihm den Rücken frei zu halten. Natürlich bestätigten Ausnahmen die Regel.

Mutti liebte Bestrafungen. Sie hatte die Fähigkeit, ihre Grausamkeiten schnell zu vergessen, deshalb musste sie sich auch niemals entschuldigen oder irgendeine Art Scham oder Mitleid verspüren. Und sie entschied sich, nichts zu fühlen. Wenn etwas nicht so lief, wie sie es wollte, wurde ihr Gesicht zu einer finsteren Grimasse, ihre Stimme überschlug sich eine Weile, irgendwann schlug sie dann zu. Ich glaube, für sie war das wie ein kurzes Räuspern. Wenn sie Gegenstände zu Hilfe nahm, Kleiderbügel oder Teppichklopfer, dann schaute sie danach, als seien ihr die Dinge wie durch ein Wunder in die Hände gefallen. Das weinende Kind, Karlo oder ich, wurde nochmals für den Lärm gestraft, ermahnt, gefälligst ruhig zu sein und sich nun endlich zu fügen.

Ich als halbafrikanisches Mädchen wurde dazu noch angehalten, deutsch zu werden, so deutsch und Weiß, wie es irgend ging. Gleichzeitig galt ich als eine Art Urmensch, Mensch irgendeiner niederen Klasse. Was für andere galt, stimmte noch lange nicht für mich. So war mein Leben.

Marion schien sich vor mir zu ekeln. Sie wusch und wusch mich andauernd. Sie sagte, ich würde stinken, also aus meinem Geschlechtsteil riechen. Meine Mutter rieb und rubbelte ständig an und in meiner Scheide herum mit irgendwelchen Waschlappen. Ich hatte andauernd irgendetwas in oder an mir, das nicht dorthin gehörte. Ich roch angeblich schlecht, hatte Scheidenwürmer oder auch mal einen Bandwurm. Ihr Gesicht war angewidert, und ich schämte mich. Denn das, was sie sah, muss ekelhaft gewesen sein, dachte ich. Sie hasste meine Vagina. Ich glaubte, dass sie etwas Verachtungswürdiges sei. Im besten Fall würde einmal jemand im Dunkeln daran herumfingern, oder sie taugte vielleicht zur Belustigung. Ich wusste auch, dass Schmerzen damit einhergehen, wenn sie im Mittelpunkt stand. Also gehorchte ich, wann immer jemandem danach war, mit meinem Körper etwas anzustellen. Ich überlegte mir Strategien, um mit dem Schmerz umzugehen; ich hielt, glaube ich, still, und mein System war tot. Meine Hüfte war betäubt. Das steckte so tief in mir drin, dass ich sogar einen gewissen Stolz darauf entwickelt habe. Es war doch immerhin das, was ich konnte: ficken! (Wie mein Reiki-Lehrer neulich kurz und bündig zusammenfasste.) Und große Schmerzen auszuhalten. Und später erinnerte ich sie einfach nicht mehr.

Als ich ein Säugling war, begann Mutti, an mir herumzufingern, mir meine Körperöffnungen, meine Scheide vor allem, zu weiten, mir weh zu tun. Mit gerümpfter Nase sah sie in meine Körperöffnung.

Mein Leib war ihr zuwider. Sie begann, ihn zu verschenken, an andere, an jede und jeden. Massierte ich jemanden, bekam ich dafür Geld. Ich wollte das nicht, aber Geld zu bekommen gefiel mir. Ich fuhr mit einem befreundeten Paar in den Urlaub, da war ich sechs oder sieben Jahre alt. Und nicht nur einmal. Sie war froh, wenn ich nicht da war. Es gab kaum Telefone 1976 in der DDR. Marion konnte und wollte nicht wissen, wie es mir ging. Später, als ich acht, neun oder zehn war, räumte ich regelmäßig ihren Kleiderschrank auf, machte ihre Nägel, föhnte ihre Haare, pflegte ihre Füße, massierte ihr Gesicht. Ich verhielt mich wie eine Magd. Sie ließ mich immer öfter mit ihren Boyfriends allein. All das kam mir völlig normal vor.

Zu einer natürlichen Eltern-Kind-Beziehung oder zu Liebe hat es nicht gereicht. Ich hätte sie so gern geliebt, so gern. Aber es ging nicht. Irgendwann versiegt die Bedingungslosigkeit eines Kindes, wenn die tragende Wurzel giftig ist.

Es begann mir aufzufallen, glaube ich, an einem Tag in unserer Wohnung in der Leninstraße. Ich war vielleicht elf und lag in der Badewanne. Sie lief nackt an mir vorbei. Sie fragte mich, ob ich nicht auch fände, dass ihre Figur noch toll sei für ihr Alter und dass ihre Brüste noch so straff seien. Sie sei froh darüber, dass sie keine eigenen Kinder bekommen könne, denn dadurch seien ihr die Strapazen einer Schwangerschaft und Geburt erspart geblieben, die ganz bestimmt ihren schönen Körper ruiniert hätten. Ich schaute auf ihre haarige Scheide, die war auf meiner Augenhöhe, und ich musste mich fast übergeben vor Verzweiflung. Ich sollte ihre Freundin sein, sie loben für ihre tadellose Figur und auch für die Beleidigung, zum Glück nicht ihr »eigenes« Kind zu sein. Ich sollte mir dessen gewahr werden und es fröhlich schlucken. Ich versuchte das, aber die Verwirrung über die Absurdität ließ mich würgen und leise nach Luft ringen. Sie sagte mir: »Ich liebe dich nicht wie mein Kind, denn du bist es nicht. Du bist mir dienlich, bewunderst mich, taugst mir. Wie du dich fühlst, ist mir egal. Du darfst mich aber lieben. Ich bin die, um die es geht. Dein Schicksal ist unwürdig. Aber das verstehst du, denn ich habe es dir beigebracht. Du bist nichts ohne mich.« Ich litt darunter, ihre weiße Haut neben meiner braunen zu sehen. Ihren nackten Körper als Kind loben zu müssen, wie es vielleicht Freundinnen oder Partner tun. Als müsste sie mir gefallen. Sie wickelte sich in ein Handtuch ein und putzte sich die Zähne.

Ab irgendeinem Alter nahm sie mich nicht mehr in den Arm. Sie sagte, ich sei schlampig, würde riechen und wenn ich nicht aufhörte, an den Nägeln zu kauen, müsste sie veranlassen, dass ich eine Spritze unter jeden einzelnen Fingernagel bekomme. Sie sagte, meine Füße seien hässlich und zerdrückt. Ich lernte so, dass mein Körper, dieses Ding, in dem ich steckte, freudlos ist und nur mit sehr viel Glück hier und da von Nutzen sein kann. Es hat eine Ewigkeit gedauert, bis mir diese Zweiteilung meiner selbst bewusst wurde.

Sie ließ mich mit allen gehen, sie hatte es einfach nicht im Sinn, auf mich acht zu geben. Auch mein Großvater hatte immer freie Fahrt. Marion fand das alles einfach nicht so schlimm.

Als ich mit einem von Marions Ex-Partnern nach Budapest flog, als ein Geschenk von ihr an mich, konnte ich mich, dort angekommen, vor Ekel kaum retten. Ich war vierzehn oder fünfzehn, aber ich schwieg. Von dem Spanner Franky, der so gern zum Sexurlaub nach Thailand fuhr und mich für eine hübsche Mary-Poppins-Kette ausführen durfte, erzähle ich an anderer Stelle. Ich war verfügbar und fand das gar nicht komisch. Auch nicht, wenn mir ab und zu schlecht wurde. Das war ein Teil meines Daseins. Ich war kein Mensch, sondern ein Wesen anderer Art. Man kann ja niemanden vergewaltigen, der bereits dauerhaft geil geboren ist. So schien es sich in den meisten Köpfen abgelegt zu haben. Es gab Gründe über Gründe, weshalb es gut so war, wie es war, und scheinbar für alle genau so gehörte. Ich war ein Gebrauchsmittel für ihre sexuellen Neigungen.

Ich bin nachts gewandert. So hat Marion es immer genannt. Nachts also aufgestanden aus meinem Bettchen, um mich in das Bett der Eltern zu legen. Viele Kinder tun das, mein Sohn hat es auch getan. Kinder träumen manchmal Dinge, oder vielleicht kontrollieren sie unbewusst, ob noch alle da sind. Ich tat es also auch, dennoch kann ich nicht sagen, aus welcher Motivation ganz konkret ich es tat und was sich in diesem elterlichen Bett mit mir darin abspielte. Ich meine, mich daran zu erinnern, dass es meine Eltern erregt hat, dass ich danebengelegen habe, und es gibt das Bild, wie sie mich danach wieder zurück in mein Bettchen schickten.

Mein Adoptivvater Diethmar und ich waren einander sehr nah. Ich war sein Mädchen und er mein tollster Papa. Paradoxerweise war er trotz des Missbrauchs dennoch der einzige Mensch in der ganzen Familie, der mich liebte, für den ich von Bedeutung war. Er arbeitete viel, war ständig auf Manövern, irgendwo im Wald, an der Ostsee oder in Polen. An den Wochenenden sahen wir uns und manchmal an den Abenden, beim Zubettgehen. Er nahm mich oft mit in die Kaserne. Ich kletterte dann auf irgendwelchen parkenden Panzern herum und spielte Geheimdienst mit seinem Fernglas. Er hatte tolle Kollegen. Alle trugen diese Uniform, und an den Abzeichen und Kordeln konnte man erkennen, wer in der Rangordnung wem über- oder untergeordnet ist. Wir waren viel im medizinischen Stützpunkt in Werder. Dort war sein Arbeitsplatz, ich war eventuell zwei, drei oder vier Jahre alt. Dann sind die Erinnerungen weg für eine lange Zeit.

Ich wusste, dass ich ihm peinlich war. Als mich eines Tages, ich war in meinen Dreißigern, eine enge Freundin von einem Besuch bei ihm abholte, beobachtete sie, wie er in einem uneinsichtigen Winkel für alle anderen Beteiligten gierig an meinem Hals roch und mich dann darauf küsste. Ich kannte das Szenario schon. Nicht, dass ich es mochte, ich kannte es einfach nicht anders. »Sag mal, macht der das immer so?«, fragte die Freundin.

»Klar, wieso?«

»Der küsst dich ja wie seine Geliebte.«

Das hielt ich für eine sehr passende Bezeichnung für unser jahrzehntelang andauerndes Verhältnis zueinander.

Diethmar atmete zuletzt stöhnend in meinem Hals hinein, als ich ihn vor zwei Jahren schwer dement im Pflegeheim besuchte. Er liebt mich offenbar noch immer, obwohl ich schon ein so altes Mädchen bin. Seine kranke Liebe zu mir ist niemals erloschen.

Als Schwarzes Kind war ich Luft und hatte in tiefer Dankbarkeit zu sein. War ich es nicht, wurde ich regelmäßig daran erinnert. Ich hatte keine Ahnung, dass das, was ich erlebte, nicht normal war. Man bemühte sich in meiner Adoptivfamilie um mich, gab mir zu essen und lud mich zu Familientreffen ein. Man versorgte mich, tat das Nötige, um nicht aufzufallen. Das Geheimnis der pädophilen, rassistischen Elternschaft wurde gedeckelt von Gesellschaft und demolierter Familien- und Erziehungsmoral. Ich war das eindeutige, lebendige Abbild für die Solidarität in der DDR. Mir wurde aus einer Weißen Perspektive geholfen. Erziehungsauftrag erfüllt mit der Volljährigkeit.

winterreim in berlin

du bist so weiss wie schnee
und ich so braun wie scheisse
das denkst du dir und
fühlst dich gut
dabei

ich dufte nach pigment
aus jeder pore
wenn dir das stinkt
mir ist das gleich

du willst mich
kaufen
so wie schokolade
als »negerkuss«
träumst du
mich
butterweich
doch

wirst du
dir
den schlund verätzen
in jede rille
meinen namen
setzen
auf jedem namen
sitzt dir
mein gesicht

grüß dich

May Ayim

Kinderaugen

Meine Mutter hatte so eine Art, dass man einfach denken musste, sie sei eine von diesen Kämpferinnen für Gleichberechtigung zwischen den Geschlechtern, eine Feministin. Irgendwie kämpfte sie immer, zeigte sich besser als die anderen, schöner, klüger, erfolgreicher, fleißiger. Frida, ihre Mutter, meine Großmutter, motivierte sie dazu. Männer musste man »haben«, das gehörte so, aber wertschätzen brauchte man sie nicht. Sie soffen nur und wollten unter jeden Rock.

Marion war meine Göttin und mein Vorbild in allem. Es war mein Wunschtraum, eines Tages so toll zu sein wie sie. Meine ganze Kraft ging dahin. Es gelang mir ein einziges Mal und das auch nur im Ansatz. Sie verachtete mich immer auf so eine gewisse Art, dennoch liebte sie ihr Werk, das sie an mir verrichtete. Ich wollte ihr bestes Stück sein, auf das sie stolz sein konnte. Meine Liebe für sie war unermesslich. Ich schwor, es besser zu machen. Besser zu werden, damit sie stolz auf mich sein konnte. Als kleines Mädchen küsste und streichelte ich sie andauernd. Auf ihrem Schoß sitzend liebkoste ich sie immer und immer wieder, mit Sonne im Herzen und allem, was ich hatte. Sie mochte es nicht sonderlich, schüttelte sich oft und schob mich zur Seite. Mein feuchter kleiner Kindermund missfiel ihr. Dennoch, ich muss eine erlösende friedliche Wärme versendet haben, und so bedingungslos geliebt zu werden, war gewiss beflügelnd und schön. Wer allerdings nicht gut mit Macht umgehen kann, so wie sie, und auch sonst nicht befähigt ist, Gefühle jeglicher Art anzunehmen, der verletzt permanent. Der überschreitet die Grenzen der Güte nicht nur ein wenig. Wenn sie sich vergriff, dann schnellte sie flink zurück auf die Seite der bedachten und verantwortungsvollen Erziehungsberechtigten. Ich glaube, eine Frau wie sie, deren Grenzen in ihrer Kindheit und Jugend überschritten wurden, konnte gar nicht merken, dass ihre Seele in zwei Teilen lebte. In der deutschen Nachkriegszeit waren die Begrifflichkeiten »häusliche Gewalt« und »Pädophilie« nicht so geläufig. Es gab sie nicht einmal, als ich Baby, Kind, Jugendliche und junge Frau war. Man verortete derlei Handlungen ins Gebüsch, unter Brücken oder in den Fernseher. Es gab Kinderschänder, das waren aber die »anderen«, die Kranken, nicht die eigene Familie. Nicht die, die dein Zuhause sind.

Körperliche Liebe musste erarbeitet werden. Schlanksein war das A und O, der Inbegriff von Schönheit und Lebensberechtigung. Karlo wurde ab einem gewissen Alter dicker und dicker, was sie verabscheute. Mutti war es einfach peinlich, wenn wir dick waren. Dicke waren etwas Abscheuliches, Ekliges. Es gefiel ihr nicht. *Wie sieht das denn aus, so fett. Mensch, Karlo!* Ich zog den Bauch ein und ließ ihn fünfunddreißig Jahre lang nicht mehr los.

Eine Freundin von Marion war eine sehr gut aussehende, Anfang vierzigjährige Frau. Sie hatte blondes, kurzes Haar, kullerrunde, fröhliche Augen, glänzende, pfirsichfarbene Lippen und strahlende Haut. Ihr Körper hatte sich nach einer schweren Krebserkrankung sehr verändert, obgleich sie noch immer lebensfroh funkelte, vielleicht sogar gerade deshalb, weil sie das Schlimmste überlebt hatte. Ich fand sie hübsch, sympathisch, lustig und hatte sie gern; Marion konnte sich niemals vorstellen, dass irgendein Mann jemals freiwillig und bei Geiste mit Gitti ins Bett gehen würde oder sie sogar liebte. Denn wer so dick ist, wird nicht geliebt. Das ist ja wohl ganz klar. Ihr Leidensweg, ihre

Geschichte interessierten sie nicht. Sie konnte nie mitfühlend sein. Es sollte ihr nicht vergönnt sein, und sie hatte es als ihre Wahrheit angenommen. Leider wurden derlei Verhaltensweisen teilweise auch zu meiner Wahrheit. Appetitzügler und Abführmittel gehörten in unserem Haus zum täglichen Verzehr. Die Hauptaufgabe an jedem Morgen war es, mich so zu kleiden, dass ich schlank aussah, schlanker, als ich es wirklich war, und dann so wenig wie möglich zu essen, damit wir nicht eklig wurden. Karlo schien diesbezüglich verloren. Er war mein unbrauchbarer Bruder, zu dick und auch sonst nicht zu gebrauchen.

Nun, Marion war eine wunderschöne, stolze Frau. In ihren frühen Zwanzigern trug sie das Haar in einem lockeren Dutt und ließ sich ein paar Fransen ins Gesicht fallen. Mit einem extra Haarteil verdoppelte sie das Volumen ihres Hinterkopfes. Ein bisschen wie Audrey Hepburn sah sie aus, ultrachic, schlicht und sexy. Später trug sie ihr Haar auf unterschiedliche Weisen kurz und färbte es in wildesten Rottönen. Von Aubergine bis Mahagoni und Chayenne. Um immer gepflegt und ein wenig jünger zu wirken, als sie war, brachte Marion viel Zeit auf.

Als Kindergärtnerin musste sie auch ein Instrument spielen können. Sie sang wie eine feurige Straßenmusikerin und spielte auf ihrer Gitarre dazu. Mit Leichtigkeit trällerte sie ihre Songs. Keine Schlager oder Rhythm and Soul, sondern deutsche Volkslieder. Wenn wir zu viert in die Ferien in unser geliebtes Bungalowcamp fuhren und wenn wir im wackelnden Ruderboot saßen, sangen wir glücklich alle gemeinsam. Oder an Abenden daheim auf dem Sofa. Ihre Stimme war so klar wie die einer Nachtigall. Das sagt man so, nicht wahr? Eine hohe und frauliche Stimme, voller Temperament und Lebensfreude. Von Jahr zu Jahr sang Marion seltener, aber wenn, war es immer schön. Irgendwann, ich war elf oder zwölf Jahre alt, erkrankte sie an ihren Stimmbändern. Eventuell wurde eines entfernt oder bei der Entfernung eines Knotens verletzt. Jedenfalls funktionierte es nicht mehr so gut, und ihre Stimme veränderte sich. Sie musste immer sehr viel Luft herauspressen, um dann mit Schwung einen Ton herauszubringen. Das passierte in den Jahren, in denen sie mit Dirk Voigt lebte. Sie veränderte sich in dieser Zeit. Noch immer war sie eine junge Frau, aber sie sprach ständig davon, dass sie alt sei, und davon, wo ich ihr Testament finden könne. Sie liebte es zu tanzen und zu flirten. Auf dem Tanzparkett war sie gern gesehen. Männern zu gefallen war so ziemlich das Einzige, was sie interessierte. Ausgehen, Alkohol trinken, beschwipst sein und jüngere Männer kennenlernen. Dann zeigte sie sich lebendig wie sonst nie. Ich konnte sie niemals so glücklich machen, wie ein begehrlicher Blick dieser Liebesanwärter es tat. Wir teilten keine Hobbys, hatten keine Mutter-Tochter-Rituale. Aber wir tanzten zusammen. Ich kämmte ihr Haar, massierte ihre Hände und Füße. Trug Cremes auf ihre Gesichtshaut auf, und manchmal bügelte ich mit ihr. Ach, und *Ein Kessel Buntes* sahen wir manchmal zusammen.

Nach dem Landleben zogen wir in die nächstgrößere Stadt. Unsere erste Wohnung war in der Karl-Liebknecht-Straße 3, im ersten Stock eines vierstöckigen 1960er-Jahre Wohnblocks. Karlo und ich teilten uns ein Zimmer, und wir vertrugen uns super. Ich erinnere mich kaum an diese Zeit. Ich spielte viel auf der Straße, es gab vor der Tür eine Schaukel und eine Buddelkiste und solche Stangen, auf denen man seine Teppiche ausklopfen konnte. Man zerrte die Teppiche aus den Wohnungen, hievte sie über die Eisenstangen, die wie ein Klettergerüst aussahen, und schlug mit einem hölzernen Teppichklopfer so lange auf das gewebte Stück Stoff ein, bis man das Gefühl hatte, Dreck und Staub seien herausgeprügelt. Wir Kinder erlebten dieses Ding auch auf unseren Körpern, wenn wir »bestraft werden mussten«. Als wir später einen Staubsauger hatten, nahmen sie einen Gürtel. Besonders Karlo bekam den zu spüren. Aber das gehört hier nicht hin. Es war idyllisch in Werder. Wir verreisten in den Ferien nach Polen oder an die Ostsee ins FDGB-Erholungsheim. Karlo fuhr nach Prora ins Ferienlager. Ich war dafür noch nicht alt genug, ich war noch nicht einmal ein Schulkind, vielleicht vier oder fünf.

Wir besuchten meine Tante Elise, die Schwester meiner Oma Frida. Oder wahlweise auch ihre Tochter Doris, die nur ein wenig jünger ist als Marion. Tante Elise und die anderen lebten in einem kleinen Nachbarort, nah an einem Waldgebiet. Marion mochte ihre Cousinen. Wir besuchten sie zu ihren Geburtstagen und auch sonst ausgesprochen regelmäßig.

Doris war damals Friseurin und schnitt uns allen die Haare. Sogar meine hat sie angefasst und daran herumgeschnitten. Doris' Schwester Margitta hatte auch so etwas wie einen Afro, in Dunkelblond. Wo immer der herkam. Zu meinem Glück jedenfalls, so wurde mein Haar wie eine Hecke geschnitten. Ich sah toll aus. Mein Haar hatte eine Form. Entweder ganz rund oder etwas oval, und die Oberfläche war gleichmäßig und dicht. Ich gefiel mir richtig gut.

Es gab noch eine weitere Cousine, eine ausgesprochen hübsche, attraktive, gepflegte Frau. Ich würde sagen, mit dunkelblondem, welligem, schulterlangem Haar. Da fuhr Mutter nicht so gern mit uns hin, denn Vati hatte wohl eine Affäre mit ihr. Das ärgerte Marion natürlich. Sie beklagte es immer wieder, wie verletzend es für sie war. Doch sie wusste sich zu helfen und betrog ihn zurück. Diethmar tat so etwas manchmal, dass er mit anderen Frauen etwas hatte. Schließlich war er ein unverschämt attraktiver und stattlicher Uniformträger. Eine groß gewachsene, schlanke, sehr junge und gut gebaute Kollegin von Marion sagte ihm auch zu. Es gab immer Stunk deswegen. Ich konnte ihn verstehen. Amanda hatte orangerote, lange, glatte Haare bis zum Po, oder sogar ein bisschen länger. Ich meine, das ist ja wohl ein Paradies. Jeder will so etwas. Das hätte sogar meine Mutti verstehen sollen.

Als unsere Eltern noch zusammen waren, feierten sie gern und auch regelmäßig. Es kamen oft Freunde zu Besuch. Sie sangen, und es wurde getanzt im Wohnzimmer.

Marion war eine kompetente, sehr reinliche Hausfrau, was sicher auch an ihrem guten Geschmack lag. Sie konnte Käsekuchen backen und auch Apfel- und Pflaumenkuchen. Nicht zu vergessen Torteletts mit Erdbeeren und Schlagsahne. Den Boden dafür stellte sie selbst her. An den Wochenenden servierte sie uns Schnitzel, Kartoffelsalat nach Mecklenburger Art, Kohl- oder Fleischrouladen, Gulasch, Wirsingkohleintopf – mein liebstes Gericht – oder auch mal Broiler. Dafür war ich am dankbarsten. Ganz, ganz selten bekamen wir mal ein Softeis, wenn wir am Alexanderplatz waren. Es gab immer das Gemüse oder Obst, das gerade im eigenen Garten oder auf den Feldern der LPG wuchs. Es fehlte uns an nichts. Wir hatten zu essen, und manchmal brachte Oma Frida ein Mars, Snickers, Kaffee oder Milka-Schokolade aus dem Westen mit. Schon der Geruch machte mich glücklich. Es roch nach Westen, lecker.

In den Geschäften gab es allerdings keine den Menschen wirklich verschönernden Klamotten. Es war kaum möglich, in den gängigen Kaufhäusern in der Umgebung etwas Kleidsames, nicht Grottenhässliches zu finden. In Berlin am Alexanderplatz existierte ein Jungendmode-Kaufhaus, und mit Glück konnte man dies oder das finden, an dem meine Mutter dann herumgenäht hat, etwas hinzufügte oder abschnitt, um es für mich und sie erträglicher zu gestalten. Natürlich steigerte sie sich über die Jahre und wurde immer besser darin. Irgendwann bekam ich Rüschenkleider, Röcke, Steppwesten, Karottenhosen, Tagesdecken und Kissenbezüge und Vorhänge für mein Zimmer.

Nachdem sich unsere Eltern getrennt hatten, zog Diethmar recht bald aus und wohnte mit seiner neuen Freundin nur einen Aufgang weiter rechts. Anfang der 1970er-Jahre wurde in Werder eine

Siedlung nur für NVA-Angehörige und deren Familien errichtet, inklusive Kinderkrippen, Kindergärten und zwei Polytechnischen Oberschulen (so hießen die Realschulen in der DDR). Alle Kinder aus den Wohnblocks gingen dort zur Schule, nur wenige Schüler:innen kamen nicht aus dem Umfeld. Diethmar zog in der Rosa-Luxemburg-Straße einen Aufgang weiter und wir recht bald aus und in ein anderes Neubauviertel in der Leninstraße.

Um eine gute Frau zu sein, hatte man sein eigenes Geld zu verdienen, so brachte Marion es mir bei. Man durfte sich einem Mann finanziell niemals unterwerfen, aber wohl sein Geld, das auf jeden Fall noch mehr als das eigene zu sein hatte, nehmen. Er musste eine bestimmte Art haben, Unterhosen zu tragen, so kleine, knappe Dinger, und er musste ein wenig überpflegt und glatt aussehen. In puncto Charakter war wichtig, dass er keinen guten hatte; einen Arsch im Haus zu haben, gefiel ihr. Trinker und Schürzenjäger waren willkommen, auf junge Mädchen stehen wurde auch gern mitgebucht, genau wie auf keinen Fall liebevollen Umgang mit Kindern pflegen zu wollen.

Zielstrebig hat Marion sich immer an alle Regeln gehalten. Sie arbeitete immer hart und hatte stets Ziele vor Augen: ein Auto, ein Haus, eine bessere Stellung. Begonnen hatte sie ihre Laufbahn ja als Bäuerin. Ihre ältere Schwester studierte Medizin, verbrachte ihre Zeit an der Uni und im Studentenwohnheim, feierte oftmals wilde Feste mit gut aussehenden Intellektuellen.

Ihre kleine Schwester Sieglinde war ebenso schön oder vielleicht sogar noch ein bisschen schöner. Wenn wir beieinander waren, kämmte ich immer ihre langen braunen Haare und bewunderte sie dafür. Nur Prinzessinnen haben solches Haar. Ich fand, man musste ein besonderer Mensch sein, wenn einem solche dicken langen, glatten Haare aus dem Kopf wuchsen. Sieglinde wurde später Sekretärin an einer Realschule. Als junge Frau war sie gesegnet mit einer betörenden Sexyness, nicht sonderlich klug, glaube ich, intellektuell eher eine einfache Frau und schon damals auch ein wenig merkwürdig.

André gab es noch, der wurde irgendwo zwischen Marion und Sieglinde geboren, allerdings nur, wenn ich nicht irre. Vielleicht ist er auch der kleine Bruder der drei Schwestern. Seine berufliche Laufbahn begann für ihn bei der Marine, er wurde Matrose. Ich mochte ihn sehr. Er war lieb und schweigsam.

Sie alle hatten ihren Platz in unserer bigotten, auf diese oder jene Art gewaltsamen Familie. Als Opfer, Täter:innen, Mitwissende, Zuschauende, Wegschauende, Überlebende oder einfach nur Desinteressierte.

Wenn ich groß bin, werde ich wie Marion sein, das war meine Hoffnung. Ich würde gut aufpassen, um alles von ihr zu lernen, keine Fehler machen, und dann würde das schon klappen. Wenn sie auf ihrer Gitarre spielte, bewegten sich ihre Finger über die Saiten, als würde sie sie nur anhauchen und dabei dieses betörende Geräusch erzeugen. Wenn sie tanzte, sahen alle sie an, sie hatte diesen Schwung in den Hüften und dieses Lächeln im Gesicht, wenn sie ihren Körper zur Musik hin und her schwang. Frei und glücklich im schönsten Kleid der Welt. Und sie konnte immer noch ein bisschen länger tanzen als die anderen und auch viel ausgelassener und wilder. Ihr Taktgefühl war außerordentlich und riss ihre Zuschauer mit sich.

Gebadet wurde einmal in der Woche, und ansonsten wurde sich gründlich gewaschen. Darauf bestand sie. »Es ist wichtig, dass du gepflegt bist, mein Kind.« Das verstand ich natürlich.

Ihr Parfüm war in jeder Rille des Hauses zu entdecken. Sie duftete nach Rosenöl mit ein bisschen Bergamotte, Jasmin und Maiglöckchen. Sozialistische Mondänität. Unser Leben roch nach ihr. Meistens, nur wenn mein Vater aus dem Westen Hendricks Rasierwasser bekam, roch alles nach ihm, aber das war nicht so oft der Fall. Und außerdem geschah das heimlich, denn als treuer NVA-Offizier war man selbstverständlich nicht an materialistischen Luxusartikeln interessiert.

Marion besaß einen Sinn für schöne Dinge und für Ordnung. Unsere Wohnung war sehr aufgeräumt und unsere Kleider gepflegt, frisch gewaschen, alles immer gebügelt und an seinem Platz. Unser aller Betten wurden jede Woche frisch bezogen, und unser Zuhause wurde regelmäßig gelüftet, jeden Tag, besonders sonntags. Dabei klang aus dem Radio »Was ist denn heut' bei Findigs los?«. Es roch nach frischem Kaffee, und wir kochten die Eier von Großmutters Hühnern. Vati legte manchmal eine seiner Amiga-Schallplatten auf, und wir lauschten dann Frank Schöbels Hits oder Nina Hagens »Du hast den Farbfilm vergessen«, und ich durfte laut mitgrölen. Die Kombi aus Marions gutem Geschmack und ihrem schlanken Körperbau ließ sie positiv aus dem Straßenbild herausstechen. Sie war stolz darauf, aufzufallen und auf das, was sie geschaffen hatte. Gut auszusehen war ihr Ein und Alles. Nichts war wichtiger. Menschen, die sich nicht nach ihrem Geschmack kleideten, belächelte sie, und ich tat es ihr nach. In der DDR hatten wir nicht so viel Warenauswahl in Bekleidungsgeschäften. Aber es war dennoch gern gesehen, als Mädchen und Frau adrett gekleidet zu sein. Während meine Mutter nähte, war der Kuchen im Ofen, oder die Pilze trockneten auf der Heizung, die wir zuvor gesammelt hatten, und manchmal lief auch zeitgleich noch die Waschmaschine.

Ich hatte keine Ahnung, wie das ging. Es war wie ein Wunder. Ich war einfach nur dankbar für die Großmut und die Selbstaufgabe meiner Mutti und das unfassbare Talent, nahezu allen Dingen im Leben gerecht werden zu können. Zum Glück war ich von ihr adoptiert worden, denn so fehlerfrei und vollkommen wie sie konnte kein zweiter Mensch auf dieser Erde sein. Ich war froh, dass ich ihr nicht ihren wunderschönen Körper durch eine Schwangerschaft mit mir verdorben hatte. Uns verband ein Pakt.

Wir Kinder hatten sehr glücklich, stolz und dankbar zu sein, sonst ging es ab zurück ins Kinderheim. Damit wir das nicht vergessen, wurden wir regelmäßig daran erinnert.

Auch mein Adoptivvater war ein unglaublich begnadeter Mensch, in meinen Kinderaugen. Er war mutig, konnte schießen, trug nahezu täglich eine Uniform, konnte kochen, nicht irgendwie, sondern richtig. Er tat es nicht oft, aber wenn, dann durfte niemand währenddessen die Küche betreten, erst danach wieder, wenn nach dem Essen aufgeräumt werden musste. Sein Haar war aschblond und kurz geschnitten, so ganz knackig, passend zur Arbeitsbekleidung eines Offiziers. Seine Lippen waren eher schmal, aber scharf konturiert. Den starken Bartwuchs zähmte er durch tägliche Nassrasur. Er rettete als Offizier Menschenleben und beschützte unsere Heimat, unser alle Zuhause.

Unsere Garage war sein Reich und Heiligtum. Sie war etwa zehn Minuten Fußweg von unserer Wohnung entfernt. Am Wochenende ging er gern dorthin, allein, und pruschelte vor sich hin. Der Trabant wurde gewaschen, gepflegt, gepflegt und noch einmal gepflegt. Fahrräder wurden geputzt, geölt, gewaschen und poliert. Hin und wieder machten wir alle zusammen Ausflüge mit dem Auto. Wir durften eines haben, weil meine beiden Eltern in ihren Berufen dazu beitrugen, dass der Sozialismus gestärkt wurde. Wenn manche Eltern das nicht getan hätten, hätten sie auch kein Auto gehabt. Das war in der DDR übersichtlich geregelt worden. Wahlweise fuhren wir zu meinen Großeltern oder anderen Familienmitgliedern. Wenn viel Zeit war, ging es auch mal an den Müggelsee zur Müggelseeperle. Ein sehr beliebtes Ausflugsziel. Dort gab es, abgesehen von einer wunderschönen Seenplatte, nämlich Steak au four mit Pommes oder Rumpsteak mit Kräuterbutter und danach Fürst-Pückler-Eis. Dafür saß jeder von uns gern und stolz in der kleinen kostbaren Keksdose Trabant auf vier Rädern. Die Heiligkeit meines Vaters. DDR-Statussymbol.

Mein Vater knibbelte immer an seinen Fingern, fummelte sich die Haut um die Fingernägel herum ab. Das sah immer schlimm aus und war blutig. Dabei guckte er ganz verträumt. Er hatte so schöne Hände, klein, aber kräftig, trotzdem sehr fein gegliedert und elegant. Nur die Fingernägel! Seine Füße sahen ähnlich aus, so wie Füße zu diesen Händen. Das ist ja oft bei Menschen so. Er hatte schlimme Schweißfüße und ganz starken Fußpilz durch das ständige, nahezu tägliche Tragen der Armeestiefel. Seinen Kleidungsstil kann ich schwer beschreiben, denn er hatte ja immer diese tipptopp sitzende Uniform an. Sie stand ihm außerordentlich gut.

Wenn Maiparade in Werder oder auf dem Alexanderplatz war und alle NVA-Truppen zu Kampfliedern an der Tribüne vor dem Zentralkomitee der SED und Erich Honecker vorbeimarschierten, in ihren weißen Ausgehuniformen, mein Vater voran, stockte uns allen der Atem vor Stolz. Es konnte nicht schöner sein. Wir trugen dann rote Nelken, die extra an diesem Tag an alle verteilt wurden.

Vater spielte mit mir Schach. Wir besaßen ein schönes altes Holzbrett, das oft in Benutzung war. Er zeigte uns, wie man Briefmarken sammelte. Seine Sammlung war spezialisiert auf die Marken, die er über seine NVA-Kontakte bekam. Dazu gehörten auch Briefmarken deutscher Landschaftsparks, Singvögel, Brücken, Kakteen, berühmte Persönlichkeiten der DDR, zum Geburtstag von Maxim Gorki oder Wladimir Iljitsch Lenin, Wilhelm Pieck oder Otto Grotewohl zum Beispiel. Auch zum Todestag von Friedrich Schiller gab es eine Sondermarke zum Sammeln. Karlo und ich fingen mit Kindermarken an, auf denen Märchenfiguren abgebildet waren. Als wir älter wurden, sammelten wir mit unserem Vater zusammen. Eine umfangreiche Sammlung hatten wir zusammengetragen. In der Angela-Davis-Schule, in die wir ja beide gingen, gab es einen Schachclub und einen Briefmarken-Club, in dem wir beide Mitglieder waren.

Angela-Davis-Schule Werder

Alle latschten auf dem gleichen Pfad ins Leben hinein. Sobald unsere kleinen Füße uns trugen, standen wir in Reih und Glied und erstatteten Meldung. Missgeschicke wurden bestraft und nicht geduldet. Kinder gehörten dem Staat, dem Volk. Die gemeinsame Laufbahn haben die meisten Kinder aus meiner Klasse bereits in der Krippe oder im Kindergarten begonnen. Ich kannte es eigentlich immer, den ganzen Tag von Erziehern und Erzieherinnen betreut zu werden. Ich blieb meist bis ganz zum Schichtschluss. Manchmal holte mich auch keiner ab, dann nahm mich die Kindergärtnerin nach ihrer Arbeit mit zu sich, und meine Mutter oder Karlo holten mich dort ab. Oder sie lud mich vor unserer Haustür ab. Mir gefiel es im Kindergarten nicht sonderlich, aber da es sowieso keine andere Option gab, mühte ich mich nicht damit ab, etwas Ernsthaftes dagegen zu unternehmen. Manchmal durfte ich mit zu Mamas oder zu Papas Arbeit gehen, das waren die besten Tage überhaupt.

Der Kindergarten war nur mein Ding, weil es Dörte gab. Sie war mein Tag und mein Leben. Jeden Tag spielten wir zusammen, stritten fürchterlich, verrieten uns gegenseitig, vertrugen uns, liebten uns inständig. Wir liebten es, uns auf der Turnstange zu drehen und nebeneinander im Schweinebaumel zu hängen. Einmal, als wir Mittagschlaf hielten, kam sie heimlich zu mir rüber auf meine Pritsche. Wir giggelten, und sie flüsterte etwas, das ich nicht verstand. Dann zog sie ihre Hose runter, kackte einen

Klecks unter meine Bettdecke und schlich sich wieder rüber zu ihrer Bettstatt. Es sah logischerweise aus, als sei ich es gewesen, und ich konnte nicht plausibel erklären, dass ich es nicht war. Auch zu Hause glaubte es keiner. Ich kassierte mörderischen Ärger und musste auch alles allein wegwischen. Lange Zeit ist niemand außer ihr so nah bei mir gewesen. Im wahrsten Sinne gingen wir durch dick und dünn.

Ich mochte die Erzieherinnen nicht und sie mich auch nicht sonderlich. Sie bemühten sich und ließen mich auch mal die Dunja in einem russischen Tanzstück spielen. Meine Mutter lieh mir ihr großes schwarzes, mit roten Rosen und langen Fransen verziertes Pavlovo-Posad-Tuch, das ich mir um den Kopf wickelte, um in meiner Rolle als russisches Bauernmädchen prächtig zu glänzen. Nur die Faschingsfeste feierten wir immer heiter und ausgelassen. Ich verkleidete mich als Marienkäfer oder Sterntaler, als Frau von Winnetou (Entschuldigung hierfür!), als Prinzessin Tausendschön, als Froschkönig, als Schneewittchen und als Flocke. Das Essen im Kindergarten war schlecht, eher notdürftig. Ich aß nicht gern, das hat mich meistens eher angestrengt. Besonders eklig fand ich würzigen Harzer Käse und Schmorgurken. Mein Vater konnte es nicht lassen, mir immer wieder Dinge auf meine Brote zu tun, die ich hasste. Und die Kindergärtnerin ließ mich sitzen, bis ich alles aufgegessen hatte. Egal, wie lange es dauerte. Manchmal dauerte es den ganzen Vormittag, bis mir ein passendes Versteck eingefallen war, das mindestens bis zum Abend desselben Tages standhielt. Mittags wiederholte sich das Szenario. Schmorbraten zu verstecken ist nicht ganz einfach, aber es gelang mir, dauerte nur ein bisschen länger. Auf diese Art verstrichen hin und wieder meine Tage im Kindergarten. Ich war froh, als die Zeit in diesem Gebäude zu Ende ging.

Am Tag meiner Einschulung trug ich das schönste Kleid, das ich mir vorstellen konnte. Ein gelbes Polyester-Etuikleid mit Puffärmeln, knielang. Mein Outfit komplettierten weiße Kniestrümpfe und schwarze Lackschuhe mit einer Spange über dem Spann. Ich trug einen orangefarbenen Schulranzen mit zwei Katzenaugen auf der Verschlussklappe auf meinem Rücken. Marion hatte mein Haar frisch gebürstet und mittels eines Seitenscheitels in Form gebracht. So in etwa wie Bobby Farrell von Boney M. So richtig glücklich war ich nicht damit, aber es ging halt nicht besser. Nach einem Fahnenappell auf dem Schulhof, bei dem die Neuankömmlinge begrüßt wurden, indem die FDJ-Fahne und die Fahne der DDR gehisst wurden, konnten wir in unsere Klassenzimmer gehen.

Nachmittags kamen Oma und Opa zu Besuch, eines der wenigen Male, dass sie sich bei uns zu Hause einfanden. Unsere Eltern lebten bereits getrennt, unser Vater war aber noch in der Nachbarschaft. Er verstand sich gut mit den beiden alten Herrschaften, also gesellte er sich hinzu. Oma brachte einen Blechkuchen mit, den sie gebacken hatte, und Marion hatte Kartoffelsalat und Frikadellen vorbereitet. Wir saßen im Wohnzimmer am Esstisch beieinander, aßen und plauderten. Ich ging irgendwann in den Hof, um wie immer mit den Nachbarskindern zu spielen.

Ich gehörte nun in die 1b. Prompt waren zwei Mädchen, die genau das gleiche Kleid anhatten wie ich, in meiner Klasse. Dörte kannte ich ja schon fast mein ganzes Leben lang, die andere nicht. Jenny war hübsch, hatte schneeweiße Haut, dickes, langes blondes Haar und eine Frisur, wie sie jedes Mädchen gern gehabt hätte. Da konnte ich nicht mithalten. Das begriff ich gleich und gab mich geschlagen. Ich zog in Erwägung, ob sie vielleicht meine Freundin werden wollte. Da wir den gleichen Kleidergeschmack hatten, standen die Chancen nicht schlecht. Dabei hatte ich allerdings ihre spießigen Eltern, die es strikt untersagten, dass ihr Kind mit einem solchen Abschaum wie mir spielte, vergessen. Wir taten das manchmal im Hort oder in den Schulpausen. Sie ließ mich immer spüren, dass ich nichts wert war, jedenfalls nicht so viel wie sie. Einfach so, sie war halt Jennylein. Wir rannten oder turnten meistens um die Wette. Sie lief sehr schnell, war beweglich, wendig und flexibel. Sie hat es mir nie leicht gemacht. Später tanzten wir sogar um die Wette. Aber die Discoqueen war ich und niemals sie, das soll klargestellt sein. Es ging, solange ich in dieser Schule war, immer darum, wer besser war. Diesen Kampf gewann ich nicht oft, fast nie.

Jenny und ich wurden in der ersten Klasse, 1975, als Turnkader ausgewählt, zusammen mit zwei weiteren Mädchen. Ich war sechs, sie schon sieben Jahre alt. Sportscouts gingen durch die Schulen und suchten im Sportunterricht die begabtesten Schüler und Schülerinnen aus. Wir wurden Turnerinnen im Turnverein DTSB Werder, trainierten zwei- bis dreimal in der Woche und hatten an den Wochenenden Wettkämpfe. Ich durfte nur einmal an einem Wettkampf teilnehmen.

Während eines Klassentreffens 2011 kam eine Frau in ihren Achtzigern auf mich zu, meine damalige Klassenlehrerin Frau Meyerich. Ich erkannte sie kaum. Sie entschuldigte sich bei mir. Dafür, dass sie mir damals nicht geholfen habe, denn ich sei so talentiert gewesen. Sie sagte nichts davor und auch nichts weiter danach. Ich verstand erst einmal gar nicht, was sie gemeint hatte. Eine ebenso alte Dame wie sie, deren unfreundliches Lächeln sich mir eingeprägt hatte, die fiese Russischlehrerin, Frau Knuth, begrüßte mich mit zähneknirschendem Grinsegesicht. Die blöde Kuh hatte mich seinerzeit in den Sprachunterricht gezwungen, weil ich so undeutlich sprach und sie mich einfach nicht verstehen konnte, so erklärte sie die dringende Notwendigkeit. Diese Russischlehrerin war die schlimmste Rassistin der Erde. Sie ließ keine Gelegenheit aus, mich und meine Familie zu erniedrigen.

Ich sollte gefälligst deutlich sprechen lernen. Ich musste einmal in der Woche zu ihr ins Büro, um Zungenbrecher auswendig zu lernen. Es war einfach nur gruselig, wie sie mich wieder und wieder die wildesten Formulierungen aussprechen ließ. Während ich also alle möglichen S-Laute aneinanderreihte und vorwärts und rückwärts vorzuturnen hatte, erzählte sie mir, was für ein Versager mein Bruder sei und wie dumm noch obendrein und meine Mutter ja wohl eine Schlampe ohne Ehemann mit zwei Bastarden, aus denen offensichtlich nichts werden würde. Sie stellte noch nach dreißig Jahren immer dieselben Fragen zu meinem »asozialen« Bruder und der »Schlampenmutter«. Ein ausgesprochen böses Geschöpf, diese Dame.

Zu gern hätte mich diese Lehrerin als »schwachsinnig« eingestuft. Ich kann gar nicht beschreiben, was sie genau damit meinte. Es schien jedenfalls all das zu sein, was ich bin. Sie hatte etwas so Radikales in ihrer Methodik und ihrem Gedankengut, das mich ausgesondert zurückließ. Etwas, das ich niemals sein wollte. Sie quälte mich. Sie ließ mich immer schmutzig zurück. Ich machte es nie gut und machte auch keine Fortschritte. Nach Beendigung ihrer völlig hirnverbrannten Sprachtrainings dachte ich, es würde für immer und ewig peinlich sein, wenn ich beginne zu sprechen.

Ich gönnte ihr ihren erbärmlichen Zustand am Tag unseres letzten Treffens. Noch eine Gelegenheit zu diesem blödsinnigen Gespräch würde ich ihr nicht einräumen.

Ich erinnere mich noch an ein weiteres Mädchen aus meiner Schulzeit. Ich wollte nicht mit ihr befreundet sein. Heidrun alias Heidi mit verschiedenen Nachnamen, weil sie in den knapp sieben Jahren, die wir gemeinsam die Schulbank drückten, mehrfach die Pflegefamilien zu wechseln hatte. Im Grunde war ihr Schicksal ähnlich dem meinen, aber das sah ich damals nicht so. Ihr fiel es offensichtlich schwerer, mit ihrer Situation zurechtzukommen, und die Erwachsenen trieben wirklich ihr

Unwesen mit ihr. Sie war nicht hoch gewachsen, ging eher gebückt und etwas x-beinig. Wer immer gerade mal wieder für sie verantwortlich war, zog ihr irgendetwas an, das sie aussehen ließ wie ein armes Kind. Die Kleider passten ihr nicht oder sahen aus, als kämen sie aus einem Sack, den man demnächst in den Müll getan hätte. Sie verschwand immer mal für eine Weile aus dem Schulalltag. Irgendwann kehrte sie wieder, und wir Kinder waren immer ein bisschen neugierig, wo sie gewesen war und was passiert war. Sie erzählte dann kurz und natürlich nicht alles.

Manchmal schaffte sie es nicht auf die Toilette, dann lief ihr einfach alles die Beine herunter. Ich erinnere die Scham in ihrem Gesicht und ihre Haltung. Sie erwartete Schläge und Gelächter und eine weitere Runde im Erziehungsheim. Während eines Gelächters zwischen Dörte und ihr fielen ihr plötzlich die Zähne heraus. Sie hielt ihre Dritten in der Hand. Man hatte ihr bei einem ihrer Heimaufenthalte nahezu alle vorderen Zähne gezogen. Sie war mir nicht gleich, befand ich. Sie war eindeutig eine Verliererin und nicht cool. Obgleich unsere Lebensumstände ähnlich waren, nahm ich sie nicht ernst. Ich verachtete sie und dachte sogar, sie hätte das verdient, was sie erntete. So wie mein Bruder Karlo. Die Erziehung und Lehrer haben uns nichts Besseres beigebracht. Sie förderten unseren Hass aufeinander und waren überzeugt davon, dass sich so eine sozialistische Gemeinschaft formen lässt.

Frau Meyerich war als Lehrerin eher strenger Natur. Ich empfand sie als gerecht, obwohl sie es nicht wirklich war. Aber hinter all der trockenen, ständig leicht angepissten Fassade war sie menschlich. Sie hatte so etwas wie ein Gewissen, auch wenn sie dem nicht folgte. Sie schien immer leicht überfordert zu sein. Schon damals war sie gewiss Mitte oder Ende vierzig.

Morgens aufstehen fand ich immer schon blöd, ich musste mich immer wecken lassen, von jemandem oder einem Wecker. Von allein bin ich nicht wach geworden. Trotzdem ging ich sehr lange sehr gern zur Schule, fast alle Fächer machten mir Spaß und fielen mir leicht. Ich räumte gern meinen Platz auf, übte gern Buchstabenschreiben, Mathe war toll, Sport hatte ich gern. Als eines der sportlichsten Kinder der Klasse verhalf ich meinen Mitschülern jedes Jahr zu Medaillen bei der Spartakiade. Schulgarten und Werkunterricht mochte ich nicht so. Ich habe keinen grünen Daumen und bin nicht gut darin, mit Holz oder Metall umzugehen. Man konnte schon in der ersten Klasse an der Mathematik-Olympiade teilnehmen. Das tat ich und gewann. Wie das zustande kam, weiß ich nicht. Es wurde auch nicht weiter kommentiert oder gewürdigt. Stattdessen erwarteten meine Eltern, dass ich doch bitte so weitermachen solle, bitte ohne Aufwand und ohne ihr Zutun.

An den Nachmittagen spielten wir auf dem Schulhof Gummitwist, fuhren Rollschuh oder übten Springseil springen, wieder und wieder und noch und noch. Oh, das liebte ich. Meine Mutter musste oft meine Hosen stopfen oder irgendwelche Flicken draufnähen, weil ich alles zerrollschuht habe. Tat ich nichts von dem, übte ich zu Hause Buchstaben schreiben, bis es hübsch aussah und mir gefiel. Später habe ich manchmal ganze Schreibhefte neu abgeschrieben, wenn ich es nicht ordentlich genug befand. Ich mochte kein Chaos in meinen Heften, zu keinem Zeitpunkt. Marion nannte mich oft eine »Schlampe«, denn ich sei unordentlich und unsauber. Was sollte ich dazu sagen? Vielleicht war ich es ja?

Im Schulgeschehen nahm alles seinen Lauf. Recht zeitnah wurden wir alle in den Verband der Jungen Pioniere aufgenommen und trugen mit geschwellter Brust unsere Pionieruniform, zu der auch das blaue Halstuch gehörte. Wir trugen sie nur zu besonderen Anlässen. Zum Beispiel zu Schulfesten, Pionierversammlungen, dem wöchentlichen Fahnenappell, am 1. Mai, zu

Treffen der Deutsch-Sowjetischen Freundschaft, am Tag der Zeugnisübergabe und auch, wenn wir Auszeichnungen bekamen. Eine kleine Gruppe von Schüler:innen der ersten bis zur vierten Klasse wurde ausgewählt, um den Achtklässler:innen während der Jugendweihe-Zeremonie die Urkunden und einen Blumenstängel zu überreichen. Ich gehörte zu ihnen, als das Symbol der internationalen sozialistischen Solidarität der Völker. Stolz waltete ich jedes Jahr aufs Neue meines Amtes. Morgens zum Unterrichtsbeginn begrüßten wir stehend die jeweiligen Lehrer:innen und beteten den vorgegebenen Pioniergruß herunter. Der oder die Klassensprecher:in trat vor die Klasse, meldete »Die Klasse 1b ist zum Unterricht bereit. Wir begrüßen Sie mit dem Gruß der Jungpioniere, SEID BEREIT!« Wir haben dann im Chor geantwortet: »IMMER BEREIT« und dabei, so ähnlich wie beim Militär, die Hand wie ein Fähnchen auf dem Kopf platziert. Nach dem Unterricht gingen die meisten in den Schulhort. Dort hatten wir eine Schulspeisung, machten Mittagsschlaf und auch Hausaufgaben. Ich ging sogar morgens vor der Schule schon hin, um nicht unbetreut daheim zu sein. Ich kann mich kaum daran erinnern, Karlo zu dieser Zeit häufig gesehen zu haben. Wenn wir allein zu Hause waren, weil Marion noch arbeitete oder am Abend tanzen gegangen war, passte er auf mich auf. Das ist mir als keine schöne Zeit im Bewusstsein geblieben.

In meinem Klassenverband fühlte ich mich aber ziemlich wohl. Lernen war nicht schwer, die meisten Dinge begriff ich beim ersten Zuhören. Aber ich begann ziemlich bald, sehr aufmüpfig und frech zu sein. Zu allen, den Mitschüler:innen und zu den Lehrer:innen. Auch zu Dörte. Es verwunderte sie sehr. Ich bemerkte es nicht.

Ich störte täglich das Unterrichtsgeschehen, beleidigte alle, und wer genervt hat, dem habe ich einfach eine geklatscht oder habe geschubst. Nur ein Mädchen machte mir Angst. Gesa hatte blondes, langes, ganz glattes Haar und war mir körperlich gar nicht so überlegen. Aber ihre Aggressivität und Entschlossenheit, mir weh zu tun, ließ sie im Vorteil sein. Sie hatte, so wie ich, einen älteren Bruder. Der war einer von denen, die sich andauernd an meinem Bruder abgearbeitet haben. Ich wusste also, wozu diese Familie in der Lage war, und machte immer einen riesigen Bogen um die beiden. Gesa ließ aber nicht locker. Obgleich wir nur indirekt dieselbe Schule besuchten. Das Schulgebäude glich einem großen H. Die beiden Längsseiten waren die Unterrichtsräume, und in der Mitte konnte man durch Flure auf jeder Etage zum jeweils anderen Schulteil durchgehen. Gesa ging in den linken Trakt und ich in den rechten. Die Schulhöfe waren voneinander getrennt, und es war allen Schülern strikt untersagt, während der Pausen die Höfe zu wechseln. Um das zu kontrollieren, wurden Aufsichtslehrer oder Schüler der höheren Klassen eingeteilt. Trotzdem fand Gesa mich. Sie lauerte mir auf, vor oder nach dem Unterricht, und stellte mir nach. Dann schubste sie mich umher, wie es ihr beliebte, und fand die fiesesten Bezeichnungen für mich. »Na, N–titte, was machst du hier? Du bist ekelhaft und siehst scheiße aus, weißt du das?« Dass ich mit dem N-Wort bezeichnet worden war, interessierte wirklich niemanden. Ich war das, für alle. »Wie siehst du denn aus?«, sagte Gesa und spuckte mich an. Manchmal war sie einfach nur zornig und sprach gar nicht, baute sich vor mir auf und versperrte mir den Weg. Machte nur eine kurze, zackige Bewegung, als wollte sie mit ihrem quälenden Ritual beginnen, und drehte sich dann gelangweilt weg. Unglaublich, wie boshaft und voller Hass dieses Mädchen war. Ich wusste nicht, dass das, was sie tat und sagte, rassistisch war. Nachdem ich meiner Mutter mehrfach erzählt hatte, was Gesa tat und sagte, und die auch nicht weiter reagierte, dachte ich mir, das gehöre halt so. Ich musste wohl auf mich selbst achtgeben. Am besten dafür sorgen, dass mich alle mochten, auch die, die mich nicht leiden konnten und die ich eigentlich auch nicht mochte. Wie ich es auch anstellte, dieses giftige Mädchen war überall. Nur wenn ich nicht allein war, hatte ich meine Ruhe vor ihr. Ich weiß nicht, wie es Angela Davis gefallen hätte zu sehen, wie es zuging in dieser Schule, die ihren Namen trug. Ich habe kein einziges Werk von Angela Davis zu Schulzeiten weder gelesen noch lernen dürfen. Noch nicht einmal ihre Biografie wurde uns nahegelegt. Immerhin war dies hier ein Ort, an dem gelehrt wurde. Das reichte wohl aus, um ihren Namen zu verwenden. Uns wurde immer wieder eingetrichtert, dass wir privilegiert waren und immerhin zur Schule gehen dürfen, während die Kinder in Afrika das nicht dürfen. Damit wurden gleich zwei Fliegen mit einer Klappe geschlagen: Aufmüpfige Kinder wurden zurück in ihre Schranken gewiesen, und es wurde noch einmal deutlich auf meine minderwertige Daseinsberechtigung hingewiesen. Das Recht und die Pflicht zu haben, zur Schule zu gehen, war für mich ein manchmal zu Unrecht erhaltenes Vorrecht. Warum durften hier alle einfach zur Schule gehen? Ich hatte ja inzwischen gelernt, dass da, wo mein »richtiger« Vater herkam, niemand zur Schule ging, alle Analphabeten waren und deshalb dumm. Trotzdem schimpfte ich über den zu frühen Schulbeginn, statt dankbar zu sein, dass ich etwas hatte, das meine Ursprungsfamilie aus Afrika nicht nutzen konnte.

Als die dritte Klasse fast beendet war, freute ich mich darauf, nun endlich ein rotes Halstuch zu tragen und Thälmannpionierin zu werden. Die Phase der Freude darüber war sehr kurz. Ich war nun nicht mehr im Jugendweihegratulationskommando, und man fing zunehmend an, mich in verschiedene Pionierfunktionärspositionen zu drängen. Meine Eltern gehörten beide der SED an und waren ziemlich aktive Mitglieder. Wegen meines inzwischen vorlauten Mundwerks, meiner Noten und meiner Hautfarbe hätte man mich gern als Solidaritäts-/

Völkerverständigungs-Vorzeigen– genutzt. Man zwang mich in diese Rollen, aber ich schwänzte jede einzelne Versammlung. Nicht einmal mit Absicht, ich vergaß oder verdrängte sie einfach. Das konnte ich ja schon sehr gut. Jahrein, jahraus wurde dieses mangelhafte sozialistische Verhalten in meinem Zeugnis vermerkt:

> Peggy muss noch lernen, sich mehr in der Partei zu engagieren.

Jede Woche waren weiterhin die Fahnenappelle. Es hagelte Verwarnungen der Schuldirektion für mein vorlautes Mundwerk meinen Lehrern gegenüber oder weil ich mich in der Hofpause in der Turnhalle einschließen ließ, um dort im Mattenkabuff zu toben. Oder weil ich auf der Klassenfahrt Jungen sexuell belästigt hätte, was meine Mutter wirklich unanständig von mir fand. Sie schämte sich sehr für mich, hatte aber ganz vergessen, mich zu fragen, ob der Vorwurf überhaupt stimmte. Das, was unsere Klassenlehrerin meinte gesehen zu haben, hatte niemals stattgefunden. Die Lehrerin hatte mich befragt, ob ich nicht wüsste, wie Kinder gemacht werden. Doch, wusste ich. Damit war meine Schuld eingestanden. Marion schämte sich für mich, und dafür gab es richtig eine gepfeffert.

Ab der fünften Klasse hatten wir jährlich Manöver auf dem NVA-Sportgelände. Wir mussten durch den Fuchsbau kriechen und über Eskaladierwände klettern, uns an Tauen hochziehen und auf Ellbogen durch den Dreck robben, um schon einmal ein Gefühl für den Ernstfall zu bekommen. Immer wieder antreten in Reih und Glied, marschieren, Befehlen gehorchen. »Klasse Soundso, stillgestanden! Augen geradeaus! Rührt euch! Im Gleichschritt, marsch!«

All diese Manöver bewiesen uns, wie dienlich wir schon jetzt dem sozialistischen Vaterland waren. Immer wieder setzte es Bestrafungen für mich nach dem Fahnenappell. Ich war stark und einfach nicht still zu bekommen. Ich benahm mich daneben, wo ich nur konnte. Ich war frech und klug.

Die Klassenlehrerinnen (es waren immer Frauen) meiner ganzen Schulzeit hatten immer damit zu tun, mir beizubringen, nicht so sexualisiert und erotisch zu sein. Niemand dachte daran, dass ich aufs Schlimmste misshandelt wurde und nicht Herrin meines Körpers sein durfte. Man schrieb es meiner afrikanischen Herkunft zu, dass ich so wild sei, und bemühte sich gemeinsam mit meiner Adoptivmutter um Zügelung. Ich musste vor der Tür stehen oder in der Ecke, bekam Eintragungen ins Hausaufgabenheft und Nachsitzen aufgebrummt, hatte kilometerlange Entschuldigungen zu schreiben, bis ein Schulheft voll war.

Irgendwelche Worte 100.000 Mal aufschreiben. Hierbei entdeckte ich meine Leidenschaft fürs Schreiben. Erst nur für den Akt des Aufschreibens, für das Niederschreiben. Es war mir ein Bedürfnis und größte Freude, mehrmals im Jahr alle meine Schulhefte sauber und ordentlich abzuschreiben und somit immer wieder Ordnung zu schaffen. Ich finde es noch heute beglückend, Tagebücher vollzuschreiben, auch mit immer Demselben, Hauptsache, schreiben.

Es ist für mich, wie Ordnung zu schaffen. Es half mir durch viele dunkle Stunden, Jahre, Jahrzehnte hindurch. Auf rechtwinklig zueinander liegende Gegenstände habe ich verzichten können, aber viele klassische Putz- und Ordnungszwänge konnte ich bedienen. In meinem Job heute ist das hilfreich. Im »echten« Leben gönne ich mir inzwischen etwas Unordnung. Das, was ich so nennen mag. Ich belächle mich, obgleich ich es trotzdem nicht lassen kann. Wahrscheinlich erst dann ganz und gar, wenn ich weiß, was ich lieber täte, statt aufzuräumen.

Irgendwann, so in der dritten oder vierten Klasse – für mein Gefühl heute viel zu früh –, begann es, dass Jungs meine Scheide sehen wollten. Ich zeigte sie. Ich weiß gar nicht, ob andere Mädchen das auch gemacht haben. Ich schon. Andauernd fand ich mich umringt von Jungs, denen ich meine Scheide zeigte, detailliert und vollkommen ungeniert. Nur an den Gesichtern der Jungs und der anderen Mädchen konnte ich erkennen, dass hier gerade etwas Außerordentliches geschah. Für mich war es das, wofür ich da war. Es war das, was ich konnte, und das, was ich zu ertragen gelernt hatte. Es war Alltag, Normalität. Ich kam gar nicht auf die Idee, zu widersprechen, denn ich war ja zum Ficken da. Das hatte ich verstanden, ohne die Begrifflichkeiten definieren oder zuordnen zu können.

N–titte, N–fotze, N–. Diese Wörter klangen jeden Tag in meinen Ohren. Weder meine Eltern noch meine Freund:innen oder Klassenkamerad:innen, Lehrer:innen oder Erzieher:innen interessierte mein Dauerstress.

Das siebte Schuljahr war das letzte in Werder. Nach dem Halbjahreszeugnis zogen wir nach Michendorf, und ich pendelte noch ein halbes Jahr mit der S-Bahn nach Werder, um dann später in meinem neuen Wohnort zur Schule zu gehen. Meine Mutter hatte einen neuen, großkotzigen Boyfriend. Und damit veränderte sich auch mein Freundeskreis.

Helen und ich wurden beste Freundinnen, und Dörte war abgeschrieben. Helen war zwei Jahre älter als ich, aber nur eine Klasse über mir, sicher 1,80 m groß, hatte langes blondgewelltes Haar, braune Augen, wohlig geschwungene Lippen und schon echt richtig viel Brust und einen fleischigen Po. Ich hatte mich zu diesem Zeitpunkt bereits verändert. War ein wütendes Mädchen geworden, trank immer häufiger größere Mengen Alkohol. Ich lief immer hinter Anne her und durfte auch oft bei ihr über Nacht bleiben, da sich unsere Eltern kannten und der Weg von ihr zur Schule viel kürzer war. Anne schob schon mit Jungs ab. So nannte man es, wenn man auf Partys herumknutschte und sich wild befummelte. Es krönte mich, dass ich Eintritt in die Partyszene der Großen bekam. All die tollen Mädchen und Jungs, die ich so aus der Gegend und vom Schulweg kannte, hingen dort herum und lauerten auf einen knutschigen Abend. Am Anfang habe ich nur so dagesessen. Ich war ja auch die uncoole Kleine. Je besoffener alle waren, desto egaler wurde der Umstand, dass ich noch so jung war. Bald fand ich mich auf dem Teppich, wild knutschend mit einem dunkelhaarigen, gut aussehenden Jungen aus der 10. Klasse wieder. Es war vollbracht, ich knutschte nun mit den Großen. Auf dem Schulhof war ich denen immer peinlich, aber auf der nächsten Party ging's weiter. Erst saufen, dann knutschen und fummeln. Und am besten vor den Augen aller Anwesenden.

7 Jahre

Springen und Tanzen
ein lautes Gelächter
bin ich stolz geflogen
jeden Morgen in den Tag
des Abends in den Schoß
all derer
denen ich zu dienen hatte
diente ich
mit größter Müh
und weit geöffnetem Herzen
in der immerwährenden
Hoffnung
auf eine gute Note
blondes langes Haar
und den flachsten Bauch von allen

Peggy Kurka, Mai 2022

Das blaue Kind

Marions »große Liebe« war ein reicher, korrupter Privatunternehmer. So etwas gab es sehr selten in der DDR. Herr Voigt war wesentlich jünger als sie, wohlhabend und in meinen Augen hochgradig gestört. Ich glaube, wir lebten vier oder fünf Jahre mit ihm zusammen. Sie schleppte ihn aus dem Café Moskau in Berlin ab. Plötzlich ging es in unserem Leben nur noch um Geld, und es schien mir, als sei alles möglich. Eines Nachmittags kam ich aus der Schule, und unsere Haustür stand weit offen. Ich dachte nur an Schlimmes: Räuber, Einbrecher, Polizei, Stasi, Zuhälter.

Inmitten unseres Flures stand ein Sofa, das ich bisher noch nicht kannte. Sessel, antike Schränke und unsere alten Möbel waren zur Seite geschoben. Ein Schock für mich. Lachend und schnaufend kam der Psychopath die Treppe hinauf und rief mir schallend zu: »Na, ist das nicht toll, ich wohne jetzt auch hier. Aber wir bauen bald ein Haus. Und hier hast du eine Stange Kugelkaugummis, ein Impulse-Deo ausm Westen und Orangensaft!«

Ich hatte schon mit so vielen »Onkels« gelebt. Mir war das egal. Und ich war ja auch daran gewöhnt, dass Muttis neuer Boyfriend ab und zu an mir herumfingerte und man auch mal eine reinbekam. Marion war so glücklich, dass sie nun wieder einen Mann hatte, der Karlo verkloppen konnte. Er war schon etwas groß geworden für sie, sie schaffte es körperlich nicht mehr. Nun hatte sie jemanden, der das wirklich mit Hingabe gern tat. Der Neue schlug Karlo mehrmals richtig nieder, bis er blutete. Sie fand das dann auch ein bisschen doll, aber er wollte es ja nicht anders. Irgendwann war auch sie dran. Er schlug sie so, dass sie durch die Gegend flog, gegen Schränke und andere umstehende Möbel.

Einmal schmiss ich mich auf ihn und schlug zurück. Ich muss nicht erklären, wie vergebens das war. Marion warf mit einer Kanne voll kochend heißem Kaffee nach ihm, das Gemälde über dem Sofa war hin. Die Scherben sprangen in alle Himmelsrichtungen, der Kaffee durchnässte die Sofagarnitur und Voigts Kleidung. Unser Wohnzimmer glich einer dramatischen Schlachtlandschaft. Alles war kaputt. Er verschwand, und ich rannte los und holte einen Arzt, der sich um meine verletzte Mutter kümmerte. Danach ging ich zur Schule. Wir sprachen nie darüber, und die Geschehnisse leiteten auch keine Veränderung unseres Umganges miteinander ein. Wir räumten auf, das Loch in Marions bordeauxroter Cordhose wurde gestopft, der Schorf fiel irgendwann von ihren Wunden, die Blutergüsse schwollen ab und neutralisierten ihre Farbenvielfalt. Der Mann blieb noch eine Weile bei uns. Erlebtes wurde unter den Teppich gekehrt und nicht mehr angesprochen. Obgleich es dort schon ganz schön voll war.

Alle Themen, die sich innerhalb der Familie problematisch gestalteten, waren damals ein Tabu bei uns. Aufrichtige und klärende Gespräche blieben oft aus. Selbst als sie erfuhr, dass die Kinder einer befreundeten Parteikollegin sich über ihren sexuell übergriffigen Vater beklagten, bekräftigte sie die Mutter darin, den Kindern keinen allzu großen Glauben zu schenken, sich stattdessen darauf zu besinnen, wie viele schöne Jahre doch alle zusammen verbracht hatten. Beide Frauen waren sich darin einig, es nun nicht gerade erfreulich zu finden, aber wirklich klar schienen sie sich beide nicht darüber zu sein, was es im Detail für einen zerstörerischen Bruch in das Leben ihrer Kinder brachte. Es entsprach Marions Art, so mit »diesen« Dingen umzugehen.

Sie war ja genauso blind auf diesem Auge und hatte eine ähnliche Geschichte mit mir. Beide Frauen konnten nicht verstehen, was ihre undankbaren Töchter da veranstalteten. Während sie gemütlich durch den Wald schlenderten und später beim Plätzchenbacken echt dankbar waren, für ihr schönes Leben und auf alles, was sie so geleistet haben.

Alle wussten, wie gestört Marion war. Alle in der Ortschaft, die Eltern meiner Klassenkamerad:innen. Man hielt sie für eine Schlampe, die mit einem Schwarzen Mann rumgemacht hatte. Die Kinder durften nicht mit mir spielen oder sich mit mir treffen. Meine ersten Jungsfreunde durften mich nicht nach Hause bringen. Ich war wild, ungestüm und schmutzig. Verdorben, versaut, frühreif, dumm und ungebildet. Nichts für ihresgleichen. Niemand kam auf die Idee, dass mir Schlimmes widerfuhr. Nicht einmal, als ich versuchte, mich mit dreizehn oder vierzehn umzubringen. Nachdem ich alle Tabletten, die wir im Haus hatten, aufgegessen hatte, versteckte ich mich im Park unter einem großen Rhododendronbusch, um dort auf den Tod zu warten. Ich war halt die »wilde Schwarze«. Verrückt, so wie ihre schräge Mutter. Die Eltern meines damaligen Freundes waren Ärzte. Nicht einmal sie haben nachgefragt, was mit mir los sei.

Die Jungs fanden toll, dass ich nahezu tabulos zu sein schien. Ich war eigentlich immer untreu, in jeder Beziehung. Ich fühlte mich nie wirklich verbunden mit irgendwem. Später hatte ich einen Freund, dessen Eltern mich mochten. Es war eine Musikerfamilie. Ihr Horizont hatte etwas mehr Platz für Andersartigkeit, und ich mochte sie auch. Ich war mehr mit ihnen verbunden als mit ihrem Sohn. Als ich auch ihn betrog, waren sie mir sehr, sehr lange sehr böse.

Marion sperrte mich in den Keller, weil ich eine Drei auf dem Zeugnis hatte und es ihr peinlich war, dass ihr Balg nicht zu den Besten gehörte. Das tat ich, aber ich hatte keine Eins in Mathe und Russisch, so wie sie fand, dass es sich gehört. Die Abschlussfeier war gelaufen für mich, denn nun saß ich bei Tante Biggi und Onkel Bernhard im Keller und durfte nicht raus.

Zu dieser Zeit lebten wir dort. Eigentlich wollte Marion ja einen Taxifahrer aus Pankow heiraten, Aber zum einen pflegte er eine Freundschaft mit dem Spanner Franky, der einen Hang zum Sex mit sehr jungen Mädchen bzw. Kindern auszuleben pflegte und nur zu gern ein regelmäßiges Tête-à-Tête mit mir kultiviert hätte; und zum anderen war er für ihren Geschmack zu sehr an ihrem schmuddeligen Geld interessiert. Geld, das sie sich aus ihrer toxischen Beziehung zu Herrn Voigt erpresst hatte. Ich fand das hart von ihr, aber wenn man so viel Dreck am Stecken hatte wie der, war man leicht an einer kurzen Leine zu halten. Sagen wir, es war ihr Schmerzensgeld, das sie sich gönnte. Aus dem Erlös des Verkaufes ergab sich ein nicht unerhebliches Vermögen, das der Taxifahrer auf keinen Fall bekommen sollte. Was er hingegen aber sehr gern mitgenutzt hätte, um damit wiederum seinen Schuldenberg zu tilgen. So wurde wegen dieser Unstimmigkeiten zu guter Letzt nicht geheiratet. Aber die Hochzeitsreise war schon gebucht, nämlich ans Schwarze Meer nach Tbilissi. Dieser sentimentale Ausflug wurde nun von Marion und ihrer Schwester Biggi verrichtet. Ich wurde bei entfernten Verwandten im Haus geparkt und lebte dort mit drei Söhnen und deren Vater. Dort erlebte ich eine neue Weise der sexuellen Übergriffigkeit, den »freiwilligen« Missbrauch. Ich musste nicht mehr lang gebeten werden. Ich tat allen, die ich gern mochte, sehr gern den Gefallen. Ich wusste ja, wie es geht, und mit Ekel konnte ich gut umgehen. Auch im Geheimhalten war ich inzwischen vorbildlich.

Ich fragte meine Mutter bei ihrer Wiederkehr, ob es eigentlich schlimm ist, mit einem Verwandten Sex zu haben. Sie hat nicht weiter reagiert.

Kindesmissbrauch war ein riesiges Tabuthema in der DDR. Das sozialistische System des Schweigens war komplex und schloss sämtliche Übergriffigkeiten, sexuellen Missbrauch, Kinderhandel, Kinderprostitution und Ähnliches ein. Ein Paradies für Pädophile, die es natürlich gab und die freie Fahrt für alles hatten, was man sich ausmalen möchte. Es gab Lehrer, die nicht ihre Finger von den Mädchen lassen konnten, so wie unser Englischlehrer. Die Väter meiner Freundinnen, die mir nachstellten und mich in irgendwelche Küchenecken drängten. Sportlehrer, deren Hände gelegentlich abrutschten. »Onkels«, die Boyfriends meiner Adoptivmutter, die mir etwas zu lange beim Duschen zusahen.

Es ist wichtig, dass wir, denen das angetan wurde und die vom Staat zurückgelassen wurden, zu Wort kommen. Im Osten war das Schweigen gesetzt. Wenn die Täter zum Beispiel für die Staatssicherheit oder in irgendeiner Position des Machtapparates arbeiteten, wurde Vorwürfen häufig nicht nachgegangen. Es wurde dafür gesorgt, dass die Bevölkerung davon ausging, dass es sexuellen Missbrauch nicht gab. Besonders der Westen sollte nicht mitbekommen, dass es im Sozialismus, wie leider überall auf der Welt, sozial gestörte Menschen gibt und Kinderleben, dadurch ruiniert und deren Seelen gebrochen wurden. Als Grundschüler:innen erfuhren wir manchmal aus der Tagespresse von dubiosen Männern, die Mädchen ins Gebüsch lockten und sie dann vergewaltigten und töteten. Wir erfanden gruselige Geschichten, um uns gegenseitig zu erschrecken, machten unwirkliche Gossip-Geschichten daraus. So etwas passierte in unserer Vorstellung wenn dann auch nur mit Mädchen, nicht mit Jungen, auf die hat demnach diesbezüglich erst recht keiner achtgegeben. Vergewaltigung und Gewalt an sich durch z. B. Schläge, auch mal durch einen Mann, der seine eigene Frau schlug, so wie bei uns zu Hause, wurden nicht kommuniziert. Und nie wurden solche Fälle vollständig aufgearbeitet.

Irgendwann im Lauf der Jahre schickte mir meine Mutter einen Brief – und ich erinnerte auch etwas verblasst, dass sie mir die Geschichte bereits mehrfach vorgetragen hatte –, in dem sie in einem Absatz nebenbei die Geschichte ausführte, wie sich meine Hautfarbe entwickelt hätte. Diesen Brief trug ich bei mir wie ein Vermächtnis, stolz und unwissend, glaubte ich jede Silbe. Natürlich glaubte ich ihr, was sonst tun Kinder mit ihren Eltern.

Der Brief meiner Adoptivmutter an mich beschrieb unter anderem, wie ich blau wurde. Wie hübsch ich schon als Baby war, stand darin, ich hätte ausgesehen wie ein süßer Sarotti-M–, mein Augenweiß war türkis und meine Iris dunkelbraun. Warum ich als Kind eine Zeit lang blau war? Sie sagte, weil es so sei bei afrikanischen Menschen. *Bevor sie schwarz werden, werden sie blau, am ganzen Körper. Und nach geraumer Zeit verteilt sich das Blau und wird nach und nach zu einem Braunton. Auf wundersame Weise, ein bemerkenswertes Szenario.* Sie sagte nicht (und ich nehme an, sie vermutete nichts dergleichen): *Weil du geschlagen wurdest.* Es ist so unglaublich schwer, sich vorzustellen, dass sie das glaubte, dass sie nichts von diesen Taten mitbekommen hatte, dass sie es vielleicht selbst war und sich schämte, dass sie mich quälte, ohne es als solches zu empfinden. Dass auch alle ringsherum gern annahmen, was sie über den kulturellen Hintergrund meiner Verletzungen zu berichten hatte. Niemand schien angemessen verwundert zu sein. Ich kann mir kaum vorstellen, wie es gewesen sein muss, auf ein blaues Kind zu schauen und zu glauben, dass es blau sei, weil es afrikanischer Herkunft ist. Es geht nicht in meinen Kopf, aber ich ahne die Unwissenheit und die Bereitschaft, alles an mir mit meiner Herkunft zu begründen, sogar meine Verletzungen.

Ich möchte hier nicht beschreiben, welche Geräusche mich plagen, welche Fratzen immer und immer wieder vor meinen Augen auftauchen, welche Frisuren mich zum Schreien bringen, vor welchen Schatten ich mich fürchte, welche Gerüche mir Panik machten.

Wie es ist, niemals ein Jungfernhäutchen gehabt zu haben, abgetrennt von seinem Körper zu leben, ihn jedem und jeder zur Verfügung zu stellen, kein erstes Mal gehabt zu haben.

Wie ist ein Leben, in dem Übelkeit mit Schmerz und Sex eng verwoben ist? Du kannst eigentlich mit jedem oder jeder ins Bett gehen, der oder die halbwegs optisch gefällt. Es braucht weder Lust noch Anziehung. Nur einen starken Reiz, viel Alkohol, den ewigen Traum von Nähe und Geborgenheit und immer wieder Geld. Man ließ mich leben, ich hatte zu dienen, und nach außen hatte alles perfekt auszusehen. Gebürstet, nicht zu dick, klug, pünktlich, besser als die anderen, klüger als die anderen, nichts wollen, alles aushalten, alles, alles, was man sich nur ausdenken kann und mehr, und das Wichtigste: schweigen. Obwohl ich das nicht tat, glaubte mir niemand. Niemand, nicht einmal Therapeuten, nicht meine Partner.

Wie viel Angst ich vor Weißen Frauen hatte und noch mehr vor Weißen Männern. Ich habe diese Angst ja nicht als solche wahrgenommen, sondern es schien, als würden die bösen Geschichten und Taten meiner Eltern mich verfolgen und ihre Gesichter sich in jedem Menschen wiederfinden. In jedem oder jeder, die sich mir näherten. Und überhaupt schien die ganze Welt so vernichtend und boshaft, so wie Marion es war, und so verstohlen und feige, wie Diethmar es war. Obgleich ich viele liebevolle, liebenswerte Menschen, privat wie auch beruflich, kennenlernen durfte, blieb mein Fokus lange auf denen haften, die nichts Gutes im Sinn hatten.

Ich hatte einfach immer Sex, mein ganzes Leben lang. Irgendwie ging es nur darum, auf diese oder jene Art. In meiner Vorstellung fand ich die Idee, eine Prostituierte zu sein, nie schlimm. Auch habe ich mir immer vorgestellt, was an unerwünschtem Sex so schlimm sei, was an Vergewaltigungen so schlimm sei. War es doch das Normalste der Welt, und es tat nicht einmal weh. Ich erinnere mich nicht an körperliche Schmerzen. Einfach überhaupt nicht. Also, was konnte mir schon passieren. So ein bisschen ungewollten Sex kann man doch aushalten. Ich war ja schließlich der lebendige Beweis. War es doch mein Leben. Es hat ja auch sonst niemanden gestört. Ich entsprach ja dem Bild, das man von mir hatte. Und ganz offensichtlich war ich gut darin.

Um meinen siebzehnten Geburtstag herum entschied meine Adoptivmutter, mir auf dem Schwarzmarkt eine Wohnung zu kaufen – was bedeutete, dass bei der Wohnungsvermittlung irgendwer bestochen wurde, und schwupps, war die hübsche Zweiraumwohnung mit Badezimmer und Klo indoor in Berlin Mitte da. Ich wäre alt genug, um allein für mich zu sorgen, befand sie, und ich hatte echt die Schnauze voll. Ich war ein wütendes Frauenzimmer geworden. Ich tat, was mir einfiel, und ich war sowas von bereit für die Fortführung all dessen, was ich gelernt hatte. Diethmar äußerte deutlich, dass er sich um seine eigene Familie zu kümmern hatte, wozu ich nicht gehörte, und leider keine Zeit für mich aufbringen konnte. Er gab sich große Mühe, nicht aufzufliegen. Niemand merkte etwas von seiner zweitfrauartigen Tochter-Zuneigung. Er berührte seine andere, leibliche Tochter niemals sonderlich inniglich und nahm sie nicht auf den Schoß, wie sie berichtete. Sie war sein eigen Fleisch und Blut.

Meine Adoptivmutter ist vor Kurzem gestorben. Ich meine: Sie ist von uns gegangen. Ihre Familie, so wie sie ihre Schwestern und ihren Bruder – auch ihre Eltern, als sie noch lebten – nannte, nicht aber mich oder meinen Bruder (wir waren nur ihre Adoptivkinder), erschienen nicht persönlich zur Beerdigung und sendeten auch keine Blumen. Das hätte es womöglich auch nicht besser aussehen lassen. Ich kam auch nicht. Ein Teil in mir hatte es von mir verlangt, und ein anderer, lauterer, entließ mich friedlich aus der Verantwortung, eine gute Tochter sein zu müssen. Ihr Herz hatte die Welt, meine Welt, zu keinem besseren Ort gemacht. Ich zündete einige Tage lang Kerzen für sie an und sendete ihr all die liebende Energie, die sich in mir bündeln ließ, um sie so gut wie möglich in ihre neue Welt zu begleiten. Mehr habe ich nicht zustande gebracht. In all den Jahren hatte ich immer wieder versucht, sie an einem Ort der Liebe zu treffen, der für uns beide einen Neuanfang bedeuten könnte. Sie entschied, das Geheimnis ihres Lebens für sich zu behalten.

Als ich mich zum Schreiben dieses Buches nach Mallorca verzog, begegnete mir zur Teatime eine junge Schamanin im Cal Reiet. Wir unterhielten uns ein wenig, erzählten uns, was wir gerade so trieben im Leben. Kurz bevor wir aufbrachen, um die gediegene Hotellobby zu verlassen, berührte sie meinen Arm, sah mich an und versicherte mir, leider ungefragt, dass die Frau, mit der ich aufgewachsen sei, mich geliebt habe, sie aber viele Probleme hatte und es deshalb nicht anders hatte zeigen können. Die junge Frau half mir, nicht nur Marions Unzulänglichkeiten zu sehen, sondern auch ihr Versagen mir gegenüber als eine menschliche Schwäche zu betrachten. Einen gescheiterten Versuch. Ich bin mir nun sicher, dass sie mich geliebt hat, so gut es eben ging. Mehr brachte sie nicht zustande. Sie bepackte mich mit der Last ihrer tiefen Sehnsucht nach leiblichen Kindern. Schließlich hatte sie zeitweilig versucht, mich als ihr eigen Fleisch und Blut anzunehmen. Stattdessen lud sie mir ihre Schuld auf, die lange auf meinen Schultern blieb. So kannte ich es von ihr, und so blieb es bis zum Schluss. Sie fand nie den Weg in ein leichtes, freudvolles Leben. Ich machte ihr Leben schwer. Je älter ich wurde, desto mehr versuchte ich mich von dem andauernden, für mich eine Ewigkeit lang nicht zuzuordnenden Druck und Ekel zu befreien. Sie rächte sich an mir, indem sie mich in ihrem Testament »mein Adoptivkind aus erster Ehe« betitelte.

Das Blaue Kind

Wenn ihr geboren werdet
seid ihr nicht wie all die anderen,
die richtigen Kinder
Es ist schon witzig,
findest du nicht
Blau seid ihr von Kopf
bis Fuß
Und glaube mir
mein Kind
so ist das bei euch
Ich muss es ja wissen
Ich sah dich in blau
Ich sah wie du von blau zu braun
gewachsen bist
Und ich sage dir
Ich habe es doch wirklich gesehen
Dann warst du plötzlich braun
So ist das bei euch
ich habe es gesehen
und ich war ja dabei.

Manche fragten
nach dem sonderlichen Blau
manche fragten
Ist es gut, dass Ihr Kind so blau ist?
Zum Glück bin ich die Spezialistin, sagte sie
»Ich muss es ja wissen
So ist es bei ihnen
Sie werden nicht einfach so braun
geboren, nein, gewiss
Sie sind erst ganz hell
dann werden sie blau
und dann ganz braun
so wie wir sie kennen

unsere N–
Wissen Sie, so geht das
Fragen Sie mich ruhig,
denn ich kenne mich aus
So ist das bei denen.
ich weiß das und ich sage es Ihnen
Dankbar nicken sie ab
und haben wieder etwas Neues
über uns gelernt.

Peggy Kurka, Santanyi, Februar 2022

Karlo, Adoptivbruder. Viele Wege führen weg

Wir versuchten, einander Geschwister zu sein, doch unsere Herzen sind sich nie begegnet. So wie wir für unsere Eltern dem Zweck der Familienvervollständigung dienten, waren wir einander auch nur Zweck, keine Verbündeten. Jeder von uns beiden hoffte, etwas abzubekommen. Etwas, wonach jedes junge, alleingelassene Wesen verlangt und sich sehnt. Eigentlich jeder, ob erwachsen oder gerade erst am Anfang der Reise. Sogar unsere Eltern hatten sich etwas erhofft, durch uns und von uns.

Karlo verstand seine Einsamkeit oft als Resultat davon, dass ich all die Liebe bekam, die ihm verwehrt blieb. Währenddessen sah ich dabei zu, was sie taten, wenn man aufwändiger als gewünscht war. Mit viel Gebrüll und wütenden Gesichtern klagten sie häufig über ihre missratenen Adoptivkinder. Nicht selten hieß es: »Hört ihr nicht, dann geht's ab, zurück ins Heim.« Leider blieben dies keine leeren Drohungen, auch das sollte mir immer wieder eine Lehre sein. Karlo hatte, so schreibt er mir heute, schöne Jahre als Einzelkind. Er wurde fast fünf Jahre vor mir Teil der Familie Kurka. Er war das Wunschkind eines jungen Paares, dem es unerfüllt blieb, leiblichen Nachwuchs entstehen zu lassen. Fünf Jahre und drei Monate älter als ich und ein Sonnenschein, geboren im Februar 1964, in der Nähe von Berlin. Karlo war ein süßes Baby, ein hübscher kleiner Junge mit glatten braunen Haaren, dunkelbraunen Knopfaugen und hellbeiger Haut. Ein filigraner Junge, lieb und freundlich. Als erstes Enkelkind der Richters, der Name der Familie mütterlicherseits, war er ein Segen für alle. Karlos leibliche Mutter hatte ihn unmittelbar nach der Geburt zur Adoption freigegeben und ihm bis heute die Auskunft über den Namen seines Vaters und sämtliche Hintergrundinformationen über seine Zeugung verweigert. Doch kurz darauf gebar Marions große Schwester kurz nacheinander zwei blonde Söhne, und Karlo sollte schnell feststellen, dass er nun ein Kind zweiter Klasse war. Nicht so vollkommen wie diese beiden Prachtexemplare von Kindern. Karlos (und später auch mein) Onkel ließ ihn sehr früh wissen, dass er niemals so klug und schön sein würde, wie seine Kinder es waren. Ließ ihn zurück mit seinem kindlichen Schmerz und dem absoluten Unverständnis für diese bösartige Aussage, die in regelmäßigen Abständen immer wieder aufgefrischt wurde, damit er nur nicht annahm, dass sich daran je etwas ändern würde. Es blieb so eine Art Manifest in der Familienstruktur. Er hat nie mehr liebevolle Aufmerksamkeit der Familie bekommen, seitdem die ersten »echten« Kinder da waren. Unausgesprochene Verachtung, Diskriminierung und Liebeshierarchien fanden dieser Tage ihren Anfang. Es gab nichts zu tun oder zu ändern daran. Er war halt nicht das »echte« Kind. Nicht sein Fehler und auch nicht sein Vermächtnis, daran etwas zu ändern.

Die ersten Jahre lebte die kleine Familie noch in einem kleinen Dorf, dicht an dem Hof der Großeltern. Dann kam ich dazu, die N–puppe, der Sarotti-M–, die er sich so sehr wünschte. Nun hatte er mich, und wir waren quasi Geschwister, dachten wir, dachte er, alle dachten das. Er mochte die Vorstellung, eine kleine hübsche Schwarze Schwester zu haben. Aber irgendwie wollte und wollte es nicht gelingen, dass unsere Herzen zusammenwuchsen. Zwei Kinder, deren weltliches Dasein mit einem unverständlich harten, schmerzlichen Bruch begann und die so unterschiedlich aussahen. Karlo war, aus seiner Sicht, das bessere Kind, weil er ja nicht aus Afrika kam. Es gefiel ihm nicht, dass ich ein fröhliches, sportliches, blitzgescheites Kind war und mir vieles gut und einfach gelang. Meine Fantasie schien unerschöpflich, und ich erdachte mir meine schöne Welt, mit lauter tollen Dingen und Menschen darin. Ich bewunderte die anderen, egal wie böse sie zu mir waren. Irgendetwas gab es immer, das mir an ihnen gefiel. Ihm fiel das schwer.

Wir buhlten beide um Aufmerksamkeit und Anerkennung. Wegen unserer optischen Unterschiede nahm man uns vier als unnormale Familie wahr. Was meine Schuld war, denn bevor ich in Erscheinung getreten war, wirkte alles so wie bei den anderen. In unseren frühen Kindertagen war Karlo ein wenig halbherzig mein Beschützer. Wir teilten uns lange Zeit ein Zimmer. Bis zu meinem zwölften Lebensjahr wohnten wir immer in der sozialistischen Platte. Vollkomfortwohnen, mit Fernwärme, warmem Wasser aus der Wand, aus dem Hahn und Vollbad. Erst lebten wir im Hochparterre, dann im zweiten, im vierten und dann im fünften Stock. Zu Beginn hatten wir ein Zimmer zu wenig, was sich aber nicht nach einem Defizit anfühlte. Wenn wir nachts heimlich durch den Türspalt des Wohnzimmers die Filme mitansahen, die unsere Eltern schauten, wurde er immer mehr beschimpft als ich, denn ich war ja die Kleine. Ab irgendeiner Zeit können wir uns beide nicht mehr daran erinnern, wie wir uns abends gute Nacht sagten oder wie wir eingeschlafen sind, also was unsere Rituale waren. Hier irgendwo hatte auf jeden Fall mein und auch sein Gehirn einen Anfang gefunden, etwas abzuspalten. Als ich ungefähr vier Jahre alt war, begann es ihn furchtbar zu nerven, dass ich andauernd von Sex sprach und darüber lachte, immer und immer wieder. Er bat unsere Mutter, dass sie es mir verbieten solle, aber das half nicht. Es blieb mein Thema. Karlo ging schon in die Grundschule und ich in den Kindergarten.

In der DDR war der Werdegang von Kindern und Jugendlichen klar und von staatlicher Seite bestimmt. Uns alle erwartete die Reise in die Richtung eines klar definierten sozialistischen

Menschenbildes. Für jeden Einzelnen ein sehr enges, nicht sehr hoffnungsvolles Zukunftsbild. Aber was denkt man als Kind schon über die Zukunft nach? Der Frieden der Kindertage ist das Hier und Jetzt und in meinem Leben der vollends perfekt funktionierende Träumerinnenmechanismus. Ich glaubte nur an Schönes und startete jeden Tag neu, als hätte es gestern nicht gegeben. Karlo fragte viel mehr nach den Dingen. Wenn wir bei Tisch saßen, berührte er alle Dinge und fragte, woraus sie gemacht sind. Er betonte überschwänglich, wenn etwas sehr lecker war, und erklärte ganz genau, warum es das für ihn war. Das Marmeladenglas, den Salzstreuer, den Kerzenständer, das Muster auf dem Brotlaib. Entdeckte er die Gravur auf dem Besteck, wollte er die ganze Geschichte darüber wissen, über die Gabel an sich, Besteck im Allgemeinen und auch die Initialen, die sich darauf befanden. Er wollte wissen, wie die Flamme auf der brennenden Kerze entstand und was Wachs war. Einfach alles schien ihn zu interessieren. Eine wunderbare Eigenschaft, finde ich, die ihm jedoch sehr viel Ärger einbrachte. Kein einziger Mensch in beiden Familien, der Kurkas und der Richters, schätzte diese lebensbejahende Haltung und den deutlich formulierten Hunger nach Wissen. Es nervte einfach alle, immer. Man schimpfte ihn an und fand seine Gedanken dumm und abwegig. Onkels, Tanten, Omas, Opas, Eltern lehrten auch uns Kinder, dass es dumm sei, sich für Dinge wirklich zu interessieren. Dabei war es nur das »falsche« Kind, das all diese Fragen gestellt hatte. Ich wuchs in meine Rolle als Schwester, die meinen Bruder zu verachten hatte, hinein. Nach und nach und relativ fließend glaubte ich mehr und mehr daran, dass er nicht gut sei. Einfach nicht gut.

Das Erziehungsmodell der DDR-Eltern basierte auf den Ideen der Humanmedizinerin Dr. Johanna Haarer, die das Bild prägte, dass Kinder als Tyrannen und Gegner der Familien zu verstehen sind. Kinder sollten ganztags in staatlichen Betreuungseinrichtungen sein, damit die Muttis zur Arbeit gehen konnten. Wochenheime waren gleichzeitig der Albtraum und Segen für jede Familie. Die Kinder konnten ab der sechsten Lebenswoche montags früh dort abgegeben werden und Freitag nach der Arbeit übers Wochenende heimgeholt werden. Marion arbeitete als stellvertretende Heimleiterin in so einer Einrichtung in einem ländlich wirkenden Ortsteil Werders. So hatten wir schöne Tage in einer wunderbaren großen Villa unter schönem altem Baumbewuchs.

Als ich in den Kindergarten kam, war Karlo schon in der Schule. In Karlos Freundeskreis reihten sich die Schicksalsschläge aneinander. Seine beste Freundin, die über uns im zweiten Stock wohnte, stach sich mit dem Schraubenzieher ein Auge aus und lebte dann mit nur einem weiter, als sehr verändertes Mädchen. Sein Freund hatte Krebs und verstarb daran, und ein anderer brach Jahre später in einer Winterzeit im zugefrorenen See ein und ertrank. Er hat mir später berichtet, wie sehr ihn schon diese Erlebnisse aufgebracht hatten und immer unbegleitet von erwachsener seelischer Unterstützung blieben. Es blieben tiefe Wunden in seiner Seele. Nie verheilt, nie gestreichelt, nie genügend bedauert.

Sein Zeichentalent war unverkennbar, er schwamm gern, aber seine Haut reagierte schnell auf den häufigen Kontakt mit Wasser. Manchmal bekam er Ausschlag. Er erfand utopische Science-Fiction-Geschichten und krakelte irgendwelche comicartigen Bildchen dazu. Ich mochte keine Comics und auch keine Science-Fiction-Filme und -Geschichten, deshalb hat es mich nicht sonderlich interessiert. Eine Zeit lang boxte er in einem Verein, und dann wechselte er in eine Ringer-Mannschaft. Er fand nicht so richtigen Anschluss zu den anderen Kindern. Die Tage wollten ihm nicht gut gelingen. Er gehörte nicht dazu. Ständig gab es Stress mit den Mitschülern. Er wurde täglich gehänselt und ausgegrenzt, niemand stand ihm bei. Das Lehrpersonal mochte ihn nicht, weil er nicht leicht lernte und, wie sie beschrieben, seine Auffassungsgabe »nicht so gut« sei. Immer wieder war er verhaltensauffällig, mehr und mehr. Keiner, keiner und niemand kam jemals auf die Idee, dass ihm etwas fehlen könnte. Unsere Eltern empfanden es als Frechheit ihnen gegenüber, dass er nicht in der Lage war, dem Unterricht »zufriedenstellend« beizuwohnen. Er war viel allein, gehörte nicht zu den Kindern, die beliebt waren, eher zu denen, die ständig verkloppt und beleidigt wurden. Die Lehrer:innen beklagten andauernd sein mangelndes Interesse am Unterrichtsgeschehen, unsere Eltern triezten ihn, weil er sie nicht stolz machte.

Heute würde ich sagen, dass er den Tod seiner Freunde, die Verletzung seiner Freundin und den mangelnden oder nicht vorhandenen Trost durch seine Familie nicht verkraften konnte. Er blieb mit seiner Trauer allein. Hatte nebenbei zu verkraften, dass er nicht das »richtige« Kind war, das es niemals zu etwas bringen würde, die Prophezeiung seines Onkels. Oma Frida tat ihr Nötigstes, indem sie ihm eines schönen Tages erklärte, dass er ja sowieso nicht das wirkliche Kind seiner Eltern sei, sondern nur ein adoptiertes Kind, dessen richtige Eltern es nicht wollten. Auf diese ruppige Weise kam für ihn die schmerzliche Wahrheit ans Licht. Das hat sie mit uns beiden so gehalten. Jedem von uns hat sie – in einem nach ihrer Sicht angebrachten Moment, wie ein Holzklotz – mitgeteilt, dass wir Glück hatten, Eltern gefunden zu haben.

Karlo war einfach nicht gut in Mathematik und Rechtschreibung. Für Literatur schwärmte er auch nicht gerade. Die Naturwissenschaften waren eher sein Ding. Irgendwann begann er, wieder ins Bett zu pinkeln. Er war vielleicht neun oder zehn Jahre alt. Ich meine, damit hat er – ob bewusst oder nicht – seine Not aufs Deutlichste zum Ausdruck gebracht. Liebe fehlte, Verständnis und Geborgenheit und der Wille hinzusehen. Dass so etwas passieren kann, wenn ein Kind unter seelischem Druck leidet und unverarbeitete Dinge Körper, Geist und Seele stressen, ist heute klar. Mitte der 1970er-Jahre gestaltete sich der Erziehungsauftrag in ganz Deutschland, auch im Westen, strenger und schon auch noch häufig durch Zucht und Ordnung strukturiert. Im Osten des Landes wurde die sozialistisch-kommunistische Gleichheitsidee absichtlich falsch interpretiert. Man nahm die Adolf-Hitler/Leni-Riefenstahl-Interpretation des gesunden, attraktiven, leistungsstarken Deutschen, rührte strengen Gehorsam, ein wenig Solidarität und übertriebenen Drang nach vorbildlicher Völkerverständigung hinzu und presste jeden erdenklichen Charakter- und Wesenszug in diese Schablone. Wer nicht passte, wurde unter Anwendung aller erdenklichen Zuchtmethoden passend gemacht oder einfach gebrochen, bis nichts mehr übrig war. Nichts von dem, was diesen jungen Menschen vielleicht hätte ausmachen können. Es gehörte sich nicht, zu widersprechen und oder geschwächt zu sein. So entschieden die Erwachsenen, dass Karlo in ein Erziehungsheim nach Brandenburg geschickt werden sollte. Zu seinem Besten. Um dort zu lernen, nicht mehr ins Bett zu nässen. Denn so etwas tat man nicht. Er hatte auch schon begonnen etwas zuzunehmen und nicht mehr ganz dünn zu sein wie ein Knabe. Allmählich startete seine Pubertät.

Dicker werden galt als abnormal. In unserer Familie sowieso, aber auch als guter DDR-Bürger hatte man sportlich, drahtig und auf Zack zu sein. Karlo blieb lange im Erziehungsheim, weg von zu Hause, sicher sechs Wochen oder mehr und musste auch später immer wieder dorthin. Im Heim schlief er auf Gummimatratzen, musste seinen eigenen Urin wegwischen, bekam nicht genug zu essen, um abzunehmen. Wurde bestraft und geschlagen. Alles unter dem Deckmantel der Hilfestellung. Den jungen Menschen wurde geholfen, sich zu disziplinieren und vollwertige Mitglieder der sozialistischen Gemeinschaft zu werden. Ich weiß nicht, ob in solchen Einrichtungen Irre gearbeitet haben, verwahrloste

Individuen oder ob das Pflegepersonal wirklich an diese Methodik geglaubt hat. Denn wie man heute belegen kann, wussten alle Beteiligten, dass sie quälten, denn die Zeichen der Verwahrlosung waren ja sichtbar und wurden schlimmer. Im Osten befand man halt, dass derlei Verhalten nur mit Zucht, Ordnung und angemessenem Respekt vor der Obrigkeit zu zähmen sei. Das Brechen der »verhunzten Persönlichkeit« war das Ziel. Danach sollte mittels Gehorsams alles neu programmiert werden.

Neulich sah ich eine Dokumentation über die ersten Jahre der DDR. Darin wurde die Beschreibung »Sie wechselten einfach das Braunhemd gegen ein Blauhemd ein« verwendet, und ich finde es ganz richtig beschrieben. Marion und Diethmar waren sich darüber einig, dass sie einen schwer erziehbaren Sohn hatten. Diese Bezeichnung für ihn war nun für immer da und wurde wieder und wieder verwendet. Sie glaubten, dass sie ihm mit der Verschickung ins Heim einen großen Dienst erwiesen hätten. Nun lernte er, wie man gehorchen und ein guter tüchtiger Jugendlicher der Deutschen Demokratischen Republik werden würde. Ganz nebenbei störte er auch unseren Alltag nicht, wenn er nicht im Haus war.

Nichts dergleichen ist eingetreten. Es wurde stetig schlimmer für Karlo. Zurück in der Schule, hörte das Mobbing nicht auf. Nun zerriss man sich auch noch das Maul darüber, dass er in einer Besserungseinrichtung gewesen war. Er war geschwächt, gebrochen, könnte man auch sagen. Verwunderlich ist das gar nicht. Seine Noten in der Schule waren noch erstaunlich gut dafür, dass er sich so allein und verraten gefühlt haben musste. Wir wohnten inzwischen in dem Wohnblock für Offiziersfamilien auf vier Zimmern, in denen wir uns verteilen konnten.

Die Platte in Werder reichte über eine weite Fläche im Verhältnis zur gesamten Fläche der Stadt. Man kann sich das wie einen Stadtteil vorstellen. Inmitten all des Betons blieben einige

Grünflächen und Areale mit Baumbestand erhalten. So kleine, wild gewachsene grüne Kleckse. Auf denen auch gern noch etwas Baureste herumlagen oder etwas Sperrmüll auf eine Abholung wartete. Auf so einem Platz stand mein Lieblingskletterbaum, keine fünfzehn Minuten von unserer Leninstraße 25 entfernt. Rechts aus der Haustür, ein kleines Stück links, an zwei Blocks vorbei, dann rechts in das Gebiet des Garagenkomplexes (unser heiliger hellblauer Trabant hatte hier seinen Platz), und gleich dahinter führte ein schmaler Pfad in ein kleines grünes Dickicht. Dahinter begann gleich wieder ein weiter Hochhausbau.

Hier liebte ich es, zu klettern, mir Geschichten auszudenken, mich heimlich mit Dörte zu treffen. An einem Tag, vielleicht war ich sechs und Karlo elf oder zwölf, war Dörte schon gegangen. Die Kirchturmuhr hatte längst sechs Uhr geschlagen, und sie rannte heim, während ich vertieft in was auch immer blieb, wo ich war. Die Zeit verstrich. Vater war auf dem Weg von der Arbeit nach Hause, unsere Mutter war dabei, Abendessen vorzubereiten und begann, uns Kinder einzusammeln und nach uns zu rufen. Karlo war, wie sehr oft, in seinem Zimmer, und so sandte Marion ihn, um mich von meinem Baum herunterzuholen. Ich sah ihn schon von Weitem heranschlendern.

Freudig kletterte ich herab und wusste natürlich, dass es viel zu spät geworden war. »Komm nach Hause, Mutti wartet auf uns, und Vati kommt auch gleich.« Er nahm mich bei der Hand, und wir liefen zügig los. Als wir am Garagenkomplex vorbeikamen, giggelten wir noch kurz über das frisch gestrichene Garagentor unseres Vaters und stapften, uns auf das Abendessen freuend, in Richtung des bombastischen Häuserblocks, in dem wir lebten, als plötzlich wie aus dem Nichts drei Jungs, etwas älter, vielleicht eine Klasse über Karlo, sich vor uns aufbauten.

Mit mir befassten sie sich gar nicht. Sie hatten es auf ihn abgesehen. Alles ging ganz schnell, sie redeten auf ihn ein und beleidigten ihn, schubsten ihn auch gleich herum, hin und her, von einem zum anderen. Karlo wurde wütend, und er hatte ja auch mich zu beschützen. Ich stand daneben wie versteinert, stumm und starr. Sie schlugen ihm ins Gesicht und schmissen ihn zu Boden. Eine Aneinanderreihung dumpfer Geräusche. Er lag da, und ich hatte Angst. Sie traten nach ihm mit den Füßen. Sie hielten ihn zu zweit am Boden. Der Dritte zog sich die Hose runter und pinkelte ihm auf den Kopf. Ein ekliges Gelächter ertönte, und die drei verschwanden. Ich weinte, Karlo nicht. Ich half ihm auf die Beine, und schweigend liefen wir nach Hause. Ich plapperte sofort los und erzählte, was passiert war. Schuld war ich, weil ich zu spät war und mein Bruder deshalb verkloppt wurde. Karlo wurde abgeduscht, und dann war dieses Kapitel beendet. Deckel drauf. Und jetzt bitte nicht noch rumjammern, wenn man schon so einen Scheiß anstellt. Sonst gibt's gleich noch ein paar hinterher.

Es schien, als hätten wir nur einmal mehr Stress verursacht. Unsere Adoptiveltern empfanden uns als lästig. Wieso machten wir nur immer diesen Ärger, diese merkwürdigen Dinge?

Einige Wochen später holte mich Karlo von meinem Turntraining aus der Vereinshalle des DTSB Werder ab, einem alten roten Backsteingebäude, mit riesigen bleiverglasten, kirchenähnlichen Fenstern und einem hohen Gewölbe. Durch eine marode zweiflügelige Holztür schob man sich in die muffig riechende Halle. Und wieder tauchten zum Ende des Trainings völlig unerwartet irgendwelche mir unbekannten Jungs auf, die es auf meinen Bruder abgesehen hatten. Noch während ich trainierte, konnte ich sehen, dass sie einander ärgerten. Karlo ließ sich nicht die Butter vom Brot nehmen. Er rotzte verbal zurück. Ich verschwand nach Trainingsende in der Umkleide und suchte ihn auf der Zuschauerempore. Einen dumpfen Aufprall hörte ich, als ich die Treppen mit meinem Turnbeutel über der Schulter hinaufkam. Die beiden Jungs hingen über Karlo und schlugen ihn. Niemand ging dazwischen. Ich rannte zu ihm, denn ich wollte auf keinen Fall wieder versteinert sein. Ich boxte wirr und wütend auf den Rücken und Köpfen der Jungs herum. Die empfanden meine Bemühungen wie das Kribbeln einer lästigen Mücke. Einer trat kurz mit dem Fuß nach mir, und ich landete irgendwo in der Ecke. Inzwischen standen so viele Leute um uns herum, dass mein Trainer darauf aufmerksam wurde und das Spektakel beendete. Karlo richtete seine Kleider, und wir trotteten heim. Wir erzählten es dieses Mal nicht den Eltern.

Unser Leben schien ganz normal zu sein. Karlo ging ab und zu in seine Erziehungskuren. Wir gingen zur Schule, zum Sport und spielten, standen morgens wieder auf, gingen zur Schule, dann in eine Arbeitsgemeinschaft oder FDJ-Versammlung oder ich zum Pioniernachmittag. An den Wochenenden besuchten wir die Großeltern auf dem Land oder Marions große Schwester mit ihrem perfekten Mann und den perfekten Kindern. Sie waren blond und blauäugig, schlank, groß, sportlich. Alles, was ich niemals sein könnte, wir beide nicht. Wir bewunderten deren Leben. Sie schienen alles zu können, immer zu gewinnen und von allen verehrt und gelobt, geliebt zu werden. Sie waren wie unerreichbare Superstars für uns. Manchmal, meistens in den Sommerferien, fuhren wir in ein FDGB-Erholungsheim von der NVA. Dort gingen wir kurzweilige Freundschaften ein. Wir trafen unsere Eltern nur zu den Mahlzeiten im Saal des Kurheimes.

Bei uns zu Hause brodelte es eigentlich immer unter der Oberfläche, es war immer Aggression im Raum, auch wenn es still war. Marion und Diethmar stritten konstant. Der Ton im Hause Kurka war grob, laut, alle explodierten schnell. Nur sehr selten, wenn Marion Gitarre spielte und sang oder wir bei Diethmars Schwester zu Besuch waren, schien die Luft dünner zu werden. Als Karlo etwa zwölf Jahre alt war, begann er, immer häufiger von Hause wegzubleiben, schwänzte die Schule, kam nicht mehr heim am Abend. Er trank nie Alkohol und rauchte auch keine Zigaretten, Joints gab es da, wo wir lebten, nicht. Er wollte einfach nicht mehr zu Hause sein. Niemand verstand ihn, noch nicht einmal ich. Mal hat ihn die Grenzpolizei an der polnischen Grenze aufgegabelt, mal fanden sie ihn in Thüringen, auch mal an der Ostsee.

Er kreuzte kaum noch zum Unterricht auf, blieb ständig weg, lief und fuhr stattdessen in der Gegend umher. Als er dann endlich irgendwie die 10. Klasse beendet hatte, organisierte Marion mit Hilfe ihrer Parteigenossen und der Stasikontakte unseres Vaters eine Ausbildungsstelle als Facharbeiter für Industrie-Isolation. Irgendwo südlich von Berlin, weit weg von zu Hause. Für zwei Jahre kam er in ein Internat in Bad Lauchstädt in Sachsen-Anhalt. Es lief dort nicht so gut für ihn, nehme ich an, denn nach kurzer Zeit kamen Beschwerden der Ausbilder. Immer häufiger lief er von dort weg und kam mitten in der Woche heim, tauchte dann plötzlich auf und wollte zurück zu uns. Marion war überfordert mit ihm, mit mir auch, aber ich war längst in die Spur gebracht. Nichts wollte klappen mit diesem Bengel. Sie wollte ihn loswerden, das war unverkennbar und fiel sogar mir auf. Womit hatte sie das verdient? Tat sie doch alles, was sie konnte, und war so eine tüchtige Frau. Und immer wieder versuchte sie doch nur das Beste für uns zu konzipieren, aber dieser Junge wollte einfach nicht funktionieren. Sie suchte bei mir Rat und beklagte sich häufig über ihn. Es war so nervig, und ich teilte ihre Unzufriedenheit. Mein Auftrag, ihr Ein und Alles zu sein, drängte mich dazu, ihre Unzulänglichkeit ihm gegenüber abzunicken.

Manchmal, wenn er weglief und es bis nach Hause schaffte, war schon der neue Mann unserer Mutter da, der unterstützte, das missratene Kind wieder aus der Tür zu schieben.

Das spielte sich einige Male ab, bis Marion und Diethmar still und unter sich entschieden, Karlo in einen Jugendwerkhof einzuweisen. Sie beschlossen es einfach, mit dem Ansinnen, ihn mit noch härteren Maßnahmen zu erreichen, ihn einzunorden und einen »vernünftigen« Menschen aus ihm zu formen – oder von Staats wegen formen zu lassen. Für sie war es so, als würden sie den sozialistischen Staat beauftragen, etwas Gescheites aus ihm zu basteln und ihn dann bitte »heil und richtig« ins Leben zu entlassen. Wir Kinder ahnten nicht, dass wirklich alles so weit gehen würde.

Bevor Karlo das Haus verließ, um seine Ausbildung in Bad Lauchstädt zu beginnen, verstanden wir uns nicht sonderlich. Er schlug und fesselte mich gelegentlich an Armen und Beinen und ließ mich umfallen, sodass ich mit dem Kopf aufschlug. Er sperrte mich in der Wohnung oder wahlweise in den Schrank ein. Schmiss mir Bettdecken über den Kopf und setzte sich auf mich.

Karlo war gerade bei den Großeltern auf dem Bauernhof, sie hatten ihn dort hingebracht, um gesund zu werden. Ihn hatte eine Erkältung erwischt, sodass er von der Berufsschule befreit worden war.

Um unserer Mutter und ihrem Geliebten nicht auf die Nerven zu gehen, blieb er bei den Großeltern und kurierte sich dort aus. Unser Vater Diethmar war inzwischen Oberstleutnant bei der NVA und fester Mitarbeiter der Staatssicherheit, also ein einflussreicher Genosse. Er lebte schon seit einigen Jahren mit einer neuen Frau zusammen und hatte sich den Wunsch, ein eigenes leibliches Kind zu haben, mit ihr erfüllen können. Er fuhr los, um Karlo abzuholen. Es sollte ein ganz friedlicher Ausflug von Vater und Sohn werden, der dann jedoch im Jugendwerkhof Neu-Stieten in Mecklenburg-Vorpommern endete. Diethmar lieferte seinen Sohn mit strengem Wort dort ab: »Du hast es nicht anders gewollt. Es ist das Beste für dich.«

Marion schien zufrieden zu sein, und wir sprachen kaum mehr über meinen Bruder. Das Kapitel sollte abgeschlossen und erledigt sein. Nun kümmerten sich andere um dieses missratene

Kind. Unsere Leben drehten sich weiter um Herrn Voigt, Marions Obsession. Es waren aufreibende Jahre. Wir hatten mehr Geld, Marion und er bauten das Haus, wir hatten ein großes Auto, lernten interessante Freunde kennen, ich freundete mich mit Helen an. Gleichzeitig musste ich tägliche Erniedrigungen und Gewalt aushalten. Ich hatte schlüpfrige Bemerkungen, Berührungen auszuhalten, dafür bekam ich Geschenke. Das alles kannte und konnte ich. Doch jetzt gab es kostspielige Belohnungen: mal ein Parfüm, Kinder-Schokolade, leckeres Essen aus dem Delikat, dem Exquisit in Sachen Ernährung, mal ein kostspieliger Ausflug nach Berlin mit anschließender Schlemmerei in einem sehr guten Lokal. Es war dort alles erhältlich, was es auch im Westen gab. Wir genossen das und nahmen den bitteren Beigeschmack mit.

Dass der bittere Beigeschmack ein bitterer Beigeschmack war, wusste ich damals allerdings noch nicht.

Karlo ging es unterdessen fürchterlich. Er war am Boden zerstört. Die Verhältnisse in den Jugendwerkhöfen waren katastrophal. Er durfte nur selten telefonieren. Es waren Gitter vor den Fenstern, und der Rest ist inzwischen allseits bekannt: Appelle, Bestrafungen, Schläge, Folter, Schlafentzug, Unterernährung durch alte, vergammelte Lebensmittel, keine Bildung. Ein Kindergefängnis übelster Sorte war das. Auch untereinander hatten die Jugendlichen sich gewaltsam zu behaupten. Mittels qualvoller Rituale wurden Hierarchien geschaffen. Das machten sich die »Erzieher« (so nannte man diese hörigen, offenbar psychopathisch veranlagten Fachkräfte) zunutze und spielten alle gegeneinander aus. Freundschaften konnten hier nur als eine Art Zweckgemeinschaft bestehen. Karlo war vielleicht sechzehn Jahre alt im Jahr 1980, als dieses Kapitel begann.

Bald wagte er seinen ersten Fluchtversuch und kam nach Hause. Es klingelte an einem Nachmittag wochentags an unserer

Haustür. Ich war allein zu Hause und hatte keinen Gedanken an ihn verschwendet. Das fiese »Versagerbild« über ihn war schon in mir manifestiert. In der Schule fragten manche Lehrer gern und inständig: »Wie geht es denn deinem missratenen Bruder, ist er noch im Jugendwerkhof? Und? Hilft's denn?« Sie gönnten ihm jeden Schmerz, jede schlechte Erfahrung und jeden weiteren Züchtigungsversuch. Ich war wütend auf Karlo, weil ich damit in Verbindung gebracht wurde.

An irgendeinem Tag war ich wie immer nach der Schule heimgegangen und tat nichts Besonderes. Als es an der Haustür klingelte, wurde ich nicht bei irgendetwas unterbrochen. Ich öffnete die Tür, ohne jemand Konkretes zu erwarten. Die Nachbarskinder klingelten auch einfach so, um mich zum Spielen abzuholen, oder Schulfreundinnen. Doch dann starrte ich schockiert und ängstlich auf meinen Bruder. Er sah schlimm aus, hatte Wunden im Gesicht, war teils zu Fuß, teils per Anhalter hergekommen und hatte schon einen Zwischenstopp bei unseren Großeltern gemacht. Die hatten ihn weiter nach Hause geschickt. Er sah müde und verschlissen aus, trug zerfledderte Kleidung. Die Angst stand in seinem Gesicht und in meinem auch. Ich glaube, wir nahmen uns nicht in den Arm, aber er trat ein, ging kurz zur Toilette und lief dann bis ganz nach unten in den Kohlenkeller, nachdem ich ihm versprochen hatte, ihn nicht zu verraten.

Als Marion abends heimkam, versuchte ich, mir nichts anmerken zu lassen. Vergebens! Ich sagte ihr, dass Karlo Hilfe brauchte und sich im Kohlenkeller versteckt hielt. Ich hatte ihm Essen und etwas zu trinken mitgegeben. Dann lief alles aus dem Ruder. Den Druck und die Angst kann ich noch immer fühlen. Ich wusste, dass etwas sehr, sehr Schlimmes passiert war und dass es desaströse Konsequenzen haben würde.

Marion war wütend und überhaupt nicht besorgt. Sie stürmte die fünf Stockwerke hinunter, raste in den Keller, packte Karlo, ohne ihn zu fragen, was passiert sei, zerrte ihn nach oben und griff zum Telefonhörer, um die Polizei zu alarmieren. Karlo weinte und jammerte laut und bitterlich. »Bitte Mutti, bitte nicht, nicht dahin zurück! Es ist so furchtbar, ich will nach Hause, bitte! Ich kann nicht mehr.« Er weinte um sein Leben, und ich bin, glaube ich, innerlich gestorben. Ich weinte und weinte und schrie mit ihm. Ein Szenario des Flehens war das. Marion ließ nicht locker und rief die Polizei, die sich sofort auf den Weg machte. Karlo lief panisch ins Badezimmer und sperrte sich ein. Ich weinte und weinte, Marion schrie uns beide an. Ihre gereizte Stimme überschlug sich. Mir ins Gesicht, Karlo durch die verschlossene Tür. Die Polizei war recht zügig da. Sie traten die Badezimmertür ein, da lag er bereits am Boden mit auf beiden Seiten aufgeschnittenen Pulsadern. Sein Blut war überall, er war blass, lag gebrochen und vollkommen erschöpft da, aber noch am Leben. Sie nahmen ihn mit. Die Beamten fuhren ihn ins Krankenhaus, ließen ihn notdürftig verarzten, seine Unterarme wurden geschient. Dann fuhren sie ihn zurück nach Groß-Stieten in die Jugendeinrichtung. Er kam mit einem Verweis davon und Strafarbeit.

Bei uns zu Hause ging es ganz normal weiter. Das Haus wurde gebaut, wir zogen um nach Michendorf. Wir haben uns nicht mehr gesehen. Haben uns auch nicht geschrieben. Er muss mich gehasst haben und sich Tausende Male gefragt haben, was er falsch gemacht hatte. Warum ich bleiben durfte und er nicht. Er wusste nicht, wie mein Leben war und was ich auszustehen hatte. Dass ich einem Vollarsch als Wichsvorlage diente und Marion das vollkommen normal und richtig fand. Ich wohnte in einem schönen Haus, hatte gute Noten, wurde später Fotomodell (das wussten wir zu diesem Zeitpunkt beide noch nicht, aber er hielt es mir ein Leben lang vor) und konnte eine für die Verhältnisse in der DDR vielversprechende Ausbildung machen. Nichts von dem war ihm vergönnt. Für ihn war ich eine Verräterin, auf der

Sonnenseite des Lebens. Und ich fühlte mich auch so. Denn ich war dazu verdonnert, alles mitzumachen, denn sonst sah ich ja immer und immer wieder, wozu diese beiden Eltern in der Lage waren. Ich schwieg und schämte mich.

Nach einem Freigang kamen er und ein paar Freunde aus der Einrichtung zu spät zurück, aus Versehen. Der Zug hatte etwas Verspätung. Die Erzieher verprügelten ihn, alle zusammen, alle auf einen. Noch ein anderer Insasse kam zu spät, wofür dann die ganze Gruppe bestraft wurde. Was dazu führte, dass die anderen Jungs, die pünktlich waren, sich auch noch an den beiden gewaltvoll auslebten. Karlo sprang aus dem ersten Stock und wollte davonlaufen, wurde aber gleich eingefangen, und alle kamen in Isolationshaft. Durften wieder nicht raus, schliefen auf Pritschen und sollten hier auf weitere Bestrafungen warten. Doch diesmal planten sie, gemeinsam wegzulaufen. Verzweiflung, Wut und Hoffnungslosigkeit trieben sie dazu, ihr Schicksal in die eigenen Hände zu nehmen. Karlo hatte die Idee, den Wärter zu überwältigen und dann alle freizulassen. Gesagt, getan! Die Mädchen verprügelten die Wärter und die Jungs rannten. Karlo hielt die Girls davon ab, sich vollends zu entladen über diese lächerlichen Gesetzeshüter.

Alle liefen um ihr Leben. Sie streiften so durch die Gegend, schliefen in Wäldern und überall, wo sie Unterschlupf finden konnten. Kamen nur bis Schwerin, denn Karlo hatte eine Fußverletzung und musste versorgt werden. Sie wurden viel zu schnell gefunden. Es war einfach nicht möglich, in der DDR davonzulaufen. Schon gar nicht mit einem Vater bei der Staatssicherheit. Die DDR war eben ein Überwachungsstaat und ein ziemlich kleines Land noch dazu. Karlo wurde vor Gericht gestellt, die anderen waren auch inzwischen volljährig. Ihn hat man zu zehn Monaten Freiheitsentzug verurteilt. Er kam ins Jugendgefängnis nach Wriezen. Sein Urteil lautete »Behinderung staatlicher Tätigkeit als Rädelsführer«. Wegen hohem Fluchtrisiko kam er in eine Hochsicherheitsgruppe und durfte fast nie raus. Unser Vater als Oberstleutnant hätte solche Szenarien leicht verhindern können, aber er war Verfechter solcher Methoden. Sie wollten Personen, die nicht gehorsam waren, loswerden, denn sie behinderten das Wirken der überzeugten Kameraden. Unsere Eltern hatten Karlo vom Staat übernommen und gaben ihn an den Staat zurück.

Es lag nicht einmal eine offizielle Genehmigung vom Rat des Bezirkes zur Einweisung in den Jugendwerkhof vor. Unser Vater hatte einfach seine Kontakte spielen lassen, sich seines Sohnes zu entledigen und seine Weste rein zu halten. Aus totaler Überzeugung.

Wie sehr kann man Menschen brechen? Jeden Lebenswillen, jeden Hilferuf ignorieren und immer weiter herumtreten auf einer jungen Seele. Unsere Eltern liebten uns nicht, hatten kein Mitgefühl für uns, wir waren wie lästige Haustiere, die man nicht mehr loswurde. Sie hielten es für notwendig, unsere Erziehung zur Zufriedenheit der Staatsorgane und in deren Sinne zu Ende zu bringen. Um nichts anderes ging es ihnen. Diese Zusammenfassung ist so ziemlich das Härteste, das ich je zu formulieren hatte. Es gibt keine passendere Beschreibung. Und sie ist gewiss an Bitterkeit schlecht zu übertreffen. Ich dachte immer wieder: *Es kann doch nicht sein, dass sie mich nicht liebt, ich mache doch alles, was sie will. Andere Kinder machen viel weniger als ich und sind schlecht in der Schule, haben Akne, verdienen nicht ihr eigenes Geld, blasen nicht allen einen und lassen sich nicht von jedem anfassen und dienen nicht jedem, so wie ich, und werden trotzdem geliebt?*

Karlo war immer traurig und auch immer allein. Niemand verstand ihn. Niemand war auf seiner Seite. Er passte nicht ins »System«, und er konnte sich auch nicht passend machen, so wie ich. Seine Art, mich zu lieben, war die unserer Eltern. Es war ihm unklar, weshalb ich bleiben durfte und er nicht. Weshalb mir »geholfen« wurde und ihm nicht. Was an mir war, was an ihm nicht stattfand? Wir haben es bis heute nicht geschafft, ein anderes Verhältnis zueinander zu bekommen. Es will nicht gelingen. Er glaubt, ich hätte mehr Glück und mehr Liebe als er bekommen und wäre mehr gefördert worden. Er hat sich nie darum bemüht, hinzusehen, hat nie zugehört und ist selber gewalttätig geworden. Nicht, dass es verwunderlich ist. Gar nicht! Weiß ich doch genau, wie viel Arbeit es ist, aus einem solchen Kreislauf der Gewalt und Härte herauszutreten. Ich weiß nicht, wie er heute lebt. Ich kenne ihn nicht mehr oder kannte ihn nie.

Wir wohnten inzwischen schon nicht mehr in dem schönen Prunkklotz in Michendorf. Für einen kurzen Zwischenstopp bei einem verrückten Taxifahrer zogen wir zurück nach Werder. Ich war etwa sechzehn und hatte meine Ausbildung zur medizinischen Kosmetikerin begonnen. Marion war in den Urlaub gefahren, an die russische Krim, ich hatte praktischen Unterricht im Salon. Karlo hatte seine Prozesse, er war in Potsdam vor Gericht gestellt worden. Ich wusste davon aber nichts.

»Sind sie Frau Marion Kurka?«

»Nein. Ich bin Peggy Kurka, die Tochter. Meine Mutter ist verreist.«

»Wir möchten Ihnen mitteilen, dass Ihr Bruder in Untersuchungshaft sitzt. Würde Sie ihm bitte eine Zahnbürste, Waschutensilien, Schlafsachen, Unterwäsche, Handtücher und Schreibzeug mitbringen? Nichts Spitzes bitte. Zigaretten sind erlaubt, Alkohol nicht.«

»Ja, das kann ich machen. Wo darf ich das abgeben?«

»Unten beim Pförtner, sehen dürfen Sie ihn nicht«

Ich packte, so schön ich konnte, alles zusammen und brachte es zum Pförtner des Strafvollzuges Werder. Marion war nicht zu erreichen. Ich erledigte alles. Karlo saß seine Zeit ab. Er kam nicht mehr nach Hause. Marion hatte inzwischen mit Schmiergeld und »guten Kontakten« eine kleine Wohnung für ihn in Werder organisiert. Dort ist er nie wirklich angekommen. Dieser Ort bedeutete zu viele schlimme Erinnerungen. 1987 zog er nach Berlin-Mitte. Er fand neue Freunde und hatte ein schönes Leben. Berlin war inzwischen auch mein Lebensmittelpunkt geworden.

Unsere beiden Wohnungen trennten nur einige hundert Meter. Vor seinem Haus standen immer Beamte der Staatssicherheit in Zivil, mal an der einen Ecke, mal an der anderen oder auch direkt vor der Tür. Sie versuchten, ihn zur Spitzelei zu überreden. Und drohten damit, ihn wieder einzusperren, wenn er nicht mitmachte. Irgendwann nahmen sie ihn einfach mit und sperrten ihn ein, wegen des dringendes Verdachtes der Republikflucht.

Diethmar Kurka erkannte zu diesem Zeitpunkt die Vaterschaft ihm gegenüber ab, da Karlo für ihn als Mitglied der Gemeinschaft nicht mehr tragbar war. Nach kurzer Zeit in Untersuchungshaft in Berlin-Ostkreuz wurde er, mangels Beweisen, entlassen. Der Osten war 1988 schon politisch in Aufruhr. Der Unmut der Bevölkerung war zu spüren, Michail Gorbatschow war auf der politischen Bühne erschienen und hatte Hoffnung der Menschen in der DDR auf freie Wahlen geweckt. Der Wunsch, eine wirkliche Demokratie zu werden, wurde reaktiviert. Das Ansinnen vieler DDR-Bürger:innen nach Freiheit und Mitbestimmung war nicht mehr aufzuhalten. Glasnost und Perestroika waren in aller Munde. In den großen Städten wurden Demos zum wöchentlichen Ritual. Kundgebungen in Kirchen und auf den Straßen etablierten sich. Es wurden viele Menschen verhaftet. Wir stellten abends Kerzen in die Fenster, um derer zu gedenken, die sich für den Kampf für die Freiheit geopfert hatten. Irgendwo zwischen einer Demo und noch einer verschwand Karlo. Er schwamm durch die Oder nach Polen, flüchtete dort in die polnische Botschaft und verließ das Land kurz darauf in Richtung Bundesrepublik. Er lebte und arbeitete zuerst in Aachen, ist dann kurz nach Berlin zurückgekehrt und wohnt heute mit seiner Familie in Ghana und Wales.

Leben lassen

In Liebe zu mir
So in Liebe zu Dir
Berühren wir einander nicht
Ein Bleigeschoß
Ein Traum
Ein kindliches Geschrei
Neid ist geboren
Böse Gnade
Leben wir
Du
und ich

Fern voneinander
Entlang der Steppe
In Finsternis
und Sonnenstrahlen
Leben wir
Du
und ich
Ein Leben
In Dankbarkeit

Peggy Kurka, 10. Mai 2022

Meine Flucht in die Schönheit

Wir waren gerade von Werder nach Michendorf in das unverschämt große Haus des gestörten Liebhabers meiner Mutter, also unser neues Heim, gezogen. Ich hatte noch das siebte Schuljahr in Werder beendet und wechselte dann die Schule. Dirk Voigts Unternehmen ermöglichte uns dieses großkotzige Geschoss, in einem System, in dem Materielles und Luxus offiziell als nicht erstrebenswert galten. Es ist absurd, wie gut die beiden vernetzt gewesen sein mussten, um in einem sozialistisch-diktatorischen Land so eine Bude zu errichten. Die Finanzierung und Fertigstellung der Immobilie (diese Bezeichnung gab es natürlich früher nicht) war ein wenig schlüpfrig.

Sämtliche Baumaterialien waren von irgendeinem Lastwagen gefallen, wurden durch Kontakte und Tauschgeschäfte aus irgendwelchen Winkeln dieses Landes herbeigeschafft oder von anderen Baustellen abgeknapst. Früher war das eben so. Wenn nahezu alles verboten ist, finden die Leute Mittel und Wege, sich ihre Träume zu erfüllen. Das war eine Lektion, die ich noch zu begreifen hatte. In meinem späteren Leben bin ich mit dieser Haltung gern mal übers Ziel hinausgeschossen.

Es war ein wirklich riesiges Anwesen. Das Grundstück hingegen war es nicht. Man konnte fast glauben, wenn man das Haus umkippte, würde es nicht auf den Grund und Boden passen, auf dem es stand. Wir konnten uns auf mehreren bewohnbaren

Stockwerken verteilen. Wenn man die Räume des Kellers, die für Fitnessstudio, die Sauna und den Raum, in dem die Kohlen gestapelt waren, mitbedenkt. Es war außergewöhnlich, in den 1980er-Jahren in der DDR ein so feudales Haus zu besitzen. Besonders wenn man, wie wir, aus der kommunistischen NVA-Platte kam. Schon die prächtige Toreinfahrt und die protzige bleiverglaste Eingangstür riefen einem »Wohlstand« entgegen.

Im Eingangsbereich befand sich zur Linken ein riesiges, hübsch gefliestes Bad mit im Boden eingelassener Badewanne, einer beigefarben gehaltenen Duschkabine, zwei ausladenden Waschbecken, Bidet und elegant geformter Kloschüssel. Es blieb sogar noch Platz für eine große antike, verspiegelte, mondäne Küchenanrichte und die Leiber einer ganzen Familie, die sich während der Morgentoilette gegenseitig nicht auf den Füßen stehen mussten. Alle formschönen Armaturen und diverse Details waren ganz sicher nicht »Made in GDR«. Zu chic dafür.

Die Diele – so nannte man den quadratischen Eingangsbereich – ging direkt in das noch viel größere, L-förmige Wohnzimmer über, an dessen einem Ende ein beachtlich riesiger Kamin die Räumlichkeit zierte. Am anderen Ende zog sich eine verglaste Terrassentür über die ganze Fläche der Wand. Von hier aus und auch vom oberen Stockwerk – das bis zu unserem Auszug einige Jahre später niemals fertiggestellt wurde – konnte man den dichten Wald sehen. Nur wenige Schritte trennten uns vom wunderschönen Dickicht. Aber zu dieser Zeit meines jungen Lebens interessierten mich Natur und die Wunder des Planeten Erde nicht. Noch nicht einmal ein bisschen. Ich hatte Angst im Wald, dort wurden Kinder vergewaltigt und umgebracht, so war es in mir abgelegt. Wenn ich da also nicht reinmusste, war ich zufrieden.

Dieses riesige Anwesen würde nun unser neues Zuhause sein. Damit einher ging vieles weitere. Wir stiegen nun in eine andere

Gesellschaftsschicht auf. Vorher war Marion die geschiedene Frau eines Offiziers, und nun gehörte sie und damit auch ich zu einem ausgewählten Kreis von Menschen, die auf kreative und mutige Weise ihr Leben lustig und in Fülle lebten. Alle waren gut gekleidet, hatten immer leckerste Speisen auf dem Tisch, konnten auch irgendwie alles, was man sich so wünschte, und noch mehr besorgen. Sie lebten mit offenen Portemonnaies am Rande des Erlaubten. Viele Alkoholiker waren darunter, viele Spielsüchtige, nahezu alle hatten Affären mit irgendwem, trotz Frau oder Mann und Kindern. Sie fuhren Autos, was an sich schon nur einem entweder politisch korrekten oder elitären Kreis vorbehalten blieb, aber nicht nur das: Es waren die schönsten Autos weit und breit. In Farben, die ich nur aus dem Fernsehen kannte und eventuell noch nicht einmal daher.

Da wir einander innerhalb dieser illustren Kreise brauchten, hielten alle zusammen. Auch wir Kinder. Zuerst einmal war es so eine Art gesellschaftlich-gemeinschaftliche Verhaltensweise, die Normalität bedeutete. »Gibst du mir, gebe ich dir.« Das ergab sich aus den vielen Missständen und dem Mangel. Marion konnte beispielsweise alte Schränke aufmöbeln, sie leimen und die Politur erneuern, sodass sie wie neu aussahen. Dafür bekam sie dann manchmal Westgeld. Das wurde eins zu 25, also 25 Mark der DDR für eine Deutsche Mark der Bundesrepublik, auf dem Schwarzmarkt umgetauscht und davon etwas Dringliches bezahlt. Wie zum Beispiel eine Autoreparatur oder mein Jugendweihekleid. Manchmal bekam jemand aus dem Freundeskreis Fliesen aus der Baufirma meiner Mutter und ihres Partners, dafür erhielten wir unseren jährlichen Zeltschein für die ganze Saison in Prerow auf dem Darß. Das hatte nicht wirklich etwas mit Hilfsbereitschaft zu tun. Nach der Wende war diese »Angewohnheit« schnell abtrainiert. Sie war unnötig geworden. Das Volk hatte dann Zugang zu allem.

Meine Mutter hatte ihren mokkabraunen Trabant Kombi – er hieß Konrad, glaube ich mich zu erinnern – trotz des neuen Wohlstands behalten. Finanzielle Selbstständigkeit und Unabhängigkeit waren ihr sehr wichtig. Außer manchmal, wenn ihre Partner auf diesem Fuß stabiler standen. Ich glaube, es ist kein seltenes Phänomen, für emanzipierte Selbstständigkeit einzustehen, solange man es muss. Vor allem wenn man, so wie meine Mutter es war, alleinerziehend ist. Dann aber, wenn ein wohlhabender oder »stabil verdienender« Partner in das Leben tritt, ist vergessen, was einst so wichtig war. Käuflich war sie, könnte man sagen. Ist womöglich auch jeder, mehr oder weniger, in einer materiell orientierten Gesellschaft. Bleibt nur zu erfragen, zu welchem Preis.

Die DDR-Bevölkerung hatte seit der Schließung der Grenzen zur Bundesrepublik 1961 kaum bis gar keinen Zugang zu Luxus und schönen Dingen wie Kleidung, Möbeln, Autos, Schmuck und ausgewählten Lebens- und Genussmitteln. Man stellte uns das Nötigste zur Verfügung. Alle lebten also in einer permanenten »Unterzuckerung«. Wie hätte man da nicht käuflich sein können, waren derlei Luxusgüter doch eine absolute Ausnahme. Der Mensch sehnt sich, bei aller Bescheidenheit, eben doch ab und zu danach, in schönen Dingen zu sein. Nicht nur gut und mit ausreichend Essen versorgt, sondern auch mal außerordentlich vorzüglich. Oder nicht nur Kleidung zu tragen, um nicht nackt zu sein, sondern so gekleidet zu sein, dass man sich gefällt oder gar ein wenig Glanz an sich hat. An einer Grundversorgung hat es nicht gefehlt. Waren des täglichen Bedarfs – Brot, Butter, Milch, Miete, Krankenkasse – kosteten Pfennige, unerheblich viel im Verhältnis zum Einkommen. Statistisch zahlten wir damals zwanzig Prozent für Lebenskosten, und heute sind es nur vierzehn Prozent. Statistiken beschreiben eben Lebensumstände nur partiell … Von einer reichhaltigen Vielfalt war nur zu träumen. Die Welt bereisen konnte man auch nicht. Und alles Schöne und Extravagante fand nur im High-End-Segment, wie im Delikat und Exquisit, statt, völlig unbezahlbar für Normalverdiener. Der Vergleich mit dem heutigen Maßstab hinkt also, ob des Angebotes und der allgemeinen Lebensstimmung und -umstände.

Käuflich zu sein ist ein Wesenszug, der auch zu Erfolg verhelfen kann. Es ist so eine Sache, Dinge für Geld zu tun, von denen man nicht wirklich überzeugt ist und hinter denen man nicht stehen kann. Wir alle tun es trotzdem, um irgendwie klarzukommen, weiterzukommen, erfolgreich zu sein, unsere Familien zu ernähren, dazuzugehören. Aber es ist immer auch ein bisschen der Pakt mit dem Teufel. So wie in diesem, unserem Fall.

Herr Voigt, Marions demolierter Boyfriend mit dem großen Anwesen, hatte einen silbernen Tatra, den nur Staatsoberhäupter im Lande der sozialistischen Freundschaft fuhren und wir jetzt eben auch. Marion hatte inzwischen an der Abendschule eine Maurerlehre absolviert, um als emanzipierte Frau am Bau des Hauses teilnehmen und auch das Unternehmen ihres Partners mitgestalten zu können. Was auf eine Art akzeptabel ist, aber nicht unbedingt nach Selbstbestimmtheit und Eigenständigkeit ruft. Aufgrund ihrer zunehmenden Hörigkeit schien sie es nicht zu bemerken, wie sehr sie ihm verfiel und Karlo und mich mehr und mehr aufgab. Unsere Leben kreisten um diesen Mann, Herrn Voigt. Alles, was vorher war, galt nicht mehr. Wir lebten jetzt so wie er.

Mein Bruder Karlo durfte nicht mit in das Haus einziehen. Er war absolut nicht erwünscht. Schließlich war er auch schon achtzehn Jahre alt und damit volljährig in der DDR. Für sich selbst verantwortlich und Gott sei Dank endlich nicht mehr ihr »größtes Problem«, so Marion. Karlo fand kaum mehr statt. Sein Name wurde nur noch verwendet, wenn es darum ging, eine Horrorgeschichte zum Besten zu geben und Gelächter oder verdrehte Augenpaare zu produzieren. Es war ihm nicht nur nicht erlaubt, mit uns zu wohnen, sondern auch nicht, in unserem neuen exklusiven Irrenhaus aufzukreuzen. Insbesondere wenn der Idiot, unser neuer Gott, daheim war. Marion liebte Herrn Voigt auf eine »utopische Weise« und war ihm inzwischen hörig bis in ihre letzte Zelle. Sie fühlte sich ja sowieso überfordert und bestraft, dass sie, nach der Scheidung von ihrem Oberstleutnant, nun mit den beiden zerschossenen Bastarden allein zurechtkommen musste. Herr Voigt sollte ihr nun die schöne, glänzende Welt zeigen, die sie verdient hatte. Und niemand sollte ihr Glück stören oder gar unmöglich sein lassen. Komme, was wolle, er war ihr Mann. Liebevoll nahm er ihr sogar Bestrafungen ab.

Steckte mir mein »Ersatzvater« seine Zunge in den Hals, war das, so glaubte Marion, ein Resultat meines eigenen Verhaltens. Oder einfach nur ein Witz, den ich nicht richtig verstand.

Immer wieder ließ Marion mich auf subtile Weise wissen, dass sie schöner war als ich. Ich glaubte, vielleicht war ich doch selbst schuld daran, dass ihre Partner oder auch mein Vater an mir minderjährigem Kind Interesse hatten. Durch ihre Augen schien es so auszusehen, als ob ich durch das bewusste Einsetzen meines »exotischen« Erscheinungsbildes dazu aufgefordert hätte. Sie empfand mich also als ihr erotisch wirkendes Adoptivkind. Absurde Gedanken waren das! Ich hätte doch unter dem Schutz Erwachsener leben und aufwachsen sollen. Immer wieder entglitt Marion ihre Rolle als sorgetragender Elternteil. Ihr rassistisch geprägtes Bild Schwarzer Mädchen und Frauen überkam sie immer und immer wieder. Ich erinnere mich so gut an dieses Gefühl, an die Hilflosigkeit in mir, die damit einherging, dass sie kein natürliches Fürsorgeempfinden mir gegenüber hatte und einfach nicht auf mich aufpasste. Die Rolle der Mutter, meiner Mutter, gelang ihr einfach nicht. Ihr Empfinden, mich als abartig anders wahrzunehmen, war stärker. Ich nehme an, dass das auch an traumatischen Erfahrungen in ihrer eigenen Kindheit lag und demnach ihrer Unfähigkeit, für sich selbst einzustehen. Sich selbst als erwachsene Frau und mich als Kind zu sehen war ihr nicht möglich. Stattdessen maß Marion sich mit mir, als wären wir gleich alt. Und sie schnitt gut ab im Vergleich: Es war ihr Mann, ihr Geld, ihr Erfolg, ihr Haus. Und sie war Weiß. Marion bot mir Konkurrenz, manchmal sogar Neid anstelle von Liebe, Mitgefühl oder gar Verständnis. Sie traute mir andauernd sexuell orientierte Verhaltensweisen zu, die mich zunehmend verunsicherten.

Als Karlo verschwand, kreuzte Leni, die Tochter einer ehemaligen Angestellten von Herrn Voigt, immer häufiger auf. Ich mochte sie ziemlich doll, auch ihre Mutter Susanne, ihre Großmutter und ihre beiden jüngeren Schwestern Lisa und Heike. Nachdem sie nach Erfurt gezogen waren, besuchte ich sie dort von Zeit zu Zeit, verbrachte auch mal meine Ferien bei ihnen. Es war schön, dort zu sein. Ihre riesige Altbauwohnung bot ausreichend Platz für uns alle und viele Musikinstrumente. Sie hatten ein Klavier und brachten mir bei, einige kleine Stücke darauf zu spielen. Ich begann, während ich dort war, Flöte und Akkordeon zu spielen. Obwohl Marion Gitarre spielte, waren wir kein musikalischer Haushalt. Leni, eine sechzehnjährige Teenagerin, und ich besuchten uns regelmäßig gegenseitig. Sie kam mir sehr erwachsen vor. Wenn sie bei uns war, hatte sie eine Art Affäre, auf jeden Fall kein klar definiertes Verhältnis angemessen des Alters und Bekanntschaftgrades, mit dem Voigt, meinem Wahlvater. Sie waren sich sehr nah, verhielten sich vertraut, das ging so weit, dass sie irgendwann Marions Kleider trug und neben ihm stand wie seine Frau. Damals verstand ich nicht, was das zu bedeuten hatte. Marion und ich hatten einige Ferientage an der Ostsee verbracht. Als wir heimkamen, trafen wir auf ein kuschelndes »Paar«. Es wäre Marion nicht in den Sinn gekommen, dem Mädchen zu helfen, die Polizei zu rufen oder gar ihren Mann aus dem

Haus zu werfen. Beim Anblick der jungen Frau sah sie nur Rot. Ich wiederum wollte ihn so gern als meinen Papa sehen, denn Diethmar war für mich schon lange nicht mehr im Alltag verfügbar. Vielleicht auch zum Glück, dennoch sehnte ich mich so sehr nach einem Vater, einem Beschützer.

Trotz alledem blieb Marion fünf lange Jahre bei ihrem Gott, dem Voigt. Durch das Leben mit ihm wurden auch unsere Urlaubsreiseziele weitaus glamouröser. Hier und da hatten wir zuvor schon über die NVA eine schöne Reise gemacht. In FDGB-Erholungsheime an der Ostsee oder auch mal nach Polen in die Nähe von Katowice. Es waren ganz normale Familienurlaube zu viert – mein Vater und Karlo, Marion und ich –, die wenig extravagant waren, sondern aus Ausflügen, Eis essen und baden bestanden. Doch mit Herrn Voigt eröffnete sich uns eine Geldwelt. So möchte ich es nennen: die DDR-Geldwelt.

Wir fuhren in die Hohe Tatra und ins Riesengebirge, aber wir fuhren nicht Ski und rodelten auch nicht. Es gab keine Schneespaziergänge oder sonstigen Familienaktivitäten. Wir fuhren eigentlich zum Feiern und Saufen dorthin. Vorher wurden beide Autos vollgeladen mit Leckereien aus dem Delikat, seltener Wurst und Fleisch. Lebensmittel, die es in Polen nicht zu erwerben gab. Einen Teil davon verzehrten wir selbst, mit dem anderen Teil wurde der Urlaub bezahlt. Das Schmuggeln von Lebensmitteln war hochgradig illegal und hätte uns am Grenzübergang Kopf und Kragen kosten können. Ich lernte, auf dem Zeug zu sitzen und auf Knopfdruck zu schlafen, denn schlummernde Kinder will ja bei Nacht niemand wecken, befand Marion. Ich hasste diese Reisen. Sie taugten nur zum Angeben vor anderen. Wenn ich in der Schule davon erzählte, wurde ich als Außenseiterin bewundert, immerhin.

Ich war froh, Leni zu haben und bei diesen Reisen nicht allein im Hotelzimmer sein zu müssen. Während der letzten gemeinsamen Winterferien verliebte Leni sich in einen Skilehrer und nahm ihn am Abend mit auf unser Zimmer. Für mich bedeutete das, dass ich die Nacht im Treppenhaus zu verbringen hatte. Ihr viel Freude und das Glück der Erde wünschend, verließ ich unser Bett und machte Platz für den gut aussehenden Typen. Als Marion und Herr Voigt angeschallert nach Hause kamen, entdeckten sie mich, wie ich auf den Stufen im Hotelkorridor herumhing. Die Party war *over.* Der Lover wurde verjagt, und ich durfte wieder in mein Bettchen. Nur Leni war genervt darüber, dass ich ihr die Sause verdorben hatte. Sie vermutete, dass ich sie verraten hatte. Dabei hatte ich dichtgehalten.

Von Ostern bis in den späten Herbst hinein waren wir Dauercamper in Prerow auf dem Darß. Wir waren immer im letzten Block des endlosen Strandes. Hier trafen sich Kunstschaffende, Handwerker:innen, Gastronom:innen, Veranstalter:innen, Produzenten:innen und Schauspieler:innen, Fotomodelle. Es war das Camping der Menschen mit Sonderstellung im Osten. Bei uns liefen die Dinge ja etwas anders, als man sie heute versteht. Handwerker:in zu sein war in der DDR ein Privileg. Die wenigen privaten Unternehmer hingegen gehörten einer Nische an. Es gehörte nicht zum sozialistischen Konstrukt, eigenen geschäftlichen Besitz zu haben. Das Volkseigentum stand über allem. Dennoch gelang es einigen, ein solches wirtschaftliches Geschäftsmodell aufrechtzuerhalten.

Um einen Zeltschein für diese lange Zeit auf der beliebten Urlaubsinsel zu ergattern, mussten mittels der richtigen Kontakte Tauschgeschäfte abgewickelt werden. Da es quasi an allen Gütern mangelte, wurde zum Tauschen verwendet, was man hatte. Für mich sprang dabei ab und zu noch zusätzlich eine Reise ins Ferienlager nach Polen heraus. Die Handwerkskammer hatte manchmal für die Kinder der Betriebsinhaber:innen besondere

Reiseziele im Ausland anzubieten, die dann auch nur so unter der Hand vergeben wurden.

Alle am Strand in Prerow waren nackt, von morgens bis abends. Die Zelte standen im weißen Sandstrand, einige wenige auch am angrenzenden Waldsaum. Dort waren die weniger kostspieligen Zeltplätze, schattiger, dichter an den Plumpsklos und viel weiter weg vom Meer. Unser Zelt stand immer in der allerersten Reihe, nur wenige Meter vom Wasser entfernt. Jeder hatte sein Hab und Gut für die ganze Saison hier. Die Zelte waren zumeist etwas größer als ein Schrebergartenhäuschen, auch unseres. Wir hatten eine fest installierte Küchenzeile, mit einem Herd, einer Art Spüle und Platz für sämtliche Kochutensilien darin, zwei Schlafkabinen und einen Esstisch mit vier Stühlen. Draußen war ein Vorgarten mit einer Tafel und zwei Sitzbänken. Über alles war eine große Plane gespannt, für regnerische Tage und manchmal sogar Wochen, damit die Zeltwände nicht durchweichten. Jeder lief jedem auf dem Weg zum Strand oder zum nahegelegenen Supermarkt über den Weg. Sprach man mal lauter, stritt man oder hatte Sex, hörten es alle im Umfeld mit.

Die Tage bestanden aus Volleyballspielen und *Day Drinking*, abhängen, Essen kochen, es dann aufessen, dann abwaschen, ein wenig schlafen und weitertrinken. Ich erinnere mich an viele Erwachsene mit sehr roten Gesichtern.

An einem sonnigen Tag mitten im Hochsommer, 1983 ungefähr, wurde ich in Prerow im Block E entdeckt. Ein Mann mit Schnauzer, Heiner hieß er, ein ferner Bekannter aus Marions Berliner Clique, schaute an mir auf und ab. Er begutachtete mich. Wir waren nackt, und das war normal so. Alle waren immer nackt, ob man wollte oder nicht. Man starrte sich nicht an, nicht auf die Geschlechtsteile oder auf den Busen oder Po. Heiner aber musterte nicht nur mein Gesicht, sondern so, dass ich es merken konnte, auch meinen Körper, bis zu den Füßen und wieder zurück.

Irgendwann fragte er meine Mutter: »Wie alt ist sie?«, während er sich zu ihr wandte und mir ein freundliches Onkel-Lächeln zuwarf. Er war Produzent einer freien Modenschau, einer Art Performance-Show, die er verkaufte, an das Fernsehen oder verschiedenste Veranstaltungen in der Kulturlandschaft. Ein geniales Geschäftsmodell im Osten, dem später andere nacheiferten.

»Sie ist dreizehn«, antwortete Marion.

»Ah, das ist noch ein wenig zu jung, meldet euch mal, wenn sie sechzehn ist.«

Ich erinnere mich oft an diesen Tag. Zum ersten Mal kam ich damals mit der Schönheitsbranche in Berührung. Und zum ersten Mal wurde mein Körper daraufhin geprüft, ob er einen Platz darin finden könnte. Es ist ja nicht einfach so, dass jeder junge Mensch, der bereits körperlich erwachsen aussieht, auch erwachsen ist. Modelle in der Modeindustrie sollen gern in sehr frühen Jahren beginnen. Dann steckt man die teilweise noch Pubertierenden in die Höhle der Schönheit und formt sie hinein. Ich persönlich habe es lieber, wenn ich mit erwachsenen Personen zusammenarbeiten kann. Wenn mein Gegenüber bereits in der Lage ist, weitestgehend für das eigene Wohlbefinden zu sorgen. Für geerdete Menschen mit einem stabilen Umfeld und einem ausgewogenen Selbstwert ist es gut zu schaffen, die manchmal fast menschenverachtende Sprache der Kund:innen oder anderer Teammitglieder selbstbewusst zu überhören. Für mich war das schwieriger. Ich kannte diese Sprache schon von zu Hause und nahm sie ernst. Bemühte mich immer wieder, anerkannt zu werden, so wie die anderen. Mein Körper ist nicht dafür gemacht, Modell zu sein. Er ist schön, und wir mögen uns inzwischen gern, aber er ist niemals passend für das, was es braucht, um diesen anspruchsvollen Beruf auszuüben. Es ist ja ein Beruf, kein

Schönheitswettbewerb. Es liegt in der Natur der Sache, dass in der Mode über Körperformen, Körperteile, Gesichter und auch Hautfarben manchmal sachlich und kühl und eher pragmatisch gesprochen wird. Der Entschluss, welches Frauen- oder Männerbild kreiert oder angesprochen werden soll, ist wichtig. Die Entscheidung für eine bestimmte Körperform ist ein bedeutender Bestandteil der Planung einer Kollektion, einer Show oder eines Shootings. Wir müssen in der Schönheitsindustrie über Körper sprechen dürfen. Aber manchmal, im Eifer des Gefechts, wird sich im Ton vergriffen. Meistens ohne böses Ansinnen.

Manche:r in der Branche hat allerdings einfach wenig bis keinen Respekt vor dem Menschen, der in einem Körper steckt und sehr genau hört, was über die kostbare Materie gesprochen wird. Modelle sind unsere Musen. Wir als Team hinter der Kamera haben sie zu unterstützen, damit ihre Performance am Set zielführend ist. Zuweilen scheint es in Vergessenheit zu geraten, dass auch schöne Körper zur Toilette müssen, essen oder trinken sollten, dass sie frieren bei Minusgraden oder Kreislaufschwierigkeiten bekommen, wenn sie bei vierzig Grad im Schatten Daunenjacken tragen müssen. Es heißt dann, die Kollektion ist nun einmal so gedacht, man könne nicht perfekte Bedingungen für die Arbeit der Modelle schaffen. Und so ist es auch manchmal. Der Berufsalltag ist eine Gratwanderung zwischen Abenteuer, Freude, Inspiration und Grenzerfahrung. Auch dem simplen Bedürfnis, sich einfach einmal zu setzen, kann während eines Shootings nicht immer nachgekommen werden. Als ich in die Branche einstieg, waren die Teammitglieder, Stylist:innen, Art-Director:innen, Fotograf:innen, Set-Designer:innen, Produktioner:innen und zu jedem Gewerk die jeweiligen Assistent:innen. Zumeist waren sie wesentlich älter als die Modelle. Mode ist ein sehr junges, schnelllebiges Feld, auf dem es Expertise, Wissen, Genauigkeit, Erfahrung und Zuverlässigkeit braucht, um zu einem starken Resultat zu kommen. Es braucht, wie bei einem Theaterstück, von allem etwas, zur richtigen Zeit und in der richtigen Dosis. Das Gefühl dafür kommt mit der Erfahrung oder auch niemals. Die Mode kann gefährlich schnell sein. Es gibt immer mehr Kollektionen pro Saison und immer mehr Plattformen, die bespielt werden müssen. Man kann sich schnell von diesem Tempo getrieben fühlen. Modell zu sein ist kein Hobby. Deshalb sind gute Arbeitsbedingungen eine Voraussetzung für gute Arbeit. Um Modell zu sein, sollte man es mögen, andauernd von vielen Menschen angeschaut zu werden. Ganz angezogen oder auch mal halb oder ganz nackt. Ganz gewiss, so sehe ich das heute, ist das nichts für ein Mädchen von dreizehn, vierzehn, fünfzehn Jahren.

Mir gefiel es trotzdem, dass Heiner in mir ein Potenzial sah. Schließlich war es das erste Kompliment meines Lebens. Ich gefiel und wurde für schön befunden. Sollte ich soeben zu einem schön gelesenen Mädchen geworden sein?

Das bedeutete vielleicht, dass ich doch noch für etwas gut sein könnte. Marion hatte Heiner nicht widersprochen und die positive Zusammenfassung meiner Person einfach so im Raum stehen gelassen. Keine hinterhergeschobenen Abers oder Hinweise auf Mängel oder Unperfektheiten folgten. Ganz im Gegenteil: Marion war hellauf begeistert. Die Möglichkeit, mich in der Modeindustrie zu platzieren, wurde zügig zu Gesprächsstoff bei den zahlreichen abendlichen Erwachsenenbesäufnissen. Marion prahlte so komisch verlogen umher. War ich vielleicht doch ihr Lottogewinn? Ich könnte doch eigentlich auch gleich beginnen, meinte Marion. Dass ich für zu jung befunden worden war, hatte sie bereits vergessen. Charlene Preisner, die Tochter eines mitsaufenden Paares, war bereits Fotomodell für die Jugendmode der DDR. Charlie war wunderschön und ist es sicher heute noch immer. Sie hatte ein gemäldeartiges Erscheinungsbild, sehr beige bis hellbraune Haut mit olivfarbenem Unterton, grüne Augen, vielleicht mit einem leichten Silberblick, wunderschönes, kräftiges braunes Haar und blitzend weiße Zähne. Eine schmale Nase hatte sie, mit einer zarten Kante, filigrane Hände mit endlosen, zarten Fingern, überzogen von seidenweicher Haut. Ihre Körperformen waren fließend und leicht gewölbt. Ihr Style war extraordinär, ambitioniert und elegant, jung und gekonnt. Sie gab sich Mühe. Sie wusste, wie es ging, modisch, chic und zugleich dezent zu sein. Sie war so hinreißend, nie betrunken, fleißig und höflich. Jeder mochte und bewunderte sie, und sie wusste das. Es gefiel ihr, dennoch scherte es sie nicht, so selbstbewusst war sie. Genau so wie Charlie wollte ich aussehen, wenn es irgendwie ging. Nachdem ich jahrelang davon geträumt hatte, wie Agnetha Fältskog von ABBA zu sein. Und so viel Geld wie Charlie wollte ich auch verdienen, um mir so schöne Dinge kaufen zu können.

An einem der Abende mit Grillfleisch, Kartoffelsalat und jeder Menge Wein, Sekt und Cuba Libre für die Erwachsenen schlug Charlie vor, dass ich doch, so wie sie, am Modeinstitut arbeiten könnte und dass ich dort sicher gut gefallen würde.

»Peggy ist ja nicht so groß, so wie ich, aber sie könnte, so wie ich in der JOB modeln«, befand Charlie. Die JOB war die Jugendoberbekleidung, die DOB die Damenoberbekleidung. Die staatliche Mode hatte im Osten bürokratische Titel. Charlie versprach Marion, uns einen Termin bei der Chefin der Abteilung, Frau Franke, zu organisieren. »Du hast doch Lust, oder?«, wandte sie sich zu mir. Sollte der Beginn meines neuen Modelldaseins wirklich so einfach funktionieren? Ich konnte gar nicht glauben, dass das Gespräch ernst gemeint und wirklich echt war. Was sie sagten, klang wohlwollend. Ich verstand noch nicht, worum es genau ging, was ich würde tun müssen. Ich sah, dass alle so begeistert zu sein schienen, und plötzlich waren sich auch alle einig, dass ich hübsch war. Das genoss ich wirklich sehr. Es war wundervoll, und ich wollte nicht, dass es je wieder aufhörte. So ist das mit schönen Momenten, man will sie festhalten. Schnell antwortete ich: »Oh ja, na klar, auf jeden Fall, ich bin dabei.«

Von anderen schön gefunden zu werden, hatte aus mir, der schwarzen Kröte mit den Drahthaaren, eine Prinzessin gemacht. Auch, weil die richtigen Leute es gesagt hatten. Die, die Marion so bewunderte, weil sie reich waren. Na ja, und ehrlich gesagt waren sie auch unkonventionell und lustig obendrein. Der Plan für meine Laufbahn als Modell war gesetzt und einstimmig in der Erwachsenenclique beschlossen. Und ich hatte ihn abgenickt. Solche großen Pläne zu haben fühlte sich fantastisch an. Ich stand positiv im Mittelpunkt und machte meine Mutter stolz. Und ich war selbst stolz. Heute frage ich mich, worauf. Auf das Lob für meinen Körper, der mir schon so lange gar nicht mehr so richtig gehörte?

Als ich vierzehn Jahre alt war, vereinbarten Charlie und Marion ein Vorstellungsgespräch bei Frau Franke, der Chefin des Modeinstitutes in Berlin Mitte. Zu dieser Zeit lebten wir noch in Michendorf, etwa eine halbe Autostunde vom Berliner Zentrum entfernt. Das alte Gebäude des Instituts befand sich in der Brunnenstraße, genau an der Ecke zur Invalidenstraße, im Stadtteil Mitte. Es war ein altes, wunderschönes Gemäuer aus dem Jahr 1904, gebaut von Adolf Jandorf. Bis 1945 fungierte es als Warenhaus, in den 1980er-Jahren bis zur Wende war es dann das Stammhaus des Modeinstituts der DDR. In die prächtige Empfangshalle einzutreten erfüllte mich mit Stolz. Schon an diesem ersten Tag liefen uns bekannte Modelle aus dem Fernsehen und der *Für Dich,* Marions liebster Frauenzeitschrift, über den Weg. In den Räumen des Instituts waren die Fittings in vollem Gange. Fittings sind Anproben, eine wichtige Phase für die Designer:innen zum Beenden der Kollektion und zugleich der Beginn des Stylens der Outfits an den Fotomodellen. Es war der Beginn der Sommersaison. Deshalb war mein Termin hier genau jetzt. Mir war klar, dass dieser Tag womöglich mein Leben verändern würde. Es war ja jetzt schon so viel besser als zuvor.

Allein, dass in Erwägung gezogen wurde, dass ich Fotomodell sein könnte, machte alles anders. Marion war stolz auf mich. Auf ihr Werk, ihren Lottogewinn. Mir war das alles recht. Ich würde ein gutes Leben haben. Nur musste ich zuerst das Messen meines Körpers und neue, mir bisher ganz unbekannte Kritik über mich ergehen lassen. Zu dick sein kannte ich schon. Auch, einen zu großen Po zu haben, zu steif und unbegabt als Turnerin zu sein, zu störrische Haare zu haben, die niemand gern anfassen mochte. Nun aber, im Modeinstitut, kamen noch weitere Mankos hinzu. Da waren meine Beine auf einmal auch zu kurz und meine Proportionen nicht so gut und auf jeden Fall meine Haare vollkommen falsch geschnitten, und wie ich ging, war verbesserungswürdig.

Wir neuen Mädchen bekamen ein erfahrenes Model ein Topmodel könnte man sagen, an die Seite. Barbara Weidt griff mir von nun an bei allerlei Dingen unter die Arme. Zuerst schnitt sie mir mein Haar so, wie Grace Jones ihres trug. Nicht, dass ich damals schon gewusst hätte, wer das war, erst viel später wurde ich ihr größter Fan. Als Barbara mir ein Bild zeigte, schwoll mein Ego und ließ mich etwas aufrechter auf den Beinen sein. Nun hatte ich also den gleichen Haarschnitt wie eine weltberühmte Musikerin. Dass wir beide Schwarz waren, bemerkte ich an diesem Tag noch nicht. Barbara schminkte mir Smokey Eyes, also sexy schwarzes Augen-Make-up, und lackierte meine normalerweise bis zum Anschlag abgenagten Nägel rot. Schnell fand ich mich in hohen Schuhen auf einem Catwalk wieder. Ich sollte laufen lernen, und als wäre das nicht schwierig genug, in einem weißen Badeanzug, weil vermutet wurde, dass der so schön auf meiner braunen Haut aussehen würde. Ich lief vor der Jury des Modeinstituts auf und ab und war gar nicht mal so schlecht. Nach Musik zu gehen fiel mir leicht, es war fast wie zu tanzen. *That's my thing.* Größer machte es mich nicht, aber Spaß hatte ich dabei, und wenn einem etwas Freude macht, überzeugt man nun einmal Skeptiker:innen leichter. Die Damen in der Jury schienen nicht einig zu sein. Ich sah sie sich mit ihren Händen fuchtelnd Worte zuwerfen und miteinander diskutieren. Nach einer Weile hatten sie ihre Abstimmung beendet und einigten sich darauf, mich als Mannequin unter Vertrag zu nehmen. Frau Franke wandte sich an Marion. »Okay, Frau Richter« – Marion hatte nach ihrer Scheidung von unserem Adoptivvater ihren Mädchennamen wieder angenommen –, »bitte unterschreiben Sie hier. Und du, Peggy, finde dich bitte hier im Haus zu unserem zweiwöchigen Fitting ein. Die genauen Termine senden wir dir zu. Ebenso die Termine für dein Lauftraining mit Barbara. Besorg dir Schminkutensilien und hohe Schuhe, am liebsten schwarze Pumps. Danke für die Zeit und herzlich willkommen. Gib dir Mühe!«

Das stand mir nun bevor. Wir hatten zum Fitting geschminkt zu erscheinen, nicht schon in aller Vollständigkeit und Präzision, aber so, dass man sehen konnte, dass wir bereits eine Haltung eingenommen hatten, so hätte man es unter Turnerinnen formuliert. Nun war ich Modell. Und was genau das sein sollte, würde ich nun erfahren.

Während der Arbeitstage an Foto- und Filmsets musste ich nicht zur Schule. Ich sah merkwürdig aus mit dem ganzen Make-up und rot lackierten Nägeln, fand ich. Mein neuer Haarschnitt war mir noch nicht zu eigen geworden. Frau Franke hatte, kurz bevor wir das Modeinstitut verließen, noch um eine Bescheinigung meiner Schulleiterin gebeten, dass ich vom Unterricht fernbleiben durfte.

Frau Kowalinski, die Direktorin der Polytechnischen Oberschule in Michendorf, war eine Frau, deren Figur sich mir zeitlebens einprägte. Sehr lange, sehr dünne Beine hatte sie, die zumeist unter knielangen Röcken hervorwuchsen. Ab der Hüfte bis zum Hals war alles rund und groß: Bauch, Busen, Rücken, nur nicht der Po. Der Kopf war wieder ganz klein mit blitzenden Augen und von der Natur gegebenen feuerroten Wangen. Die Kowalinski willigte mittels ein wenig Überredungsgeschick ein, mich zukünftig fürs Modellsein zu beurlauben. Als Gegenzug forderte sie von mir, dass ich nicht schlechter in der Schule werden durfte. Ich hätte ihr alles versprochen. Mir schien es angebracht, für das, was ich hoffte, was sich mir auf meinem neuen Parkett bieten würde, ein wenig zu übertreiben. Und voller Inbrunst gab ich das Versprechen ab, eine viel bessere Schülerin zu werden.

Als festangestelltes Fotomodell des Modeinstitutes der DDR arbeitete ich vielleicht sechs Saisons. Zweimal im Jahr wurden die Trends der Textilwirtschaft vorgestellt, meist im Palast der Republik oder direkt im Modeinstitut in diesem wunderschönen Gebäude in Berlin-Mitte am Weinbergspark. Die Fittings hießen »Komplettierung«, und wir verbrachten Wochen damit, in einem Raum herumzusitzen und darauf zu warten, dass eine Designerin kam und uns bat, ein Outfit anzuziehen und damit auf und ab zu laufen. Das ging so lange, bis jeder Look der Kollektionen einem bestimmten Modelltyp bestmöglich zugeordnet werden konnte. Während der ersten Fitting-Tage langweilte ich mich. Die Designer:innen hatten sich noch nicht an mein Gesicht gewöhnt und ließen immer nur die Mädchen Outfits anprobieren, die sie schon kannten. Aber irgendwann war ich auch dran. Ich hatte fast so viele Looks wie die Kolleg:innen, die schon erfahrener waren als ich. Nebenbei machte ich meine Schulaufgaben und lernte für meine Arbeiten. Meine Kollegen und Kolleginnen waren fast alle viel älter als ich, hatten zum Teil bereits ein Studium oder eine Berufsausbildung abgeschlossen oder waren Künstler und lebten in Kommunen. Manche waren sogar schon Eltern. Es war eine bereichernde Gesellschaft für mich. Ich lernte hier leicht. Und obwohl ich oft in der Schule fehlte, waren meine Noten in der achten und neunten Klasse sehr gut. So konnte ich bis zu meinem Schulabschluss Modell bleiben und lange darüber hinaus.

Ich war nun so etwas wie »öffentlich«. Marion schaute niemals zu, wenn ich Modenschauen im Palast der Republik oder anderswo hatte. Auch in die Magazine schaute sie nicht, wenn ich Modestrecken in *Junge Welt*, *Das Magazin* und *Neues Leben* hatte. Sie hat sie nie angesehen, gekauft oder gar archiviert. Nur Fernsehauftritte gefielen ihr. Einmal fuhr Marion mich nach Adlershof, als ich dieses schreckliche Video »Feuer im Eis« drehte, in dem ich die heiße Geliebte eines dreißigjährigen DDR-Superstars so schlecht wie irgendetwas performt habe. Halbnackt natürlich. Es war die reinste Folter. Ich sah schrecklich aus, fühlte mich schrecklich, der Song war schrecklich. Ich war allein am Set, abends brachte mich irgendein Techniker nach Hause, der auch noch mal ein bisschen Vergnügen an mir hatte. Ein anderes Mal tänzelte ich im Friedrichstadt-Palast bei *Ein Kessel Buntes* um irgendeinen Sänger herum, zappelte wild und versuchte, erotisch zu sein. Ich tat, was meine Kollegin tat, und schämte mich. Dann lief ich noch eine Runde im Badeanzug und auf High Heels um das Wasserbecken. Als die Show vorbei war, fühlte ich mich erledigt. Marion aber stand am Bühneneingang, stolz wie sonst was, und erwartete mich. Ihr ging es mehr darum, ihre Tochter, ihr Eigentum abzuholen, als dass ich gerade tausend Tode gestorben war und noch nicht einmal volljährig war. Ich gehörte ihr. Alles, was ich tat und erreichte – oder nicht erreichte –, bezog sie auf sich. Mir waren die Auftritte peinlich, aber ich erntete Lob und Anerkennung dafür, von allen Seiten, im Leben hätte ich damit nicht aufgehört. Und so beschloss ich, es noch eine ganze Weile weiterzumachen. Auch wenn ich mich nicht daran erinnern kann, Freude oder Stolz gefühlt zu haben.

Marion ließ, seit die Modell-Karriere begonnen hatte, ein wenig von mir ab. Sie zerrte weniger an mir herum und ließ die Dinge ein wenig mehr laufen. Unser Alltag veränderte sich phasenweise, weil ich einer Arbeit nachging. Ich verließ früh das Haus, fuhr mit der S-Bahn nach Berlin und abends wieder heim. Da blieb nicht viel Platz für Reibung und Spielchen. Vor allem aber schlug Marion mich nicht mehr. Es war so, als sei ich nun mit meinen vierzehn Jahren erwachsen geworden. Fremde nahmen mich positiv wahr, und Marion schrieb es sich selbst zu, dass ich nun erfolgreich war. Mein Geld durfte ich immer für mich behalten und alles einfach ausgeben, wofür ich wollte. In der Welt des Lobes war ich nicht mehr unsichtbar, und damit hörte auch ein wenig der aggressive Einfluss meiner Mutter auf. Ich war dankbar, dass sie mich machen ließ.

Meine Kolleg:innen passten immer gut auf mich auf. Alle wussten ja, dass ich noch ein »Schulkind« war. Schließlich hatte ich gerade erst meine Jugendweihe hinter mich gebracht. Ich durfte nach der Arbeit keinen Alkohol trinken und abends auch nicht mit den anderen in die Bars ziehen. Auch Knutschen mit den hübschen Jungs war tabu für mich. Dabei wusste ich längst, wie das alles geht, mit der Knutscherei, und dass Alkohol so herrlich besoffen macht. Mir tat das unstete Leben gut. Alles war besser, als da zu sein, wo ich herkam. Ich ging nicht mehr regelmäßig zur Schule und verdiente mein eigenes Geld. Nun musste ich mich nicht mehr ständig abquälen, so zu sein wie die anderen in meiner Klasse. Hier war es einfacher, richtiger. Ich war, wie ich war. Von der Kleinigkeit abgesehen, dass ich auf keinen Fall zunehmen durfte, tendenziell eigentlich immer abzunehmen hatte. Ich wusste ja von zu Hause, wie das ging. Auch Marion hatte mir immer gern ausgeholfen, mit Früchtewürfeln, Appetitzüglern und Abführmitteln.

Mit sechzehn ging ich aufs Internat in Halle an der Saale, auf die medizinische Fachhochschule. Hier fand der theoretische Unterricht meiner Ausbildung zur medizinischen Kosmetikerin statt. Alle zwei Wochen verbrachte ich dort, teilte mir mit fünf lebenshungrigen Mädchen das Zimmer in einem streng geführten Wohnheim in der Platte. Wir waren gern zusammen, schoben extra zwei zusätzliche Klappbetten in unser sowieso schon viel zu enges Zimmer. Sechs Menschen, die nicht hätten unterschiedlicher sein können, aber wir waren trotzdem oder gerade deshalb ein wirklich gut funktionierender Girls Club.

Ich war noch immer auch ständig in Berlin. Fast alle meine Freund:innen lebten dort. Ostberlin war ein Kessel der Kreativität. Größere Städte haben einfach mehr Platz für verschiedene Lebensmodelle und Kleidungsstile, Trends, Looks, verrückte Menschen mit verrückten Ideen. Ein brodelndes Gemenge mutiger Gestalten, die nach Leben hungerten und willens sind, zu explodieren, um alles Mögliche zu entdecken. Das war im Osten auch nicht anders als überall auf der Welt.

Wir tingelten mit unseren Modenschauen so durchs Land. Die Designs der Kollektionen wurden schöner, cooler, ausgefallener mit den Jahren, extravaganter, und ich war nicht mehr immer nur die Jüngste. Ich war mittlerweile zwanzig Jahre alt und hatte genug Erfahrung, um zu entscheiden, was mir Freude machte und was nicht. Ich ließ mich nicht mehr fotografieren und drehte keine Videos und Modefilme mehr. Shows machte ich noch. Und auch wenn die Veranstaltungen in Diskotheken, auf Dorf- oder Stadtfesten nicht sonderlich glamourös waren, hatten wir eine großartige Zeit. Wir teilten viele lustige und skurrile Abende und Nächte auf der Autobahn, auf dem Weg zu unseren Auftritten. Wir unterzeichneten abends unsere Verträge für die jeweiligen Veranstaltungen und bekamen unsere Honorare direkt nach der Arbeit in bar. Ich verstand mich selbst als eine Person, die permanent auf der Suche war, und ich erlaubte meiner andauernden

Neugier einige Ausflüge in interessante, beruflich ambitionierte Party-Gefilde. Man feierte gern und viel in der Mode und Kunst. Bis heute ist das recht unverändert. Wir hatten Spaß, und wir machten, was wir wollten. Irgendwie lebten wir an der restlichen DDR-Bevölkerung vorbei.

Die Modebranche war für mich ein Ort, an dem ich sein konnte, an dem ich einen Platz für mich fand. Niemanden schien es zu stören oder zu verwundern, dass ich da war. Ich gehörte dazu. Es erschloss sich mir noch immer nicht wirklich, weshalb das so war. Ich nahm es an und ließ es lange nicht mehr los.

Nur eines verstand ich erst viel später: dass ich nicht überall und mit jedem knutschen musste. Und dass ich nicht immerzu und andauernd mittels Sex überprüfen muss, ob mich jemand auch wirklich gernhatte. Ich wusste mich inzwischen gegen Übergriffe oder Typen, die mir zu nah kamen, zu wehren. Ich bestimmte, was wann mit wem und wie doll passierte. Es interessierte mich nicht, was andere durch mein Verhalten fühlten, ob ich jemandem weh tat oder nicht, war nicht auf meiner Festplatte. Obwohl ich ständig und andauernd Sex hatte mit allen möglichen, vor allem Männern, interessierten mich Erotik und Körperlichkeit nicht. Es waren eher Eroberungsstreifzüge und das Überprüfen, ob das noch klappte mit dem Schön-gefunden-Werden. Für schön gehalten zu werden katapultierte mich auf die Sonnenseite des Lebens. Und ich wollte weg von allem, was mich an zu Hause erinnerte und die Odyssee meiner Kindertage. Aber meine Art, das zu verarbeiten, hatte sich verselbstständigt.

Das Geld und die Öffentlichkeit haben mich ein Stück weit gerettet. Nicht alle hatten dieses Glück. 1986 wurde Irene tot aufgefunden. Sie war das andere afrikanische Mädchen aus Werder. Irene und ich sind uns nicht oft begegnet, aber wir wussten voneinander. Es prägte sich mir ein, dass es für uns Schwarze Mädchen nur zwei Schicksale gibt. Eines davon war, zu sterben, so wie Irene. Das andere war, Schönsein für die Weiße Mehrheit, damit sie sich an einem – an mir – erfreuen konnte. Irene war viel dunkler als ich und hatte die von Weißen als typisch afrikanisch empfundenen Merkmale: große Lippen und eine breite Nase. Sie hatte einfach eine ganz normale Figur, keine sogenannte »Modelfigur«. Sie war ein ganz normales Mädchen. Ich hatte zu Hause gelernt, auf mein Äußeres achtzugeben und dem Wahn des vorgeturnten Schönheitsbildes zu folgen. Dazu gehörte, massenkompatibel schön zu sein, so Weiß wie möglich gelesen zu werden, also eigentlich Weiß zu sein.

Irene war ein hübsches, fröhliches Mädchen in meinem Alter. Sie trug ihr Haar so wie ich als kleines Mädchen, es stand einfach irgendwie ab, war in keine Form gebracht worden und an mancher Stelle noch vom Schlafen platt. Ich glaube nicht, dass sich jemand besonders häufig damit beschäftigte. Mir wurde es von meinen Modellkolleg:innen leichter gemacht, die mir halfen, coolere Styles auszuprobieren.

Man erzählte sich, dass es auf dem Nachhauseweg von einer Party passiert sein soll. Ein Freund habe sie vergewaltigt und getötet. Wer es war, wurde nicht erzählt, dabei ist Werder so klein. Obwohl es zum Zeitpunkt der Bekanntgabe im Tagblatt der Stadt erst einmal keinen Hinweis darauf gab, dass nicht ich das Opfer dieser Tat war, blieben alle relativ ruhig um mich herum. Es sei eine junge »Mulattin« getötet worden. Nur mein Onkel, der jüngere Bruder meiner Mutter, rief mich an, um zu fragen, ob ich denn noch am Leben sei. Meine Mutter war zu diesem Zeitpunkt irgendwo im Urlaub und nicht zu erreichen. Mein Bruder im Gefängnis, in Untersuchungshaft.

Die andere von uns war also tot. Wenn ich aus dem Internat in Halle zurückkam, war ich nun die einzige Schwarze Person in Werder. Die Kleinstadt schwieg über ihren Tod. Auf meine naive

Weise glaubte ich damals, dass ich leben durfte, weil ich schöner und klüger war als sie.

Wer wohl die Jungs waren, die ihr Leben in den Müll geworfen haben? Ich weiß es bis heute nicht genau. Ein Warum erübrigt sich. Es schien auch damals allen egal zu sein. Ein bisschen wie bei diesem fiesen Lied mit den »Zehn kleinen N-lein«: »Da war es nur noch eins.« Irene und ich hatten nie Gelegenheit, miteinander zu sprechen. Vielleicht war sie, genau wie ich, damit beschäftigt, so Weiß wie möglich zu sein. Damit befasst, um Himmels willen nicht neben einer anderen Schwarzen Person zu erscheinen und damit womöglich noch mehr aufzufallen. Auffallen barg in Brandenburg täglich die Gefahr von Ausgrenzung und Gewalt.

Ich wollte leben. Deshalb war es über viele Dekaden hinweg meine Hauptaufgabe, zu lernen, wo ich mich hinstellen konnte, um niemanden zu stören oder mit meiner Anwesenheit zu beleidigen, zu provozieren, sexuell anzusprechen oder gar etwas zu tun, was im Bild der jungen Schwarzen Frau nicht vorkam. Dass ich es liebte, in der Schule die Anzüge meines Vaters zu tragen und seine abgelegte Aktentasche als Schulranzen zu verwenden, war zum Beispiel nicht vorgesehen. Ich fiel damit auf, und das konnte gefährlich werden. Erst in der Modewelt musste ich keine Angst mehr haben. Aufzufallen war dort ein Geschenk. Man arbeitete mit meiner Hautfarbe, nicht dagegen. Manche Outfits sahen auf brauner oder schwarzer Haut einfach schöner aus. Manche an sehr großen Frauen, manche an Modellen mit blonden Haaren und beigefarbener oder sehr hell rosafarbener Haut. Ich weiß nicht, ob ich in der Mode geblieben wäre, wenn es einen anderen sicheren Ort für mich gegeben hätte. Es war wie eine Beziehung, die man führt, ohne wirklich das Gefühl zu haben, mit ganzem Herzen dazuzugehören. Man bleibt nur, weil es nichts Besseres gibt und weil es so schlimm nun auch nicht ist.

Meine Leidenschaft für die Schönheit begann erst viel später. Als ich anfing, als Maskenbildnerin zu arbeiten. Und später als Haar- und Make-up-Artistin.

Gleich nach der Wende im November 1989 unternahm ich völlig überschwänglich meine neue Freiheit genießend eine Reise nach Peking mit meinem Freund Ringo Rautenberg. Als ich wieder nach Berlin zurückkehrte, bekam ich ziemlich überraschend ein Angebot. Ich sollte auf einer Theatertournee als Maskenbildnerin und Garderobiere arbeiten. Ich sagte sofort zu, obgleich ich absolut keine Ahnung hatte von alldem. Ich kannte weder *Die fünfte Kolonne* noch sonst etwas von Ernest Hemingway. Ich kannte das Schillertheater in der Bismarckstraße nicht und hatte noch nie von den Hauptdarsteller:innen Christian Kohl und Barbara Rudnik gehört. Eine Kollegin hatte kurzfristig ihre Buchung abgesagt, und deshalb wurde ganz spontan Ersatz gesucht. Ringo, der eine kleine Nebenrolle als Soldat hatte und gleichzeitig Tontechniker war, hatte mich einfach vorgeschlagen. Niemand fragte nach meiner Erfahrung oder Expertise. Das Ensemble war froh, dass zügig eine Vertretung gefunden werden konnte. Ich kannte kein einziges Theater, hatte auch noch nie eines backstage gesehen. Alles war ein absolutes Wagnis. Aber der Gipfel der Unglaublichkeit war, dass ich einen neuen Job hatte, von dem ich noch nicht einmal wusste, was er beinhaltete.

Wir sollten einige Monate unterwegs sein, mit kurzen Unterbrechungen und Heimaturlaub. Gleich Anfang Januar 1990 ging es los. Durch Deutschland, die Schweiz und Österreich. Ich kannte keinen einzigen Zielort auf dieser Reise und wusste nicht einmal, wie weit die Städte voneinander entfernt waren. Erst nachdem ich auf der Landkarte nachgeschaut hatte, ging mir auf, dass die Tour eine perfekte Möglichkeit sein würde, meine brandneu wiedervereinigte Heimat zu entdecken.

Wir starteten am Theater in Oberhausen. Zum Glück waren die Kolleg:innen in eigentlich allen Maskenwerkstätten der Häuser, an denen wir auftraten, aufgeschlossen und nett. Ich outete mich anfangs immer sofort als unqualifiziert und bat um Unterstützung. Ich lernte, mit Bürsten, Kämmen, Schminkschwämmen, Puderquasten und verschiedensten Pinseln umzugehen. Lernte Produkte zum Haarstylen kennen, Lockenstab und Föhn hilfreich einzusetzen. Ich besorgte mir Make-up, Puder, Wimpern, Mascara, Latex und Filmblut, um die Narbe des verletzten Soldaten ständig erneuern zu können. Ich fand lokale Spezialreinigungen, um die Kostüme reinlich halten zu können. An jedem Ort addierte sich ein neues Tool hinzu. So lange, bis ich nach ein paar Wochen endlich ein halbwegs funktionsfähiges Equipment beieinanderhatte und arbeiten konnte. Die beiden Schauspielerinnen Barbara Rudnik und Barbara Becker unterstützten mich geduldig darin, einen Haar- und Make-up-Look passend zu ihren Rollen zu finden, der unterstrich, was ihre Performance zu bewirken hatte. Wer Theatertourneen kennt, weiß, dass es etwas von einem Wanderzirkus hat. Ich habe keine Ahnung, wie es mir gelungen ist, nicht rausgeworfen zu werden. Ich glaube, ich war unverschämt schlecht. Dennoch beklagte sich niemand wirklich. Aber wie man so schön sagt: »Sie war stets bemüht.« Mein Wille, es irgendwie hinzubekommen, hat ausgereicht.

Während der Tournee waren wir mehrmals in Hamburg. Die Stadt gefiel mir sehr, vor allem das Thalia Theater. Werner Schroeter inszenierte zu der Zeit *Les caprices de Marianne* mit Oana Solomon in der Hauptrolle. Ich hatte einen Freund, der auch in diesem Ensemble spielte. So hatte ich immer Zutritt zu den Proben und in die Theaterkantine. Ich verbrachte große Teile meiner freien Zeit im Zuschauerraum des Thalia Theaters und sah zu, wie Werner mit völliger Hingabe die Rollen seines Stückes modellierte. Oft seine Freundin Lotti Huber an seiner Seite. Wieder, wieder und wieder ließ er die Szenen wiederholen. Ich liebte es, dabei zuzusehen, und konnte bald meine Lieblingsszenen mitsprechen. Es war bewegend und immer wieder faszinierend für mich. Ich konnte sehen, wie sich die Bilder veränderten: durch Worte, Bewegungen, eine andere Haltung, Kostümwechsel, Veränderung der Maske, der Musik, der Tagesform der Schauspieler:innen, des Publikums und des Lichts. Ich wollte einfach, dass es nicht mehr aufhört. Dass es immer so weitergeht. Noch ein Theaterstück und noch eins und noch eins und noch eins wollte ich sehen. Ich stürzte mich in die Fluten der Theaterwelt und beschloss, in einer Maskenwerkstatt zu arbeiten. Mir gefiel, wie man dort die Schauspieler:innen in ihre Rollen begleitete. Eine gute Maske half, eine Rolle zu entwickeln und zu tragen. Das sollte mein Platz sein. Ich wollte unbedingt Maskenbildnerin werden. Ganz neu war der Gedanke nicht. In der Schule hatte ich einmal im Englischunterricht einen Aufsatz über meine Berufswünsche und meine Zukunftspläne verfasst, in dem ich bereits Maskenbildnerin werden wollte. Damals dachte ich mir nichts Besonderes dabei. Mir gefiel einfach das Wort, es klang irgendwie gut: *Maskenbildnerin.*

Nun hatte ich Erfahrungen gemacht, die diese trübe Idee erfüllten. Ich wusste, dass ich viel würde arbeiten müssen, lange Tage bis spätabends. Dass ich viel Zeit in der Werkstatt zu verbringen hatte und nicht unbedingt viel verdienen würde. Ich reichte dennoch meine Bewerbung am Thalia Theater ein. Der Chefmaskenbildner des Hauses machte mir nicht gerade Hoffnungen. Die Ausbildungsplätze waren rar und das Bewerbungsverfahren streng. Das Haus benötigte gerade auch keine zusätzliche Unterstützung in der Maske. Ich versuchte es trotzdem. Ich konnte mein schlechtes Arbeitsergebnis während der Tournee nicht so stehen lassen. Es hatte mich extrem gewurmt, dass ich es nicht besser konnte. Nun, es klappte. Auch wenn ich vorerst nur in den Werkstätten assistieren durfte. Ich sollte über Grundregeln der körperlichen Züge und den Umgang mit den Werkstoffen lernen, Abdrücke machen, um Nasen und Ohren zu verformen oder Kopfformen zu verändern. Und ewiges, nicht enden wollendes Knüpfen von Haarteilen kam auf mich zu. Und so wechselte ich, ganz nebenbei, von meinem Platz vor der Kulisse, auf Bühnen und Laufstegen, hinter die Kulissen der Schönheit.

Um einen richtigen Ausbildungsplatz zu bekommen, musste ich zuerst noch eine Lehre zur Friseurin absolvieren. Nur mit dem Zeugnis in der Tasche hatte ich eine Chance auf einen richtigen Ausbildungsplatz in der Maskenwerkstatt an einem renommierten Theaterhaus. Ich wollte ja nicht irgendwohin, sondern ans Thalia Theater, ans Deutsche Theater oder die Kammerspiele in München. 1992 zog ich nach Hamburg und begann, in einem kleinen, sehr eleganten Friseursalon mit nur zwei Arbeitsplätzen und einer goldenen Klingel an der Tür eine Lehre. Nach eineinhalb Jahren war das erledigt. Wir hatten eine gute Zeit, André und ich. Mein Ausbilder wanderte nach Mexico City aus, und ich hatte gerade noch so davor meinen Abschluss geschafft. Währenddessen konnte ich schon ab und zu am Thalia Theater aushelfen. Kleinere Arbeiten durfte ich schon allein verrichten, und ich konnte weiterhin zusehen bei den Proben oder in der Werkstatt herumstöbern. Irgendwann erhielt ich die Chance, ein Praktikum in München an den Kammerspielen zu machen. Ich suchte mir ein Zimmer in Schwabing, packte meine Sachen zusammen und zog für zwei Monate in ein neues Abenteuer. Es war erfrischend, in einer anderen Stadt zu sein, andere Leute zu treffen, neue Kolleg:innen zu haben. Alles war ganz anders in München, als ich es mir vorgestellt hatte. Und trotzdem war der Job hart. Ich verbrachte den ganzen Tag in der Werkstatt, kam meist erst spätabends heim. Um mir meine Ausbildung zu finanzieren, modelte ich noch immer ab und zu für kleine Produktionen. Dadurch behielt ich den Zugang zur Modebranche.

1994, ich war noch in München, bekam ich einen Anruf. Ein befreundeter Fotograf fragte, ob ich nicht in eine Agentur für Hair- and Make-up-Artists gehen wolle. Ich hatte keine Ahnung, was das war, aber fand es irgendwie gut, gefragt zu werden. Ich setzte mich in den Flieger zurück nach Hamburg und traf meine erste Agentin Dagmar. Ich wusste nichts über die Mode der westlichen Welt und auch keiner anderen, kannte keine Labels und keine internationalen Magazine. Ich hatte mir gerade in München meine erste richtige Designerhose bei Kenzo gekauft und ein Top von Alessandro Dell'Acqua. Einfach, weil es mir gefiel, ohne tieferes Ansinnen. Ich hatte kein Portfolio, keine Arbeiten, die etwas über meine Qualifikation hätten aussagen können. Das war Dagmar egal. Sie nahm mich einfach unter Vertrag.

Meine ersten Versuche, ihr oder anderen Kolleg:innen als Haar- und Make-up-Artistin zu assistieren, scheiterten. Es war langweilig an den Sets, wenig inspirierend für mich. Ich vermisste die aufregende, bunte Theaterwelt. Es war auch nicht schlimm, aber eben nicht *mind-blowing*. Ich war mir nicht sicher, ob dieser Job an die Stelle meiner Arbeit in der Maskenwerkstatt treten sollte.

Das änderte sich, als ich eine ganz besondere Anfrage bekam. Ich sollte im Showroom bei Jil Sander in ihrer Villa an der Hamburger Alster dem italienischen Haar-Artisten Pier Giuseppe Moroni assistieren. Es klang vielversprechend, auch ohne dass ich viel über alle Beteiligten wusste.

Von der ersten Minute meines ersten Arbeitstags für Jil Sander an war ich *on fire*. Alles war fein und stilvoll ausgewählt. Die Modelle, die Musik, das Essen, das Porzellan, das Licht, sogar die Gäste, die zur Show eingeladen waren. Ein Gewitter des guten Geschmacks, der Genauigkeit und Präzision war das. So viel kluge Schönheit auf einem Haufen hatte ich noch nie gesehen. Jeder einzelne Mensch in diesem Gefüge war kultiviert. Nicht, dass ich das zu diesem Zeitpunkt sonderlich wertschätzen konnte.

Denke ich heute über meinen Einstieg in die Modebranche nach, denke ich, er kam viel zu leicht in mein Leben. Ich träumte ja zuvor noch nicht einmal davon. Vielleicht wusste ich diese Chance deshalb nicht recht zu schätzen.

Ungefähr zwei Jahre lang blieben Dagmar und ich ein Team, bis ich irgendwann, mitten in der Saison bei Jil Sander, wegen meines schlechten Benehmens rausflog. Sie stand zwar immer hundertprozentig zu mir, aber ich war wohl noch nicht bereit für diesen Job.

Ich hatte die ersten Mode-Kund:innen, für die ich arbeiten konnte. Jobs für Magazine und Werbekampagnen häuften sich. Ich machte meine ersten großen Reisen nach Amerika und überall in Europa. Ich war sechsundzwanzig Jahre alt und fühlte mich so erfahren und weise wie eine alte Frau. Schließlich hatte ich schon einen langen Weg zurückgelegt. Mein jugendliches Ego war ganz schön aufgeplustert. Ich hatte das Gefühl, mehr verdient zu haben, besser behandelt werden zu wollen. Es mag komisch oder undankbar klingen, aber es reichte mir nicht mehr, nur an den Sets zu assistieren oder zu tun, was Auftraggeber:innen bei mir bestellten, und ich begann, mich zu langweilen.

Einfach nur dabei zu sein, erfüllte mich nicht mehr. Und wenn ich mich nicht für etwas interessiere, bin ich nicht mehr bei der Sache und werde unaufmerksam und frech. Ich war aufmüpfig und respektlos. Ich wollte gesehen werden und endlich auch mal alles geschenkt bekommen.

Ich wechselte in eine größere Agentur und verließ Hamburg, um nach London zu ziehen. Die Arbeit am Set generell machte mir Spaß, mit anderen etwas entstehen zu lassen gefiel mir sehr. Über mich selbst dachte ich dabei fast nie nach. Ich kannte nicht viele Schwarze Frauen und hatte keine Vorbilder, die aussahen wie ich. Im Jahr 1997 war die Modeszene komplett Weiß, bis auf Naomi Campbell, Iman Abdulmajid, Waris Dirie und die Visagistin Pat McGrath. Vor und auch hinter der Kamera. Auch ich war meistens die einzige Schwarze Frau im Team. Ich arbeitete mich also zumeist an Weißen Vorbildern ab und versuchte noch immer, zu sein wie eine Weiße Frau. An manchen Tagen konnte ich deshalb kaum mein eigenes Spiegelbild ertragen. Ich sah einfach aus wie niemand sonst. Ich fand mich manchmal erschreckend komisch, fast missraten. Dass mein Äußeres manchmal gut ankam, führte nicht dazu, dass ich mich selbst mehr akzeptierte. Ein Bewusstsein für Rassismus gab es an den Sets nicht. Ständig wurde ich gefragt: »Wo kommst du denn eigentlich her, in Wirklichkeit, also so richtig?« Ich wusste nie, was ich darauf antworten sollte. Es gab einfach keine Kurzversion meiner wirklichen Herkunft. Begann ich mit »Ich wurde von einer Weißen Familie adoptiert«, war die nächste Frage: »Woher kommt denn dann deine echte Familie?« Hatte ich das dann beantwortet, folgte: »Ah! Und kennst du deinen Vater?«. Verneinte ich das, sah ich in betretene Gesichter, und dann ging es weiter. »Du musst da unbedingt hin, nach Afrika. Wenn du willst, fahre ich mit, das ist doch total spannend!«. Jeder und jede mischte sich in mein Leben ein und hatte wildeste Vorschläge, was ich nun als Nächstes zu tun hatte. Ich sollte durch Afrika reisen, auswandern, dort Urlaub machen, eine große Suchaktion starten oder mir wenigstens einen afrikanischen *Boyfriend* suchen. Vielfältig lebten alle ihre Fantasien an mir aus. Es war an Respektlosigkeit kaum zu überbieten. In mir löste das Wut und Aggressionen aus. Ich sprach deshalb auch nie darüber, dass ich aus dem Osten Deutschlands kam. Stattdessen erfand ich irgendwelche Geschichten. Nicht, dass die Gespräche sich dadurch veränderten. Aber wenn wir über eine Fantasiebiografie sprachen, ging es wenigstens nicht mehr wirklich um mich.

An den Sets war es üblich, Styroporwände aufzustellen, um das Licht zu modellieren. Eine Seite dieser Wände ist weiß, die andere schwarz. Wollte man die schwarze Seite verwenden, wurde immer laut durchs Studio gebrüllt: »Lass uns das mal abn–ern!« Das traf mich wie ein Stromschlag. Ich habe manchmal, an mutigen Tagen, gesagt: »Könntet ihr das bitte anders ausdrücken, wenigstens, wenn ich am Set bin?« Ich bin damit immer, wirklich immer, auf verschlossene Ohren gestoßen. Das heiße halt so, wurde dann gesagt. Was mein Problem sei? Jahrzehnt um Jahrzehnt ging es immer so weiter, das Wort verschwand einfach nicht.

Erst sehr langsam änderte sich das Bewusstsein für die rassistische Bezeichnung. Im Jahr 2004 änderte die Schokoladenfirma Sarotti ihr Logo, aus der kolonialrassistischen Figur wurde ein »Sarotti-Magier«, der kein Tablett mehr, sondern Sterne trug. Aus dem N–kuss wurde ein Schokokuss. Und erst dann, allmählich, verschwand der Begriff abn–ern von den Sets. Was keineswegs mit einem tieferen Verständnis einherging. Es war nun verboten, aber ganz leise, wenn »keiner« hinhörte, war er vielleicht noch da.

Aus einem Ort der überheblichen Gnade kommend tut man nun Schwarzen und Braunen Mitmenschen einen Gefallen und verletzt sie nicht mehr. In Deutschland wurden die Spuren der Kolonialgeschichte bis vor Kurzem fast vollständig ignoriert. In den Schulen kommt das Thema nicht vor, die Politik stellt sich schlafend und weigert sich, zielstrebig aufzuarbeiten und die eigenen Taten anzuerkennen. Zuzugeben, strategisch andere Kulturen zur eigenen Erhöhung vernichtet, ausgebeutet, bestohlen und prostituiert zu haben. Die Modebranche findet zu großen Teilen öffentlich statt und hat damit auch Verantwortung für das Abbilden einer diversen Gesellschaft.

So nach und nach begann es, dass Schwarze Modelle häufiger in Callsheets zu finden waren. Auf dem internationalen Markt tauchten Tyra Banks, Liya Kebede, Alek Wek, Debra Shaw und Chrystèle Saint-Louis Augustin auf, als einziger Mann Vladimir

McCrary. In kleineren Produktionen oder weniger angesagten Magazinen waren es sicherlich noch einige mehr, aber nicht in repräsentativen Kampagnen großer internationaler Labels oder in sichtbaren Positionen in TV-Shows. Und selbst dann waren hinter der Kamera noch immer alle Weiß. International gab es für Menschen wie uns immerhin noch ein paar mehr Chancen als in Deutschland. Ich habe einen deutschen Kollegen, der ebenfalls als Make-up-Artist tätig war: Tyron Machhausen. Anfang der 2000er Jahre wanderte er nach New York aus und legte dort eine einzigartige Karriere hin.

Wenn wir es schaffen wollen in dieser Welt, müssen wir unglaublich talentiert sein und richtig durchstarten. Wir Schwarzen und Braunen Menschen dürfen nur mitmachen, wenn wir besondere Talente haben, werden mitgedacht, wenn wir brauchbar und unersetzlich sind. Ich erlebte das in meiner eigenen Karriere. Ich musste immer doppelt so viel Energie aufwenden, wie notwendig gewesen wäre, nicht nur gut und freundlich, sondern außerordentlich nett, zuvorkommend und übermäßig gut sein. Ich feilte ständig und immer an meinen Skills, schlug mir Tage und Nächte um die Ohren, um besser und genauer zu werden. Ich rannte wie der Teufel. Mein Ehrgeiz trieb mich um den Globus, aber in mir trug ich noch meine alte Angst: *Wenn ich es nicht schaffe, mit Schönheit zu überzeugen, und nicht zu den Besten gehöre, sterbe ich.*

Ich lebte ein Leben in ewiger Hetze. Ich lief vor meiner Geschichte davon, vor meiner Identitätslosigkeit, vor der ständigen Angst, nicht zu genügen. Eine Normalität, einen Alltag zu haben, schien für mich nicht vorgesehen. Ein gemütliches Mittelmaß gibt es für uns Schwarze und Braune Menschen nicht. Meine Daseinsberechtigung war eng an meinen Erfolg gebunden. Ich wollte unbedingt gesehen werden und dachte stets, dass ich ganz viel dafür tun muss. Es war das, was andere von mir erwarteten, damit sie mich leben und mitmachen ließen. Es war ein Seiltanz: gut sein, aber nicht zu selbstbewusst dabei. Denn wenn man als junge Schwarze Frau zu offensichtlich besser als die Weißen um einen herum sein wollte, flog so manche freundlich geöffnete Tür gleich wieder zu. Bevor sie eine Karriere wurde, war die Mode für mich ein Zufluchtsort. Und noch immer ist sie das, ein Ort, an dem ich sein darf. Schönheit bedeutet für mich, überleben zu können. Das ist noch immer manchmal so, wenn auch seltener als früher. Noch immer denke ich manchmal an Irene. Ich habe Stimmen in meinem Kopf, die sagen: *Wenn du das nicht schaffst, stirbst du. Und bilde dir nur nicht ein, dass du es schaffst. Du kannst es nicht schaffen. Du bist nicht so wie wir, nicht so gut.* Denn allgemeingültige Schönheit bedeutet schließlich Macht.

Die deutsche Modebranche ist noch immer kein sonderlich diverser Ort. Nicht, dass es nicht immer wieder angestoßen und probiert wird: Es ist im Trend, auf Body Positivity und Gender zu achten, verschiedene Hautfarben und Herkünfte zu zeigen. Aber genauso wie es nicht Feminismus ist, Kleider an Frauen zu verkaufen, ist ein Schwarzes oder Braunes Model zu buchen nicht antirassistisch. Es ist schön, aber es bedeutet nicht mehr als die Sache selbst. Ich erwarte von Kunstschaffenden, Menschen, die in der Öffentlichkeit arbeiten, Publizist:innen, Journalist:innen eine Haltung, keinen Gnadenakt. Haltung ist unbequem. Wenn uns Ungemütlichkeit überkommt, haben wir eine Stelle gefunden, an der Wachstum beginnen kann. Werde ich gefragt, was man tun kann für eine bessere diverse Weltsicht, sage ich: »Mach es dir so richtig ungemütlich, dann ist es perfekt.«

Einen schönen Schwarzen Menschen abzubilden ist keine besondere Leistung. Es ist normal, dass Schönheit in der Modebranche abgebildet wird. Zumeist mit wirtschaftlichen Absichten und aus rein visuellen Gründen. Schöne Körper sind etwas Wundervolles. An ihnen schöne Kleider zu fotografieren wertet das Produkt Mode auf, das Design, das Image. Es lässt ein Abbild von Menschen entstehen. Generationen orientieren sich daran. Wenn Mode zur Kunstform wird, verschmilzt im optimalen Fall das Modell mit dem gesamten Look, dem Licht und dem Set. Wie gut das gelingt, hat mit der Genauigkeit und Expertise der beteiligten Künstler:innen zu tun. Und dem Mut aller, nicht in bequemen Gefilden zu bleiben, sondern immer auch bereit zu sein, etwas auszuprobieren und ein wenig vorauszudenken. Es ist auch eine Frage des Fleißes und der Hartnäckigkeit, ob Produktionen gelingen oder nicht. Manchmal ist es eher ein Prozess des Loslassens, des Kontrollverlustes, aber immer in Kombination mit Können und Erfahrung. Arbeit und Disziplin, Expertise, Ordnung, Willen und ein offenes Herz braucht man dazu.

Es gibt Hoffnung. Wenn ich heute vom Hügel meines Alters auf die Arbeiten jüngerer Schwarzer internationaler Ausnahmetalente schaue, fühle ich mich ein wenig heimatlos. Ich beobachte, wie sich in Großbritannien oder in Italien Schwarze Communities in der Mode formieren, um sichtbarer zu werden, sich zu stärken und zu unterstützen. Ein Bild, das mir aufzeigt, wie wichtig Repräsentanz, Gemeinschaft und Sichtbarkeit sind, um ein gesundes erfülltes Leben zu führen. Ich fühle mich lahm und zerbrechlich, erschöpft von der Zeit, in der das alles so sehr anders war für mich. Ist die Zeit an mir vorbeigezogen? Zeitgleich motiviert es mich dazu, meine Tage leichteren Fußes zu erleben, zu probieren und zu lernen, auf der Welle der Lebendigkeit zu sein. Es wäre schön, wenn das Wertschätzen von Diversität und Vielfalt bald überall zu finden wäre, nicht nur in kleinen Nischen, nicht nur da, wo es durch die Sichtbarkeit der Branche in Presse, TV und Social Media unvermeidbar ist. Wenn nicht nur die Weißen Augen, der Weiße Blick auf Schönheit zählte. Wenn Weiße Kolleg:innen nicht mehr so an schlechtem Benehmen, Mittelmäßigkeit und Stillstand festhalten würden. Das gilt nicht nur für die Branche, in der ich die meiste Zeit verbrachte. Denn wir Schwarzen und Braunen Menschen sind da und waren es immer. In der Kunst, in der Mode, in den Medien hatten wir es leichter, akzeptiert zu werden. Aber auch die Glasbläser:innen, Blumenverkäufer:innen, Tischler:innen, Taxifahrer:innen und Schaffner:innen gehören dazu. Sie alle gehören hierher. Unser Wissen ist schon so lange da, nur der Mut und die Bereitschaft, uns zu sehen und uns Platz zu machen, nicht.

Gesichter der Angst / Faces of Fear

Was ist, und was findet nur in meinem Kopf statt? Was ist eine reale Gefahr, was nur die Furcht vor dem, was passieren könnte? Was, wenn es nur die Angst davor ist, dass es wieder geschehen wird? Es vielleicht niemals zu Ende sein wird? Was, wenn dir nicht auffällt, dass das, was du dein Leben nennst, eine Aneinanderreihung vieler unglücklicher Ereignisse ist und sich deshalb schöne Momente schwer anfühlen und die schweren wohlig und warm? Dein Licht das Komplizierte und der Abgrund die Ruhe ist. Woher weiß ich, dass ich nicht einfach nur ein schlechter Mensch mit dem Kopf voller schlechter Gedanken bin? Woher weiß ich, dass das alles nicht so sein müsste?

Vieles änderte sich für mich, als wir als junges Paar entschieden haben, eine Familie zu werden, und ich unseren Sohn geboren habe. Ich erinnere mich daran, dass ich, einige Tage nachdem ich das Krankenhaus verlassen hatte, die erste halbe Stunde für mich hatte und mich allein auf die Wiese vor dem Haus setzte. Meine Hände berührten das Gras, und ich war überwältigt von der Schönheit der Dinge, die mich umgaben. Ein Gefühl der Verbundenheit und Ruhe, des Einsseins mit allem überraschte mich für einen kurzen Augenblick. Um mich herum war sonst irgendwie alles schnell und dramatisch aufgeladen, ich griff nach der Aufregung, Grenzerfahrungen, Ungewissem, Streit. Wählte oft Beschuldigungen, um mich zu fühlen. Ständig schlug ich um mich, schrie und tat alles, um mir selbst nicht zu nah zu kommen, damit auch nicht anderen. Die Sehnsucht danach wuchs still und leise zu einem defizitären Berg aus großer Vielfalt von Vermisstem und Einsamkeit. Die Geburt war ein wildes, völlig überwältigendes Abenteuer. Mein Körper hat das geschafft! Gleichzeitig machte sich ein Gefühl der Bedrohung in meinem Körper breit. Ich fühlte plötzlich meine Vagina im selben Ausmaß wieder wie als junges Mädchen. Irgendwie hatte ich vergessen, vergessen wollen, dass sie da war. Der Schmerz schien mir bekannt und löste Panik in mir aus, richtige Todesangst. Die Enge in meinem Becken und die Liebe zu dem ungeborenen Kind triggerten die missbräuchlichen Umstände meiner Kindertage. Niemand, nicht die Hebammen, Schwestern und Ärzte, konnte mir damit helfen. Ich verstand ja selbst nicht, warum ich so reagierte. Der Schmerz schoss mir das Gehirn weg und weckte mich zeitgleich auf. Ich war mir nicht sicher, ob ich hier war oder träumte. Ich hatte keine Presswehen. Und trotzdem konnte ich das Baby mit Hilfe meiner wundervollen Hebamme Gode und einer Frauenärztin herauspressen. Beide Frauen trauten mir zu, was ich von mir selbst nicht erwartet hatte. Erst später, viel später, begriff ich, dass die schwere Geburt ein Schritt hin zur Erinnerung war – und zur Heilung. Es ist ja für keine Frau leicht, ein Kind zu gebären. Es ist auf die eine oder andere Weise ein einschneidendes und unvergessliches Ereignis für Mutter und Kind. Manchen ist es gar nicht vergönnt. Und wieder andere verspüren den Wunsch danach nicht: Ich möchte hier unbedingt und auf keinen Fall außer Acht lassen, wie vielfältig weibliche Bedürfnisse nach der Gestaltung des Lebens mit oder ohne Kinder sind.

Ich wurde nach der Geburt schwermütig und verstand lange nicht, was da im Kreißsaal mit mir passiert war. Ohne es zu wissen, wiederholte sich dort meine Missbrauchserfahrung. Ich löste mich auf, dachte den Verstand zu verlieren. Mein Untenherum, meine Hüfte, war noch immer so mit dem alten Schmerz verbunden und gehörte nicht mir. Die natürliche Verbindung meiner Körpermitte war einfach ausgelöscht. Ich schrieb es mir selbst zu, dass es mir so schlecht ging in den Monaten nach der Geburt. Es war fest in meinem Kopf verankert, dass wir Schwarzen ganz easy Kinder gebären können. Wir sind dafür gemacht, aus uns fallen sie quasi heraus. Wir gebären Kinder auf dem Feld, ganz nebenbei. Wieder schien ich also keine »gute Schwarze Frau« zu sein, überhaupt keine »gute Frau«. Ich lud alle Schuld auf mich, wie schon so oft in meinem Leben.

Ich war gern Mutter, von Anfang an. Aber jeder Tag, an dem unser Sohn da war, offenbarte vergangene Schmerzen und Einsamkeit. Und gleichzeitig waren da die Freude über das Baby und meine Familie und der Druck des täglichen Präsentseins.

Alles zusammen, die Anstrengung des Mutterseins, die Freude und die Wiederholung des Traumas waren brutal für meinen Körper. Ich wurde extrem dünnhäutig und gestresst.

Ich machte mir auch Sorgen. Es war ganz klar für mich, auf keinen Fall wollte ich wiederholen, was ich erlebt hatte, wie ich aufwuchs. Ich wollte um jeden Preis verhindern, die Werte meiner Adoptivfamilie zu vermitteln. Und dennoch hatte ich keine anderen. Jedes Mal, wenn Nähe, Vertrauen und Intimität gefragt waren, rastete ich aus. Ich fühlte etwas, für das ich keinen Namen hatte. Ich begann auch, über meine Kindheit nachzudenken. Und über das, was mich geprägt hatte. Das Desinteresse, der Rassismus in der Familie, gehorchen müssen und der Sex mit Menschen, mit denen ich keinen Sex wollte. Beim Darübernachdenken fügte sich langsam alles zu einem Bild zusammen. Hatte ich vielleicht im Leben immer versucht, die Szenarien, die ich als Kind und junges Mädchen erlebte, wieder zu kreieren? War jemand schlecht zu mir, bin ich wieder hingegangen, um es wiedergutzumachen. Ich dachte immer: Man hätte mich nur schwer vergewaltigen können, denn ich habe von allein schon alles mitgemacht. Ich war irgendwie lustlos und hemmungslos. Ich verstand in diesen Tagen, wie ich zu dem Menschen geworden war, der ich war. Meine Welt hatte sich immer wie ein Wirbelwind gedreht, immer um die gleiche Achse. Was immer meinen Weg kreuzte, alle wichtigen und unwichtigen Ereignisse, das drehte sich mit. Wenn ich verliebt, erfreut, belustigt oder gelangweilt war, immer waren meine fiesen Geister bei mir. Ich schleifte alles mit mir herum, das ganze Knäuel, bestehend aus den Farben der Hoffnung und denen des Abgrundes. Geformt zu einem sich durch die Gegend rollenden heiteren Ball. Jeden Tag wirbelte ich vierundzwanzig Stunden lang. Und wer immer in mein Leben trat, den drehte ich mit. So lange, bis das dabei hinten herausgekommen ist, was ich am besten kannte. Nämlich ungesunde Beziehungsmuster, die meine Kraft strapazierten, meine Seele quälten. Ich wählte, was ich kannte.

Den Kontakt zu meiner Adoptivfamilie und deren Anhängseln hatte ich längst abgebrochen. Trotzdem trug ich ihre angstmachende Gewalt, ihre Menschenverachtung und Bereitschaft zu körperlicher und mentaler Folter und Demütigung in mir. Ich wusste nicht, wie ich den tobenden Wirbelwind in mir hätte anhalten können. Und damit meine ich nicht, dass ich meines eigenes Glückes Schmiedin war. Ich konnte einfach nicht erkennen, wo der Einfluss meiner Kindheit endete und ich als eigenständiger Mensch begann. Unterscheiden zu können zwischen dem Wahnsinn in meinem Zuhause und dem, was einem »gesunden« Leben entspricht, dauerte Jahrzehnte. Es brauchte auch die Wende, um mich davon freizumachen. Denn dass das Netzwerk der Verachtung in meiner Familie so stabil war, hatte auch damit zu tun, wie gut es sich in die Gesellschaft der DDR einfügte. In den Händen einer politisch vollständig korrekten Familie zu leben hat mein Leid noch unsichtbarer gemacht. Es war genug Grund, mich als Mensch noch mehr zu übersehen. Alle gemeinsam waren bemüht, mich in Form zu bringen, unter dem Deckmantel der Hilfsbereitschaft. Auf meinen Schultern und an der vorderen Seite meines Halses sorgte ein permanenter Druck eines Zeigefingers dafür, dass ich nie vergaß, wem ich alles zu verdanken hatte: dem Staat und Mutter. Noch lange brauchte ich, um die Geister der Vergangenheit abzuschütteln. Sie nahmen sogar ganz reale Formen an. Ich bekam Asthma und reagierte auf verschiedene Lebensmittel mit Erstickungsanfällen. Ich bekam willkürlich Angst in der Bahn. Es bildeten sich Steine in meiner Speicheldrüse, die so starke Schmerzen erzeugten, dass sie operativ entfernt werden mussten. Schaute ich in den Spiegel, sah ich von Zeit zu Zeit das Gesicht meiner Adoptivmutter und erschrak. Ich sah mein Gesicht, aber es trug ihren Ausdruck, dieselbe boshafte Ungläubigkeit. Marion hatte immer zu mir gesagt, dass ich nicht dick werden dürfe, sonst wolle mich keiner. Irgendwann hatte ich gar keinen Hunger oder Appetit mehr. Die von ihr großzügig an mich ausgeschenkten Appetitzügler und Abführwürfel halfen dabei. Ich redete mir ein, einen kleinen Magen zu haben, und dabei beließ ich es. Mein Körper fühlte sich an, als wäre er am Hals getrennt. Es gab ein Oben und ein Unten. Mein Blut, das durch meine Adern floss, mein Atem, den ich durch meinen Körper beförderte, kamen nicht durch die Halsenge. Heute ist das böse Spiegelbild verschwunden. Inzwischen kann ich meinen Kopf mit meinem Körper in Einklang fühlen. Mein Leben verstehe ich als das meine. Es ist mein Magen, der sich Nahrung wünscht, nicht ihrer. Es ist mein Körper, der berührt wird, und es sollte mir Freude bereiten, nicht ihr. Es ist mein Morgen, an dem ich aufwache. Es ist mein Kuss, er richtet sich an mich, nicht an sie. Es ist mein Erfolg oder Misserfolg, es ist mein Augenaufschlag, es sind meine Fingernägel, und es ist mein Atem, mein Schweiß, mein Geruch. Nur meiner.

Auch die Angst ist verschwunden. Ich hatte lange in meinem Leben ständige Angst, verraten, schlimm bestraft oder weggeschickt zu werden. Ich hatte Angst vor Schmerzen, Angst vor Ruhe, Angst vor der Dunkelheit, vorm Alleinsein und davor, verhaftet zu werden, weil ich nicht »richtig« war. Ich hatte Angst davor, zu verhungern. Denn das passiert ja mit den Menschen in Afrika, und da kam ich immerhin her, dachte ich. Ich hatte Angst davor, niemals Weiß genug zu sein, Angst davor, ins Nichts zu leben ohne Vorbilder. Ich hatte Angst davor, alt zu werden und dann noch weniger wert zu sein. Angst davor, niemals wie die anderen zu sein. Angst davor, in den Zug zu steigen und durch den Osten oder Regionen Deutschlands zu fahren, die als rassistisch gelten. Angst davor, immer erotische Vorlage für allerlei sexuelle Fantasien zu bleiben. Angst davor, dass ich für immer und ewig jeden Tag allen Menschen, die mich fragen, zu erklären habe, woher ich komme und warum ich da bin. Angst davor, dass er womöglich niemals aufhört, dieser ekelhafte Druck im Hals. Angst davor, immer und andauernd bewertet zu werden, von rassistischen Augen. Von Augen, zu deren Entertainment ich performen soll.

Ich bin von all der Angst so müde geworden. Müde davon, immer wieder Platz zu machen für die guten Weißen Frauen. Müde davon, beweisen zu müssen, Weiß genug zu sein. Meiner gesellschaftlichen Pflicht nachzukommen, sexy zu sein. Aber vor allem müde davon, dass mir in meinem Umfeld niemand geglaubt hat, welchem Stress ich ausgesetzt war. Von systemischem Rassismus hatte ich nie gehört. Wann immer ich versuchte, mir Luft zu verschaffen, mir einen dauerhaften Druck von der Seele zu reden, hieß es: »Quatsch, das redest du dir ein«, oder »Übertreib mal nicht«. Manchmal auch »Da bist du selber schuld«, »Du bist so negativ, damit ziehst du den Stress an«, »Dein Karma ist so schlecht, es ist kaum zu ertragen«.

Lange Zeit wusste ich nicht, wohin ich mich mit all der Angst und Müdigkeit wenden konnte. Die Fragen an meine Vergangenheit ließen sich nicht formulieren. Das Gute an alldem ist: Es war mein Antrieb. Etwas in mir hat immer nach etwas Hellerem gesucht, etwas Schönerem. Ich habe mich in meine Einzelteile zerlegen lassen und den Rest dann aus freien Stücken hinzugefügt. Mein Ehrgeiz, der daraus entstand, hat mich weit gebracht. Es war ein hartes Bootcamp, immer unter Stress zu stehen. Zu lernen, die vernichtenden Stimmen zu ignorieren und den zarten Tönen der poetischen Hoffnung zu folgen und das langweilige Mittelmaß als heimatlichen Status zu wählen. Auch an die Ruhe musste ich mich erst gewöhnen. Es ist heutzutage manchmal ungewöhnlich ruhig. Keine Mörder lauern hinter der Ecke. Ich esse heute Eis und Kuchen, und manchmal trinke ich Cola. Und als ich etwas zugenommen habe, ist nichts passiert. Auch nicht, als ich meine Meinung sagte. Das Finanzamt bringt mich nicht um und meine Bank auch nicht. Ich bin Teil verschiedener Communities, ich habe Kolleg:innen, die ich mag. Ich lebe sogar mit rassistischen Nachbar:innen, aber ohne sie zu fürchten.

Während ich hier schreibe und aus meinen Augen wiedergebe, in welcher Schlichtheit, Dummheit und Brutalität Ausgrenzung in Deutschland stattfindet, lese ich wieder und wieder die deutlichen, mutigen Worte der Dichterin May Ayim. Auch sie entschied sich für ihren Weg, anfangs allein. Sie brach ins Leben auf, ohne ihre Adoptivfamilie und ohne sicheren Hafen. Ich bewundere und verehre sie dafür. Sie hat gerufen und immer wieder gerufen, und wäre sie noch da, würde sie es noch immer tun.

Ihre Gedichte, ihre Texte haben wir immerhin noch. Und ich nahm sie mir zum Vorbild für diesen Schritt hier. Ehrlich zu schreiben und auszusprechen, was deutsche Gesellschaft auch bedeutet.

deutschland im herbst

es ist nicht wahr
daß es nicht wahr ist
so war es
erst zuerst dann wieder

so ist es

kristallnacht:
im november 1938
zerklirrten zuerst
fensterscheiben
dann
wieder und wieder
menschenknochen
von juden und schwarzen und
kranken und schwachen von
sinti und roma und
polen von lesben und
schwulen von und von
und von und von
und und

erst einige dann viele

immer mehr:
die hand erhoben und mitgemacht
beifall geklatscht
oder heimlich gegafft
wie die
und die
und der und der
und der und die
erst hin und wieder
dann wieder und wieder

schon wieder?

ein einzelfall:
im november 1990 wurde
antonio amadeo aus angola
in eberswalde
von neonazis
erschlagen
sein kind kurze zeit später von einer
weißen deutschen frau
geboren
ihr haus
bald darauf
zertrümmert

ach ja

und die polizei
war so spät da
daß es zu spät war
und die zeitungen waren mit worten
so sparsam
daß es schweigen gleichkam
und im fernsehen kein bild
zu dem mordfall

zu dem vorfall kein kommentar:

im neuvereinten deutschland
das sich so gerne
viel zu gerne
wiedervereinigt nennt
dort haben
in diesem und jenem ort
zuerst häuser
dann menschen
gebrannt
erst im osten dann im westen
dann
im ganzen land

erst zuerst dann wieder

es ist nicht wahr
daß es nicht wahr ist
so war es

so ist es:
deutschland im herbst
mir graut vor dem winter

May Ayim

Ich habe ihre Schriften erst spät in meinem Leben gefunden. Genau genommen neulich erst, weil eine befreundete Autorin sie mir empfohlen hat. Sie bestätigen mich darin, dass es auch an der Struktur liegt, wie Schwarze Kinder in Weiße Adoptivfamilien integriert werden. Wir Schwarzen Adoptivkinder müssen nicht dankbar sein dafür, dass sich jemand unserer angenommen hat. Man darf uns mit Liebe beschenken und hat uns zu schützen in der Weißen Mehrheit. Wir gehören uns, auch wenn wir keine Eltern mehr haben, sie uns nicht wollten oder sie nicht konnten. Oder beides oder sie einfach verstorben sind. Wir Weißgewaschenen deutschen Schwarzen sind es nicht gewohnt, Communities zu bilden und zusammenzuhalten, um stärker zu sein. Wir haben gelernt, so Weiß wie möglich zu leben und zu sein. Nicht zu wild zu sein, nicht zu laut zu sein und nicht zu viel zu fordern. Es muss eine Generation Schwarzer Deutscher geben, die ihre Identität nach Hause in einen geschützten Raum verlegt hat. Denn das Ego des Weißen Europas ist so groß, dass es noch nicht einmal merkt, wie es auf den Kindern der anderen steht. Wie es auf deren Seelen herumtritt. Das Weiße Europa achtete über viele Dekaden darauf, wie viele von uns da sind. Wie viele von uns zu sehen sind. Es dosiert uns in die Gesellschaft und unsere Kinder genauso, und es findet das richtig und sehr großzügig. Immer wenn mir diese Haltung begegnet, denke ich: Wer bist du, zu glauben, das Recht zu haben, mir Einlass zu gewähren? Mein Platz ist genau hier, und niemand hat ihn mir geschenkt. Niemand hat das Recht, mich mit einer armselig lapidaren Bewegung hereinzubitten. Ich gehöre hierher, wie jeder und jede, der oder die hier gerade ist. Es ist mein Ort, unser aller Ort. Es ist rassistisch, zu glauben, dass es deine Entscheidung ist, mir Platz zu räumen. Ich möchte mir einreden, dass wir Schwarzen und Braunen Wirs inzwischen sichtbarer werden. Aber es ist noch lange nicht genug. Denn wie wäre es, käme eine Weiße Person in einen Raum, in dem Nichtweiße

Menschen in der Überzahl wären. Das wäre mal ein Bild, an das sich die Gesellschaft zu gewöhnen hätte. Wie wäre es, wenn der Zwang verschwunden wäre, immerzu zählen zu müssen, wie viele von jeder Pigmentierung sich in einem Raum befinden. Überall sehen wir stattdessen Weiße Gesichter in der Überzahl, und zwar ganz selbstverständlich. Ihre Existenz ist der Normalfall, wir dagegen werden als »andere« wahrgenommen. Um der Diversitätdebatte gerecht zu werden, streut man uns wie ein ausgefallenes, ungewohntes Gewürz dazwischen. Über uns wird entschieden, ob wir akzeptabel oder nicht akzeptabel sind. Ob wir uns unterzuordnen haben, ob wir zu laut sind, klug genug, artig genug. Die guten Schwarzen werden dann vorgezeigt und dürfen mitmachen.

Das muss enden. Wir müssen aussehen dürfen, wie wir es tun. So groß sein, wie wir eben sind. Wir sehen so divers aus, wie alle anderen Menschen auf dieser Welt auch, wir schielen, haben dünne Haare und dicke Bäuche, Cellulite, Falten und schiefe oder gelbe Zähne. Wir haben kurze Finger, Damenbärte, große Ohren oder kurze Wimpern, und wir werden älter. Wir sollten mitspielen dürfen, auch wenn wir nicht dem Weißen Schönheitsideal von Schwarzen entsprechen. Wir sind nicht die Paradebeispiele eurer trüben Fantasien.

Woher weiß ich, dass das alles nicht so sein müsste? Als Kind begann ich, Geld zu stehlen. Es war ein Hilfeschrei. Und auch sonst verband mich etwas Komisches mit Geld. Geld war Liebe, Geld hieß dazuzugehören, Geld bedeutete Schmerz. Brachte ich Geld ein, durfte ich bleiben. Ich gehörte Marion, ich war das Einzige, was sie hatte. Sie hatte mich, und Geld war das Einzige, das jemals von Bedeutung war. Und die Schönheit und die auch nur wegen des Geldes.

Ich erinnere mich an sonnige Tage in der Leninstraße. Ich spielte mit Barbies unter den Balkonen der Hochparterrewohnungen. Mein Bruder und ich hatten jeder ein eigenes Zimmer. Wir gingen nach der Schule in den Hort und danach heim. Fast alle hatten einen Schlüssel um den Hals und gingen allein nach Hause, um dann dort auch allein zu sein, bis die Eltern von der Arbeit kamen. An irgendeinem Tag ging ich am Abend an Marions Portemonnaie und nahm mir zwei Mark. Mir fällt kein richtiger Grund ein, genau genommen gab es keinen. Zwei Mark, das war viel Geld zu dieser Zeit. Zumal das durchschnittliche Einkommen in der DDR bei 600 Mark lag. Die Mieten und sämtliche Sozialabgaben waren nicht hoch, aber alles, was man über die Grundversorgung hinaus wollte, kostete schon etwas mehr. Süßigkeiten, Eis, eine Currywurst essen gehen, mit dem Auto einen Ausflug machen, in die Ferien fahren, mal in einem Restaurant essen, nach Berlin fahren und in den Palast der Republik, ins Weihnachtsmärchen, ins Kindertheater oder ins Kino zu gehen. Ich begann eine Art Machtspielchen, so würde ich es heute beschreiben. Ich stahl meiner Mutter regelmäßig Geld. Davon kaufte ich Kekse mit Zuckerguss oder Drops, die mir meistens im Kino im Hals stecken blieben. Mich interessierten die Süßigkeiten nicht. Ich aß meist gar nicht alles auf. Den größten Teil verschenkte ich an irgendwen aus der Nachbarschaft oder in der Klasse. Wir hatten alle kein Taschengeld oder nur sehr wenig. Ein paar Groschen vielleicht mal für einen Lutscher. Taschengeld hätte auch wenig Sinn ergeben, denn es gab nicht viele Dinge, für die wir es hätten ausgeben können. Marion gab mir einmal in der Woche Milchgeld, dafür bekam ich täglich einen Viertelliter Milch im Tetra Pak, in täglich wechselnden Geschmacksrichtungen, meine liebste war Vanille. Hinzu kam noch das Geld für den Mittagstisch in der Schulspeisung in der »Essenbaracke«. So nannten wir den flachen länglichen Bau. Wir hatten Sparschweine, in denen wir kleine Geldgeschenke aufbewahrten. Manchmal, wenn wir an Wandertagen Ausflüge machten, forderten die Lehrer:innen einen Eltern-Groschen für Snacks und Fahrtkosten. Die Normalität war eben ohne Penunse. Wie ich aufflog, erinnere ich nicht mehr, auch nicht, was dann folgte. Ich bemühte mich gar nicht, das ganze Szenario zu verstecken, mein Handeln war dreist und provokant. *Bitte, sieh mich,* schien es sagen zu wollen. Auch, wenn deine Reaktion darauf nur eine schwungvolle Ohrfeige ist. Ich fand, mir stehe mehr zu. Mehr wovon, konnte ich nicht formulieren, selbst wenn ich es gekonnt hätte, wären alle Ohren versperrt gewesen. In meiner Welt nahm ich mir das Geld, was ich mir verdient hatte, weil ich gehorsam war und alles aushielt. Ich belohnte mich. Und es schien eine Möglichkeit zu sein, Marion zu berühren. Sie schien etwas zu fühlen beim Verlust ihrer Markstücke.

Ich war so erzogen worden, bereits als Baby: Es wurde irgendwie Geld hin- und hergeschoben, wenn ich tat, was ich sollte, blieb, wo ich abgesetzt wurde. Wenn ich mir Schmerzen zufügen ließ, ohne einen Mucks von mir zu geben. Mich befummeln ließ von allen, die mit ihrem Lächeln bezahlten. Mein Verhältnis zu Geld wurde davon geprägt, und erst viel später im Leben konnte ich dem anders begegnen. Wenn mein Diebstahl entdeckt wurde, bekam ich Stubenarrest. Ich durfte nicht rausgehen, musste nach der Schule zu Hause bleiben, mich schämen und schlecht fühlen. Ich schämte mich aber gar nicht, ich schrie ja um Hilfe. Es war so eine Art Kraft oder Macht, die ich plötzlich erlangt hatte und die mich lange begleiten sollte. Das ist mir sehr deutlich geblieben. Es ging im Leben immer zuerst um Geld, gefolgt von Macht, und alle Mittel waren dafür recht. Das Muster behielt ich bei. Es war tief in meiner DNA verankert und blieb recht lang in mir.

Später lieh ich mir Geld von Menschen dafür, dass ich ihnen gestattete, mich schlecht zu behandeln. Fürs Nicht-Ernstnehmen, fürs Missverstehen, für Mitleid, für rassistische Bemerkungen. Ich fand es okay, wenn sie denn bezahlten. So gehörte sich das. Weggehen wäre mir nicht in den Sinn gekommen. Komischerweise habe ich genau die richtigen Menschen dafür gefunden. Wir waren verbunden. Sie durften mich kleinhalten, ihren Rassismus an mir ausleben, indem sie einfach nur die für sie brauchbaren Anteile von mir »verwendeten« und den Rest wie Abschaum behandelten, verurteilten, verachteten. Nun war auch das, was ich suchte und meinte, nicht ganz richtig adressiert. Keiner der Menschen, die ich in meinem Leben traf, Freund:innen, Partner, Agent:innen, konnte mir meine Eltern ersetzen. Konnten mir mütterliche Geborgenheit geben, Schutz, Fürsorge und all das, was wir mit Mütterlichkeit verbinden. Mein kindliches Empfinden in mein Erwachsenenleben zu tragen schmälert nicht die Absurdität der Situation. All die Stimmen meiner Vergangenheit sprachen zu mir: *Wie kannst du es wagen, einen aufrichtig liebevollen, respektvollen Platz für dich einzufordern? Du als Schwarze adoptierte Ossi?* Ich war ahnungslos, wo und ob ich so etwas finden konnte. Ich hatte es nur in Filmen, im Fernsehen oder im Kino gesehen, in manchen anderen Familien, bei deren Geschwistern, deren Freund:innen und Partner:innen und deren Umgang miteinander. Ich habe das menschliche Verhalten studiert, genau beobachtet, was sie tun, was sie wünschen, einander geben, was sie anschaffen, wer wem was gibt und warum und was der andere dann zurückgibt. Habe geschaut, ob sie einander Fehler vergeben können und wie sie das tun. So habe ich mir Träume von anderen geliehen, Wünsche geborgt. Ich habe gelitten, wenn andere litten, und mich gefreut, wenn die anderen sich freuten. So habe ich mir mein Bild gebastelt und es eingefordert. Hat es nicht geklappt, musste bezahlt werden.

Ich wiederholte, was ich gelernt hatte, und begann eine weitere Runde mit den Erfahrungen im Gepäck, die mich gebrochen hatten, zu drehen.

Als ich damals mein erstes Modellhonorar bekam, kaufte ich zuerst etwas Schönes, sehr Teures für meine Adoptivmutter. Ich wollte ihr zurückgeben, was sie mir gegeben hatte. Ich schuldete ihr etwas. Schließlich hatte sie ihr Leben geopfert. Diethmar bekam auch immer schöne Geschenke von mir, um ihn zu erfreuen, aber vor allem, um ihm zu zeigen, was ich aus mir und meinem Leben gemacht hatte. Geld bedeutete immer auch Dankbarkeit und Hörigkeit. Die Verwicklung von Liebe, Missbrauch und Geld waren so allgegenwärtig und sind nur schwer zu erklären. Bis heute ist sich niemand einer Schuld bewusst gewesen, hat sich entschuldigt oder wenigstens erkannt, dass hier etwas gehörig schiefgelaufen ist. Ich kann es kaum ertragen, mich länger in diesem fragilen Gefühlszustand als Zielscheibe der White Supremacy aufzuhalten, deshalb dosiere ich es über die Länge des Buches. Wann immer ich mich stark genug fühle, lasse ich es einfließen.

Als Schwarze Adoptivtochter und auch Schwarze Adoptivschwester ging es immer nur um die Bedürfnisse meiner Retter:innen, sich als gute Menschen zu fühlen. Trotz der Volkswirtschaft in der DDR und des Versuchs, der Bevölkerung die Gier nach Besitztümern auszutreiben, blieben Geld und Materie sehr lobenswerte und erstrebenswerte Ziele. Man wollte sehr wohl möglichst viel davon anhäufen.

Mir fiel es lange Zeit gar nicht auf, dass sich bei mir Verhaltensweisen ungesund mit Zahlungsmitteln verknüpft hatten. Ich konnte meine Verdrehung kultivieren.

Gibt es doch die Aussage »Für Geld bekommst du alles«.

Klatschend stimmte ich dem zu.

Don't worry: Inzwischen gelingt es mir, Geld, Liebe, Sex, Arbeit und Expertise klar voneinander zu trennen. Meine Daseinsberechtigung nicht über das Geldmittel zu gestalten und alles, was mir kostbar ist, damit zu verwickeln – und zeitgleich abzuwerten. Geld koppelt sich bekanntlich gern an falsche Werte. Man tut schon gut daran, sich hin und wieder zu fragen, ob die, unter menschlichen Kriterien betrachtet, vertretbar sind. Nicht, als würde man einen Pakt mit dem Teufel eingehen.

Glanz des Tages

Gott des Sommers musizierst mit uns
klopfst leise an
spazierst auf Alleen
deckst am Morgen den Tisch
zum Platzen gefüllt
gehst
und lässt mich zurück

Ertönt Musik von weiter her
Noten tingeln
Töne suchen nach den Tasten
sprich zu mir
Lass mich singen
Hinein in das Blau des Abends

Mitnichten ein getäuschter Sinn
Es ist der Tag
auf dem Weg zu mir
Schmetterlinge warten im Gebüsch
klarst den Atem auf
wird ein Windhauch zu Gold
töricht der Gedanke
rot der Himmel
Zeit für Hoffnung
für Lieder
für den Schlaf

Peggy Kurka, Mai 2022

Kunst und Tanztheater Petersberg

Immer wieder ging ich im Leben neue Wege. Manche davon begannen wirklich langweilig. In der DDR war man verpflichtet, einer Arbeit nachzugehen. Nur so herumhängen ging nicht. Nur Modell sein auch nicht. Als ich keinen festen Vertrag mehr am Modeinstitut hatte und nur noch frei als Modell arbeitete, brauchte ich also einen Job. Ich wurde medizinische Kosmetikerin und Fußpflegerin in der Produktionsgenossenschaft *Modische Linie* in der Schönhauser Allee in Berlin-Prenzlauer Berg. Ein Dienstleistungsunternehmen, in dem Friseur- und Kosmetiksalon unter einem Dach stattfanden. Mein damaliger Ausbildungsplatz war sehr begehrt. Nur eine einzige Stelle wurde in jedem Bezirk vergeben. Ich bekam sie, obwohl es mir wirklich egal war. Ich war nicht sonderlich interessiert an der Arbeit, aber ich liebte die Anatomie, Latein und auch das Arbeiten an und mit Menschen. Das Beste an alldem war das Internat.

Der neue Job erleichterte es mir, in Berlin zu leben. Ich war inzwischen neunzehn Jahre alt und hatte meine eigene, vom Schwarzgeld meiner Mutter erworbene Wohnung im Stadtteil Mitte. Es war 1988 und Berlin ein lodernder Kessel. Es sprossen freie avantgardistische Modenschauen, Künstlergruppen und Punkbands aus dem Boden. Jeder und jede in meinem Freundeskreis war Teil einer aufmüpfigen, kreativen Community. Jeder suchte nach Ausdrucksformen und seiner persönlichen Revolution. Wir alle hatten die Schnauze voll von Verboten. Niemand glaubte an einen kommunistischen Staat. Wir waren angekotzt davon, dass wir nahezu nichts durften, aber alles wollten. Und wir fanden Wege, um dieser Haltung Ausdruck zu verleihen. Wenigstens unter uns und in unseren Kreisen. Die Mode schloss sich der Unterhaltungsbranche an. Und mir als Modell war es erlaubt, nebenbei Geld zu verdienen. Das war schon etwas eher Außergewöhnliches. Fotograf:innen wie Sven Marquardt, Sibylle Bergemann und Ute Mahler bestimmten das Bild der Mode. Der avantgardistische Friseur Frank Schäfer stylte in seinem Salon Modelle und Punks und alle, die ihm sonst so unter die Finger kamen. Jede Farbe, jeder Schnitt, Schamhaarfrisuren und alle Muster der Erde, die man sich auch nur im Ansatz vorstellen möchte, wurden dort am Körperhaar verwirklicht. Er war und ist ein Meister seines Faches, ein Künstler, Kreateur, Freigeist, ein Vorreiter. Ulkigerweise sind wir einander nie vorgestellt worden. Seinen Laden gibt es übrigens noch immer – und Frank auch.

Wir bewegten uns als Modelle immer knapp an der Grenze des Illegalen. Quasi in einem halb toten Winkel. Ich bekam Angebote für Modenschauen, Events, Videodrehs und Fernsehsendungen. Man unterschrieb irgendeinen Vertrag und bekam das Geld oder einen Scheck. Ich kann mich nicht daran erinnern, jemals Steuern bezahlt zu haben. Ob das erlaubt war, interessierte mich nicht. Inzwischen könnte ich mir vorstellen, dass ich Glück hatte und durchgerutscht bin. So ging es immer und immer weiter. Wir kannten uns alle und empfahlen einander weiter. So hatte ich immer mehr Geld, als ich brauchte. Ein sehr komfortabler Zustand.

Mein Lieblingskollege im Salon *Modische Linie* war Christian. Ein attraktiver Mittdreißiger besten Geschmacks, ein talentierter Friseur mit weißgefärbter Popperfrisur. Er war ein Mit-Leib-und-Seele-Friseur und Mitglied in einem Off-Theater in Halle an der Saale. Christian hatte, erfuhr ich später, seit Längerem einen

Antrag zur Ausreise in den Westen gestellt. Über so etwas sprach man nicht, war viel zu gefährlich für alle Mitwissenden und endete in den meisten Fällen nicht gut. Einmal fuhren Christian und ich gemeinsam nach Leipzig, und er stellte mir den heiteren, haltlosen Kreis seiner Freunde vor. Es war ein ausladendes Wochenende in einer riesigen, pompösen Altbauwohnung, vollgestopft mit Antiquitäten, Pelzen und Schmuck. Wir verkleideten uns, posierten füreinander, fotografierten uns gegenseitig, tranken Unmengen Alkohol, qualmten, als gäbe es kein Morgen, tanzten, lagen uns halbnackt in den Armen. Jede:r schlief dort ein, wo ihn oder sie die Kraft oder das Bewusstsein verließ. Ich war die einzige Frau in dem ausladenden Gerangel aus Federboas, Abendkleidern, Lippenstift, russischem Sekt aus antiken Kristallgläsern, Häppchen, falschen Wimpern und Opernarien. Wir erlebten eine andere Art der Freiheit als die, die ich in der Mode gewohnt war. Schönheit wurde ganz anders definiert: Alle waren schön, besonders und genau so, wie sie waren. Es ging nicht ums Dünnsein und nicht ums Jung- oder Altsein. Noch nicht einmal um Talent. Nur um den Willen, sich vollständig der Sache hinzugeben und sich mit Leib und Seele einzubringen in das, wozu man sich gerade hingezogen fühlte und worin man den unbändigen Drang verspürte, sich auszudrücken. Es war nicht vonnöten, irgendeinem Bild zu entsprechen, um dazuzugehören, man war das Bild.

Christian reichte dieser kleine Raum der Freiheit nicht. Er verließ die DDR kurz darauf für immer. Über Nacht ließ er alles stehen und liegen, um zügig das Land zu verlassen. Wir konnten uns kaum verabschieden, schnell bot er mir noch an, seinen Job für das Opernprojekt *Dido und Aeneas* auf dem Petersberg zu beenden. Er gab mir die Telefonnummer vom Herrn Pfarrer der Kirche auf dem Berg, erklärte mir nichts und ging in den Westen, wünschte mir viel Erfolg und Tschüss für immer. Wir haben uns nie mehr wiedergesehen.

Das Theaterprojekt Petersberg war kein offiziell angemeldetes Off-Theater. Eine Apothekerin war dabei, meine Freundin Heidi und ich. Es war ein wilder Haufen aus Kunstschaffenden, Homosexuellen, trans Menschen, Andersdenkenden und Freiheitsuchenden. Wobei Letzteres wirklich nicht schwer war in der DDR. Sie trafen sich, um sich künstlerisch auszudrücken, aber auch, um Frieden zu finden. Und einfach sie selbst sein zu können, so wie die Freunde von Christian in Dresden.

Kurze Zeit später fand ich mich also in dem kleinen Schuppen auf dem Gelände der Kirchengemeinde Petersberg wieder und frickelte unqualifiziert, aber mit großer Begeisterung an irgendwelchen neongelben sonnenartigen Gebilden aus Plastikhaar herum. Die Grundstoffe für die Perücken hatte Christian aus Westberlin besorgt. In der DDR gab es kein buntes Kunsthaar. Er hatte, um den Konstruktionen Halt zu geben, einen Unterbau aus Drähten geformt und das Haar daran befestigt und geformt. Das ahmte ich einfach nach und führte es zu Ende. Manche Perücken hatte er begonnen aus Papier zu formen, mit einem Unterbau aus mit dem Föhn zusammengeschweißter Plastikfolie. Er hatte auch angefangen, wertiges Papier in Streifen zu schneiden und auf einen Lockenstab aufzudrehen, um daraus Allongeperücken zu formen. Die sahen erstmal nur nach Kinderkarneval aus. Es wartete aber bereits eine Airbrush-Maschine – niemals zuvor hatte ich davon gehört –, mit der ich die Papierkonstellationen schattierte. Ich hatte das nie zuvor gemacht, aber das spielte keine Rolle, denn ich wollte es können. Nur das zählte. Das ganze Ensemble, das Orchester und die Bühnenarbeiter schliefen im Pfarrhaus oder zelteten im Garten. Wir tranken schlechten Wein, schliefen wenig, trainierten hart und wuschen uns im Bergsee. Wir liebten uns alle, irgendwie, mal mehr, mal weniger. Unsere Nähe war friedlich und brannte vor Schöpfungskraft. Uns alle trieb eine Art Melancholie um. Auf der Suche nach dem Leben an sich, nach Religion, Liebe, Politik und Schönheit. Wir legten unser Geld zusammen und kochten gemeinsam. Manche waren finanziell besser aufgestellt, andere etwas schlechter. Es spielte keine Rolle. Ich weiß noch nicht einmal, ob ich zu denen mit mehr Geld oder zu denen mit weniger gehörte. Ich war gerade mal zwanzig und die Jüngste von allen, daran erinnere ich mich. Und ich war die einzige Schwarze, das schien aber keine sonderliche Rolle zu spielen. Hier ging es um etwas anderes, und wir alle suchten einen Ort, an dem wir uns richtig und akzeptiert fühlten. Einen Ort, an dem wir unsere eigene Welt lebten.

Es war so richtig für mich, dort zu sein. Wir tranken jeden Abend Unmengen von Rotwein. Wir redeten und redeten, wir verliebten uns ineinander und knutschten. Dann standen wir früh auf, um den ganzen Tag zu proben und Dinge zu erledigen. Wir hatten kein Geld, und es fehlte auch an Materialien, aber das machten wir wett, mit dem »Aus-Scheiße-mach-Gold-Gen« der Ossis. Das Team des Bühnenbildes hatte die Kleider auf große Pappen gemalt und ausgeschnitten. Zusammen mit Christians und meinen Perücken entstand ein erstaunliches Bild. Der junge Dirigent, Herr Richter, schmiss sich ins Zeug, das kleine Kammerorchester füllte das Kirchenschiff, und die Opernsänger performten mit Hingabe. Mein Auftritt als Teufel führte dazu, dass ich in den zukünftigen Produktionen nicht nur die maskenbildnerischen Arbeiten ausführte, sondern auch Teil des tanzenden Ensembles wurde. Ab da kamen wir fast jeden Sommer zusammen und inszenierten ein Stück. Von der Oper hatte sich Axel Müller, unser Regisseur, bald verabschiedet. Die Stücke entwickelten sich mehr und mehr zu gestischen Tanztheater-Aufführungen, die zwischenmenschliche Beziehungen thematisierten. Brauchte es ein Orchester, fand Axel es. Sollte das Kirchenschiff in einen Wald auf Rindenmulch verwandelt werden, fand er eine Gärtnerei, die das umsetzen konnte. Wir spielten *Komme her, lauf weg* und *Schatten am Himmel, Letzte Nacht, Trüber Tag, freies Feld, Süßes*

Jenseits – Stücke, die Axel geschrieben hatte und für die er auch Regie führte. Hier hatte niemand eine Hautfarbe. Wir taten, was wir wollten, in diesen jährlich sich wiederholenden Spätsommerabenden in der Peterskirche. Und der Herr Pfarrer ließ uns gewähren.

Wir wollten etwas sagen und kritisch sein. Unser Können verwenden, um die Gesellschaft in Frage zu stellen, wütend zu sein und nebenbei unterhalten. Das kann Kunst. Für uns war die Kirche wie eine Rettungsinsel. Ich glaube, es war überlebenswichtig, so einen Ort zu haben. Einen sicheren Ort, an dem man sagen konnte, was man wollte, die Musik hörte, die man wollte, die Kleidung trug, die man wollte.

Durch meine Freundschaft zu Axel Müller, einer der treibenden Kräfte des Ensembles, und durch meine Bewunderung für sein Werk zog mich das Theaterprojekt Petersberg tief in den Bann.

Die Liebe zu Friedhöfen verband Axel und mich. Wir zelebrierten es, lebensmüde zu sein, und gewannen daraus Kraft und Kreativität. Wir fanden es schick, dem Tod nah zu sein, wenigstens in Gedanken und an diesen Orten. Wir empfanden einen permanenten Drang, nach Antworten auf die Fragen des Lebens zu suchen. Wir kokettierten mit dem Glauben an Gott und unserer Spiritualität. Mehrere hundert Liter Rosenthaler Kadarka und Rotkäppchen-Sekt bemühten unsere Leber. Wir tranken täglich, schauten Abend für Abend in die Sterne, fühlten uns alle einander nah, knutschten, hatten Sex. Wir stritten, lebten Dramen aus, probten und schwammen gemeinsam im Steinbruch. Eines Nachts 1989 im Spätsommer saßen Axel, Peter Waschinski, zwei weitere und ich in der kleinen Küche oben unter dem Dach des Pfarrhauses, um Gläserrücken zu praktizieren. Wir taten das manchmal, aber dieses Mal war es heftiger, viel intensiver als sonst. Unsere Fingerspitzen berührten ein altes Kristallglas, das sich wild und aufgeregt über den

Tisch schob. Wir befanden uns in einer großen Demonstration mit viel Polizei, zwischen zwei großen Plätzen, an einer Brücke. Das Glas umfuhr die Buchstaben, die wir auf einen großen Bogen weißen Papiers notiert hatten. Was passiere, würde die Welt verändern, beschrieb das Glas. Zwischen den Plätzen würde es großen Aufruhr geben, man müsse sich in Sicherheit bringen. Das war sogar für unsere angeschallerten Kreativköpfe zu viel. Wir stoppten die Zeremonie, nahmen unsere Hände vom Glas und blubberten uns in den Schlaf. Wenig später fiel dann die Berliner Mauer, und die Stadt war im Ausnahmezustand. Wir sprachen lange nicht darüber, was da passiert war, wir fanden es zu gruselig.

Zehn Jahre lang, on and off, verbrachte ich meine Sommer dort in Halle auf dem Berg, um zu tanzen, Perücken zu basteln aus allem, was so herumlag. Nach der Wiedervereinigung wurde alles viel einfacher. Unser Projekt wurde dann von der Kulturförderung Halle finanziell unterstützt, der Zugang zu sämtlichen Materialien wesentlich einfacher.

War das ein weiterer Fluchtort für mich, diesmal in die Kunst, oder einfach nur mein Weg?

Die wichtigste Freundin in dieser Zeit war Hedi. Sie war für mich eine intellektuelle, geheimnisvolle Frau und eine Kunstsammlerin, wie ich sie vorher nicht gekannt hatte. Wir sprachen andauernd und sahen uns fast täglich in Berlin, wo wir beide lebten. Sie lehrte mich viel über alte Künste, das Theater, die Oper und vieles über Wagners Werk. Ununterbrochen hörten wir Wagner-Opern und schauten Bühnenbilder in Hommage an Adolphe Appia an, durchblätterten stapelweise Bücher.

Ich erinnere mich an Abende voller Wein, Schnaps und Zigaretten. An lange, nicht enden wollende Gespräche über Kultur und Sex und über all das, was ich noch lange nicht verstand, aber was in meinen Ohren aufregend klang. Wir beiden Frauen auf ihr altes Chaiselongue im Hinterhaus der Kastanienallee gequetscht, vertraut einander zuhörend. Dass Hedi für die Staatssicherheit arbeitete, wusste ich damals nicht. Erst als sie 1989, kurz vor dem Mauerfall, einfach verschwand, begannen wir von diesem Teil ihres Lebens zu ahnen. Was genau ihr Auftrag war, erfuhr ich nie so richtig. Ich denke, das ist auch gut so. Mich hat sie jedenfalls nicht verraten. Sie hätte es tun können, denn Marion war 1988 oder 1989 in den Westen geflohen, und mein Bruder Karlo war ja durch die Oder geschwommen, hatte sich in die Warschauer Botschaft retten können und dort Asyl anerkannt bekommen. Ich hatte von den Plänen kurz vor ihrer Abreise gewusst und wäre eingesperrt worden, wenn man das erfahren hätte. Mir geschah aber nichts, mein Personalausweis wurde nicht gleich verlängert, aus irgendwelchen Gründen, aber das war es auch schon. Kurze Zeit darauf bekam ich einen neuen.

In der Nacht der Maueröffnung habe ich Berlin sofort verlassen. Ich wollte sichergehen, falls es nur ein falscher Alarm war, dass ich auf jeden Fall nicht mehr auf der sozialistischen Seite Deutschlands war. Mit einer Zahnbürste in meinem kleinen Jeans-Rucksack und meinen restlichen vierzig Westmark stieg ich in den Zug und reiste nach Augsburg. Ich wollte Marion sehen, sie überraschen, denn dort lebte sie inzwischen mit einem neuen Mann. Die Fahrt war in dieser aufregenden Nacht kostenlos, also sprang ich einfach in den Zug und war sehr überrascht über die Tatsache, dass ich zehn Stunden Fahrt vor mir hatte. Ich kannte Westdeutschland nicht wirklich, hatte keine Ahnung, welche Städte es gab und wie groß sie waren, ob sie südlich oder nördlich von Berlin lagen. Wir lebten im Osten, das hatte etwas Aussichtsloses, besonders, wenn es um mein Interesse für Geografie ging. Es war so aufregend, morgens den Grenzübergang in den Westen zu überrollen. Die Bahnsteige waren gefüllt mit jubelnden Menschen, die Geschenke in den Händen hielten, an manchen Stationen spielte sogar eine Kapelle. Ich fand das übertrieben und nervig. So gegen elf Uhr fuhr ich in den Augsburger Hauptbahnhof ein, holte mir im Rathaus noch mein Begrüßungsgeld und päppelte mein knappes Taschengeld auf.

Marion konnte ich nicht erreichen, sie unternahm einen Ausflug in die Berge nach Österreich. Aber ihre Freunde, von denen ich zum Glück eine Adresse hatte, waren da und nahmen mich gastfreundlich auf. Wir planten gleich ein Überraschungsessen. Sie verrieten Marion nicht, dass ich da sein würde. Ich glaube, ich bin mehrmals fast vor Aufregung geplatzt, war fix und fertig von der Hoffnung auf ein Wiedersehen, sie endlich wieder in den Arm zu nehmen. Die Tür ging auf, sie trat ein. Ich lief weinend auf sie zu und fiel ihr um den Hals. Sie berührte mich zögerlich. Als ich meine Umarmung etwas lockerte, um sie anzusehen, fand ich erstaunlicherweise das Gesicht einer grimmigen Frau vor. Die Fratze, die ich irgendwie vergessen hatte. Sie schimpfte mich und war wütend darüber, dass ich es gewagt hatte zu kommen. Ihr Mann tat es ihr nach. Die Freunde waren, wie ich, geschockt und vollständig fassungslos. Sie konnten, genau wie ich, nicht begreifen, wie lieblos und abstoßend ihr Verhalten war. Wir hatten mit Freudentränen gerechnet, nicht aber mit dieser Horrorshow. Ich durfte eine Nacht bleiben, dann hatte ich wieder zu verschwinden. Ohne Geld und gekränkt bis in die tiefsten Katakomben meines Herzens.

Ich hatte zu dieser Zeit einen Boyfriend in Osnabrück, einen Musiker, den ich auf einem Konzert in der Werner-Seelenbinder-Halle kennengelernt hatte. Er besuchte mich regelmäßig in Berlin, blieb aber immer nur für eine Nacht. Wir fanden das aufregend, aber nun kam die Stunde der Wahrheit. Ich rief ihn an:

»Hey, Markus, ich bin in Augsburg. Kannst du mich bitte hier abholen, ich muss sofort weg. Ich kann hier nicht bleiben.«

»Was machst du da? Wie bist du da hingekommen?«

»Die Mauer ist weg, ich wollte meine Mutter treffen, das war wohl ein Fehler.«

»Was? Aber weißt du eigentlich, wie weit das ist?«

»Nein, natürlich nicht.«

»Okay, ich komme. Aber vor heute Nacht kann ich nicht da sein.«

»Danke, ich warte auf dich.«

Nachts um drei Uhr war er dann endlich da und begrüßte mich mit den Worten: »Sorry, dass das so lange gedauert hat, es war ein Hirsch auf der Autobahn«. Ich verstand nichts, stieg ins Auto und schlief fast den ganzen Weg bis Osnabrück. Danke, Markus, für immer und ewig!

Nach all der Aufregung der Wende-Ereignisse kam der harte Kern unseres Ensembles wieder in Halle auf dem Petersberg zusammen, und wir inszenierten die Tanztheaterstücke über die kommenden Jahre. Auf nun auf ganz andere Art und Weise: kritischer, unverschnörkelt und nicht mehr am Rande des Erlaubten. Ein erfreuliches Resultat der Wiedervereinigung. Wir lösten uns 1999 auf. So ist es bis heute.

Meine große Liebe Decorsey Mc Eleney alias Mac Folkes

In Filmen gibt es solche Szenen: Ein Moment verändert dein Leben. Dabei ist es ja nie nur dieses eine Ding, die eine Sache, der eine Satz. Es fühlt sich nur so an. Weil wir nicht vorher wissen, welcher der Moment ist, ab dem nun wirklich, endlich alles gut wird. Laotse benennt es in seinem Werk *Tao Te King* wie folgt: »The journey of a thousand miles starts from beneath your feet.« Während wir hoffen und wünschen, sehen wir den Moment nicht nahen.

Für mich begann dieser Moment mit Mac. Mit der Frage, die Mac mir am Tag des Shootings stellte: »Wie konntest du überleben ohne Vorbilder und ohne eine Community? How could you survive?«

Nichts hat mich je so sehr in meiner Wahrnehmung und Intuition gestärkt. Mich lebensbejahend gemacht. Noch nicht einmal mein kleiner Ausflug in eine psychosomatische Klinik auf dem Land. Ab da war es: Mac und ich gegen den Rest der Welt. Mit ihm hätte ich alles gewagt. War es Glück oder Schicksal, dass wir uns trafen? Auf jeden Fall eines der größten Geschenke, die ich im Leben bekommen habe. Es hatte einen so überraschend großen und vereinnahmenden Einfluss auf mich, dass genau dieser Mensch mit allem, woraus er war, an mir interessiert war. Dass er etwas in mir sah, von dem ich lange wusste, dass es ein Teil von mir ist. Ein Teil, den ich nicht aussprechen konnte. Der jedoch ganz gewiss ohne sein Wohlwollen keinen Weg an die Oberfläche gefunden hätte. Mac motivierte mich dazu, unbequem zu sein und zu bleiben. Laut zu werden, wenn nötig, mir meines Raumes bewusst zu werden und darauf zu bestehen. Sonst war mir immer gesagt worden: »Reiß dich zusammen. Sag immer alles freundlich. Ist doch kein Wunder, dass man dir nicht zuhört, wenn du so laut bist. Du bist ja auch so wild!« Nicht im Traum wäre mir eingefallen, dass ich eigentlich noch viel lauter werden musste. Und nun führte mich dieser Mann mit seiner außerordentlichen Intuition vorsichtig zu den Anfängen meiner Schwarzen Identität. Liebevoll, direkt und verständnisvoll war er dabei. Er bewunderte meinen Mut und mein Durchsetzungsvermögen. Er erkannte, wie schwer es gewesen war für mich, bis an diesen Ort gelangt zu sein, an dem wir nun aufeinandertrafen.

Er befand, dass hier noch lange nicht der Platz sein würde, an dem ich mich einzufinden hatte.

Jeden Tag tauschten wir uns aus. Ich konnte nicht glauben, dass ich einer solchen Liebe und Freundschaft wert war. Meldete ich mich mal ein paar Tage nicht, checkte er ein und wollte wissen, wie es mir gehe, und noch viel bedeutsamer und neuer für mich: Er wollte wissen, was ich dachte. Wollte meine Meinung, meine Erfahrungen hören. Er wollte alles über mich wissen, über mein Leben in der deutschen Geschichte des Wandels. Was es bedeutete, in der DDR gelebt zu haben als Schwarzes Mädchen und junge Frau. Er verstand meinen Schmerz über Beleidigungen, rassistische Angriffe während meiner Arbeit, im Studio, am Flughafen und in der Bahn, im Freundeskreis, in der Familie. Er erkannte die Situationen und verstand, denn er wollte verstehen. Er hatte bereits Ähnliches erlebt, viel über Kolonialisierung gelesen und selbst über die Gesichter des Rassismus, Klassismus und über Genderproblematiken geforscht und dazu kritische Texte verfasst. Er weitete meinen Blick auf das, was mir passierte, nicht nur mir. Wir verarbeiten es gemeinsam, als gesellschaftskritisches Geschehen, nicht als mein persönliches Schicksal. Wir

Black oder Brown People haben uns auch daran gewöhnt, dass man mal hier und da so ganz nebenbei einen kleineren oder größeren rassistischen Haken verpasst bekommt. Nie fühlte ich mich in den Gesprächen mit ihm als Opfer, das sich bloß nicht zu wehren weiß oder viel zu sensibel ist. Mac bedauerte mich nicht, sondern war an meiner Stärke interessiert. Er wollte wissen, wie ich den Zugang zu meiner Kraft behalten hatte und was ich mit all meinen Gedanken getan habe, wenn ich sie doch niemandem ungefiltert mitteilen konnte. Ja, nicht einmal meinen Weißen Therapeut:innen oder meinen spirituellen Lehrer:innen. Die haben zwar oft meine Heilung unterstützt, aber die Gründe meiner seelischen Instabilität nicht akzeptiert. Rassismuserfahrungen setzten sie gleich mit »meinem negativen Blick auf andere«. Im Umkehrschluss bedeutete das, ich sei selbst schuld, denn durch meine Negativität zöge ich das Negative an. Coaches und Therapeut:innen, mit denen ich über die Jahre arbeitete, haben zumeist den Zusammenhang von Rassismus und häuslicher Gewalt nicht gesehen. Demnach auch nicht den Leidensweg, der sich daraus gestaltet hat. Und ich selbst wusste es auch nicht besser, ich kannte ja nur den Weißen, rassistischen Blick aufs Leben. Darin gab es keinen *Safe Space*, keinen sicheren Ort, für mich. Während ich gegen alles besonders Schwarze war, kämpfte ich auch immer gegen mich selbst. Alles und jeder, der oder die nach Afrika aussah oder klang, wurde von mir ordnungsgemäß nach mir eingepflanztem Gehorsam abgewertet. So konnte ich nicht wissen, dass es einen Korrekturbedarf bestimmter Narrative in meinem System gab.

Mac und ich waren nah und liebevoll miteinander, einfach so. Es schien, als brauchte es keinen Grund für unser Beieinandersein. Er vertraute mir einfach und ich ihm, weil alles so wahr war. Sein Handeln stimmte überein mit dem, was er sagte. Niemals zuvor war mir das begegnet. Ich kannte nur Widersprüche, Erniedrigungen, Menschen, die mir einredeten, was ich fühlen sollte. Aber noch viel unvorhergesehener und außerordentlicher war es für mich, dass er mir etwas zutraute. Er glaubte an meinen Verstand und meine Fähigkeiten. Nichts in mir war mehr falsch, seit ich ihn in meinem Leben wusste.

Wir telefonierten fast täglich, denn wir lebten an unterschiedlichen Orten. Unsere Gedanken trafen sich durch den Hörer und schweiften zusammen aus. Ich hatte plötzlich einen Verbündeten. Wenn mir am Set rassistische Bemerkungen begegneten, rief ich ihn an, und er beruhigte mich, ordnete die Situation ein und half mir, mich mental in Sicherheit zu bringen. Er schickte mir Artikel, Bildmaterial, Buchempfehlungen. Wenn er von mir sprach, nannte er mich Schwarze Frau. Das war ganz und gar neu für mich. Bisher kannte ich nur andere, Weißgewaschene Begriffe für mich. Halbschwarz, das furchtbare Wort »Mulattin« oder »Mischling«.

Mac und ich lernten zusammen, was es bedeutet, in Deutschland Schwarz zu sein. Mac lebte seit einigen Jahren wieder in Berlin und ich in Hamburg. Es war ihm schon aufgefallen, dass die deutsche Mentalität viele rassistische, menschenverachtende Angewohnheiten und Wertigkeiten beinhaltet, auf die man beteiligte Personen nicht ansprechen kann. Es ist recht verbreitet hierzulande, falsch gelehrte Werte nicht in Frage stellen zu wollen. Weist man sein Gegenüber auf einen verbalen Fehltritt oder eine respektlose Formulierung oder Handlung hin, wird dies noch viel zu häufig als derartige Beleidigung empfunden, dass man eine Eskalation der Situation zu befürchten hat. Es fällt ihnen nicht ein, dass sie es deshalb nicht nachvollziehen können, weil sie der Herd des Geschwürs sind. Schwarze Menschen leben seit Dekaden in Deutschland, heute sind es mehr als eine Million. Für Geschichte kann ja keiner etwas, aber für Ignoranz schon. Wir, Mac und ich, lasen gemeinsam über die Völkerschauen in Europa, die elementare Beteiligung der Deutschen am Sklavenhandel, einen weitestgehend unaufgearbeiteten Bestandteil unserer Vergangenheit hierzulande. Straßennamen, Denkmäler und Gebäudenamen sind unveränderte Puzzleteile, noch bestehende Zeugen dieser Zeit, die sich stillschweigend im Alltag einen Platz erobert haben. Wir haben uns seitenweise deutsche Sprichwörter und Tugenden notiert und darüber debattiert, was eigentlich der Kern solcher Formulierungen ist. Was bedeuten zum Beispiel: »Wer zu spät kommt, den bestraft das Leben« oder »Lügen haben kurze Beine«. Was meinen wir wirklich, wenn wir sagen: »Wer einmal lügt, dem glaubt man nicht, und wenn er auch die Wahrheit spricht«? Oder »Kleider machen Leute«? Und was sagen diese Formulierungen über uns als Gesellschaft aus?

Uns wurde bald klar, dass Macs Geschichte einer jamaikanisch-amerikanischen Einwandererfamilie, mit einer Familienhistorie, die bis in die Zeit der Sklaverei hineinreicht, eine andere war als meine persönliche hier in Deutschland. Die Abbildung dessen zeigt und erlebt sich anders, doch die Ursprünge sind verwandt. Wie James Baldwin es auf den Punkt beschreibt: »We don't have two different histories; they're the same. Each of us, each nation, each individual, each race and each gender has a role in this history and we need to confront it.«

Dennoch: Amerika hatte eine andere Art der Rassentrennung, andere Arten und Weisen, Schwarze Menschen im eigenen Land auszurotten und zu vertreiben. Die Auswirkungen des Hasses und der Verachtung, von Gewalt und Erniedrigungen sind dort anders auf dem Tisch als hier. Aber auch, wie die vergangenen Taten heute gemeinschaftlich verstanden und angenommen werden, unterscheidet sich. Wir sind hier in den Kinderschuhen, kurz vor der Pubertät, bezüglich der Aufklärung über die europäische insbesondere die deutsche Kolonialgeschichte, die Herkunft von Sehgewohnheiten bezüglich der Hautfarbe von Menschen. Über die Benennung von WIR in Bezug auf das Inkludieren aller.

Mac war mit dem Selbstbewusstsein aufgewachsen, ein

Schwarzer Mann und Teil einer Community zu sein. Ihm war Stolz mitgegeben worden. Die Kraft zum Überleben und Leben zu entwickeln war in seinem Heranwachsen immer ein Thema. Er wusste, dass er nicht nur für sich selbst kämpfte, sondern auch für seine Community, seine Familie, für deren Zukunft in Gleichberechtigung, Entfaltung und vollständiger Erfüllung.

Ich hatte immer nur Weiße Menschen um mich. Andere Menschen of Colour mögen vollständig glücklich damit sein, wenn sie nur von Weißen umgeben sind. Ich bin es nicht gewesen.

Ich bin in meinem Leben mehrmals in ganz unterschiedliche Teile Afrikas gereist. Aber so einfach ist es nun einmal nicht, den verlorenen Teil seiner selbst zu finden. Mac ermutigte mich dazu, meine Freundschaften, meine Umwelt, meine Kolleg:innen anders zu wählen. Er drängte mich, mutiger zu werden und nicht alles durchgehen zu lassen. Und auch, Menschen aus meinem Leben zu streichen. Vor allem die, die behaupteten, Rassismus gäbe es nicht. In Deutschland war man bis neulich nicht rassistisch, weder in Ost noch in West. Man verstand sich als offene Gesellschaft. Die deutsche Kolonialgeschichte wurde in der Schule halb weggezischt und nicht mit der nötigen Aufklärung und Genauigkeit gelehrt. Man hörte davon, damals war das so, aber heute sind wir Deutschen ja ein offenes Völkchen. Mit der Black-Lives-Matter-Bewegung kam die Debatte auch in Deutschland in Gang. Zuvor hatte es nahezu keine Gespräche über das Thema Rassismus in seinen verschiedenen Formen gegeben. Ich fühlte mich damals oft unsichtbar gemacht. »Es gibt doch gar nicht so viele von euch, dieses Thema gibt es nur in Amerika«, hieß es. Dabei ist es eine ungute Nachlässigkeit, die sich in die Gesellschaft geschlichen hat. Es ist kein Hexenwerk, darüber nachzulesen, sich zu informieren, wenn man Interesse an Gleichberechtigung und Diversität hat.

In der Mode hatte ich meinen Platz. Bewegte ich mich auf der Straße, ohne meine Berufsbezeichnung, war ich die Guck-da-nicht-so-hin-Person. So wie kürzlich im Freibad. Ich schwimme sehr gern, und als ich die erste Strecke hinter mich gebracht hatte, ruhte ich kurz aus, bevor es zur zweiten Runde gehen sollte. Ein Weißer Mann mittleren Alters rief mir hinterher: »Schwimm, schwimm!«

Man ist immer unvorbereitet auf solche beleidigenden Attacken. Es dauerte also eine Weile, bis ich begriff, was mir diese Person mitzuteilen hatte. Ermüdend und verletzend war das. Man sollte Nerven wie Drahtseile haben, wenn die deutsche Mehrheitsgesellschaft sich erlaubt, nach Belieben so auszuteilen. Man muss die Sonne im Herzen tragen, jeden Tag. Ich setzte mich an diesem Tag im Freibad hin und meditierte. Ich wollte, dass mein Herz nicht in der Härte verharrte, nicht von meiner Wut verschlossen wurde. Das habe ich von Mac gelernt. Was man tun kann, in solchen Situationen, um keine Energie zu verschwenden. Nicht immer klappt es. Aber egal, wie man sich dazu verhält, so etwas bleibt ein Akt der Gewalt und Dummheit.

Mac ist noch immer bei mir. Ich stelle ihm noch immer Fragen, und wir diskutieren noch immer miteinander. Er treibt mich an, beruhigt und tröstet mich. Mit ihm begann ein wirklich heilsames Leben für mich. Meine Tage klarten sich auf. Damit, dass er mir Freund, Familie, Weggefährte war, nährte er meinen müden, lahm gewordenen, vollständig verwahrlosten Verstand. Ich hatte ja zuvor immer gedacht, ich hätten keinen. Ich dachte, ich sei eben blöd, freundlich gesagt, *street-smart,* dumm mit Überlebenswillen. Ich dachte, dass ich nicht gebildet genug sei, weil ich kein Abitur habe.

Ich lernte, selbstbewusst genug zu sein, meine Gedanken zu formulieren. Mac zeigte mir Werke von James Baldwin, Toni Morrison, bell hooks, Frantz Fanon, Audre Lorde, W.E.B. Du

Bois, Arthur Jafa und spielte mir Musik vor von Roberta Flack, die er liebte. Klar, es gibt noch unendlich viel mehr Schwarze Literatur und Kunst, für mich waren diese wenigen schon Eye-Opener. Ich kannte aus meiner Kindheit die Bürgerrechtlerin, Philosophin und Schriftstellerin Angela Davis. Aber eher als wandelnden Scherenschnitt. Eine afrikanisch aussehende Frau, mit einer Frisur, die sonst niemand außer ihr in meinem Leben trug. In meinen Kinderaugen eine Frau, die aussah wie niemand sonst um mich herum und die immer brüllte und überall mit erhobener Faust abgebildet war.

Auf einmal traute mir jemand zu, wissenschaftliche Artikel zu lesen und sie zu begreifen. Ich erlaubte mir, und so hatte es sich angefühlt, begeistert davon zu sein oder mir ein Urteil darüber zu bilden. Ich hätte mich wohl auch bei meinem Verstand dafür entschuldigen sollen, dass ich mich so mickrig um ihn gekümmert hatte. Ich lernte und begriff, dass es von Wert ist, was ich von mir gebe. Mac hatte keine Zweifel, dass ich eine außergewöhnliche Frau bin und mich mit nahezu unerträglichen Schmerzen und Missachtungen abgefunden hatte. Er verstand meine Seele. Er zeigte mir, dass ich mein Leben wie einen Kaufmannsladen gelebt hatte. Ich war ein Selbstbedienungsmarkt, jede und jeder durfte sich nehmen, was gewünscht war. Den Rest ließen sie zurück, verachteten die lästigen Überreste. Ich versuchte immer zu gefallen, mich anzupassen und zu sein, was man von mir erwartete. Es war der Versuch, aus meiner kranken Familienstruktur hinauszuwachsen. Ich suchte mir Vorbilder in meinem Umfeld. Personen als Freund:innen, die so lebten, wie ich gern leben wollte, wenn ich Weiß gewesen wäre. Ich ahmte sie nach. Wählte aus, von wem ich mich leiten ließ, um dann zu werden wie sie. So glaubte ich, meiner Familie entkommen zu können und eine Welt für mich zu gestalten. Mac erinnerte mich daran. Er fand das Schwarze traurige Mädchen wieder und die Schwarze kluge, wunderschöne Frau. Offenbar loderte noch die Flamme in mir. Und als das Leben es so richtig gut mit mir meinte, wurde sie zum Steppenbrand. Etwas in mir wuchs. Meine Wünsche und Träume wurden zum wahren Leben, und die Wut, die mich immer begleitet hatte, wandte sich von mir ab. Ich lernte auch, die Schuld loszulassen. Zu fragen: *Woran bin ich gar nicht schuld? Was sind alles Dinge, die ich gar nicht falsch gemacht habe, sondern nur nicht nach den Vorstellungen der anderen?*

Den Moment, als ich zum ersten Mal in das Gesicht einer Schwarzen Frau blickte, die aussah wie ich, habe ich Mac zu verdanken. Es war die »The Black Image Corporation«-Ausstellung im Martin-Gropius-Bau 2019. Es war ein besonderer Moment. Die Frau hatte ähnliche Züge und Haare, ein ganz ähnlicher Typ. Hohe Jochbeine, schmales Gesicht, Sommersprossen, schmale Lippen, hellbraune Haut. Eine Frau, die aussah wie ich und so sehr wertgeschätzt wurde, dass man sie auf einem riesigen Schwarz-Weiß-Print in einem Rahmen aus edlem Holz aufspannte, perfekt ausgeleuchtet, ganz allein auf einer großen weißen Fläche hängend.

Ich stand starr mit Tränen in den Augen vor dieser Arbeit, berührt, traurig und erlöst. Ich sagte zu Mac: »Hätte ich doch früher einmal eine solche Frau irgendwo gesehen, mein Leben wäre anders gewesen.«

»Vergiss das hier nicht *and listen to your own words*«, antwortete er.

Eines Tages rief Mac mich an und fragte, ob ich mir vorstellen könnte, ein Interview mit ihm zu führen. Er würde mich Dinge zu meiner Herkunft und meinem Erleben in der DDR fragen. Zu meinem Aufwachsen in einer Weißen Adoptivfamilie und meiner Arbeit als Fotomodell in der DDR. Es würde im Rahmen einer Ausstellung im Gropius-Bau in Berlin stattfinden. Ich sagte sofort ja. Obwohl ich keine Erfahrung darin hatte, öffentlich zu sprechen, wusste ich, dass ich das unbedingt tun wollte. Die

Ausstellung »Black Images Corporation« kuratierte der Künstler Theaster Gates in Kooperation mit Mario Mainetti und Daisy Desrosiers. Ausgestellt wurde eine umfangreiche Auswahl des Archivs der Johnson Publishing Company, eines Verlages, der Wichtiges zur ästhetischen Sprache afroamerikanischer Identität beigetragen hat. Der Verlag brachte in den 1940er- und 1950er-Jahren zwei richtungsweisende Publikationen auf den Markt, die Monatszeitschrift *Ebony* und ihr wöchentlich erscheinendes Schwesterblatt *Jet*, die schnell zu zwei der wichtigsten Plattformen für die Auseinandersetzung mit Schwarzer Kultur in den USA wurden.

Theaster Gates lebt und arbeitet in Chicago. Er ist bekannt für seine Rezirkulation des Kapitals der Kunstwelt und schafft Arbeiten, die sich auf die Möglichkeiten des »Lebens in den Dingen« konzentrieren. Er hatte Mac und noch zwei weitere Künstler, Vaginal Davis und Wu Tsang, hinzugezogen, ihre Sicht und Interpretation der ausgestellten Werke als Performance zu übersetzen und als eigenen Beitrag wiederzugeben. Mac Folkes und Theaster pflegten eine sehr kultivierte intellektuelle Freundschaft. Mac schrieb schon viele Jahre kulturelle und gesellschaftskritische Essays, die er gerade begann, der Öffentlichkeit zur Verfügung zu stellen. Er beschäftigte sich bereits mehr als eine Dekade intensiv mit Kulturen, Kunst, Worten, Rassismus, dem Verständnis von Diversität, mit dem Sichtbarmachen von verdrehten, historisch belasteten, menschenverachtenden und alteingebürgerten Formulierungen und Grundgesetzen, mit dem Konstrukt Gesellschaft allgemein und dem Thema Hörigkeit in Gruppen, Zugehörigkeit, Homosexualität, Integration von LGBTs und BIPOCs. Er war ein Philosoph im weitesten Sinne und wirklich im allerweitesten Sinne. Er war ein Denker und willens, klar und unverschnörkelt Missstände an- und auszusprechen.

Eine Nachricht, die er mir am 21. Dezember 2019 schrieb, prägte mich sehr:

Whiteness is a pathological state.
Once you start noticing the signs, you will see that it shows up everywhere. Germans are particularly bad, because they think of themselves as sophisticated and intellectuals, but in fact they are all nothing other than provincial.

Ich fand das zuerst hart, aber dann, bei genauem Hinsehen, beschreibt seine Formulierung nun mal den Status rassistisch strukturierter Menschen. Besonders derer, die sich für »offen« halten. Und auch derer, die behaupten, Rassismus gebe es nicht, nicht hier in Deutschland, nur irgendwo anders, nicht da, wo sie sich selbst gerade aufhielten. Und die anderen, denen er passiere, ja die, die seien ja alle selbst schuld, heißt es dann.

Mac war mehr als der Richtige, um an genau diesem Standort, dem Gropius-Bau, ziemlich genau in der ehemaligen Grenzzone von Ost- und West-Berlin, im Jahr 2019 eine Werkschau wie diese zu ergänzen. Für ihn war es völlig klar, dass unsere Unterhaltung über mein Aufwachsen als Schwarzes Mädchen und junge Frau in der DDR sein Beitrag sein würde, um der afroamerikanischen Geschichte eine, nämlich meine, afro(ost)deutsche Geschichte hinzuzufügen. Er musste mich nicht lang bitten, absolut nicht. Unsere Auseinandersetzungen waren sowieso unsere alltäglichen Morgen- und Abendgrüße. Wir mussten nur das, was wir sowieso taten, vor einem Publikum tun. Trotzdem fragte ich mich des Öfteren: »Sollte es wirklich so einfach sein?« Denn das ist es, was es war mit ihm. Leicht. Ich war sicher schon seit einer Dekade meines Lebens von der Idee getrieben, meine Geschichte zu erzählen, anderen zu erzählen. Die Möglichkeit, eventuell peinlich zu sein oder kein Wort herauszubekommen, nahm ich in Kauf.

Wir hatten noch ungefähr sechs Wochen Zeit bis zu unserer Performance. Das Opening war bereits Ende April, unser Part war für den Juni geplant. Ich hatte das Bedürfnis, mich vorzubereiten, doch Mac entschied, dass es nichts vorzubereiten gab, alles sei bereits passiert und müsse nur noch wiedergegeben werden.

Wir trafen uns nur einmal zuvor mit der fantastischen Kuratorin Clara Meister und Stephanie Rosenthal, der Direktorin des Berliner Gropius-Baus, um die Werke der Ausstellung anzuschauen und ein erstes Gefühl für den Raum und den Rahmen unserer Konversation zu erspüren und einander bekannt zu machen. Heute, während ich das hier verfasse, erscheint es mir kaum nachvollziehbar, aus was für einer selbstzerstörerischen Blase ich mich herausbewegt habe.

Niemand meiner Freund:innen verstand, was der Auftritt für mich bedeutete. Sie waren nicht wirklich interessiert daran, warum ich so froh war über die Möglichkeit, in einem künstlerischen Rahmen meinem stillen Dasein ein Ende zu bereiten. Man fragte mich, ob ich größenwahnsinnig sei. Oder was ich denn da zu erzählen hätte, ich könne doch sowas gar nicht. Oder dass mein Englisch so schlecht sei und niemand mich verstehen würde. Und von welcher Geschichte ich denn erzählen wolle, etwa von meiner Adoption? Was habe das denn in einem Museum verloren? Was würde ich mir einbilden? Nichts, natürlich. Ich hatte nur diesen Drang zu tun, worum ich gebeten wurde.

Am Tag der Performance stieg ich in den Zug von Hamburg nach Berlin, in einem schwarzen, bodenlangen Kaftan und meinen schwarzen Lieblings-Loafers. Die beiden Kuratoren Theaster Gates und Daisy Desrosiers konnten leider nicht anwesend sein und ließen sich unser Gespräch aufzeichnen. Der Saal war voll. Einige Gäste nahmen auf dem Boden Platz, weil die Bestuhlung nicht ausreichte. Die Kuratorinnen des Gropius-Baus begrüßten das Publikum und stellten uns vor. Mac und ich plauderten, so wie sonst, einfach drauflos. Mac hatte viel mehr Erfahrung damit, in der Öffentlichkeit zu sprechen, und er liebte es, zu unterhalten. Es machte wirklich Spaß, ihn ab und zu wie seine jüngere, spießige Schwester darauf hinzuweisen, dass er gerade etwas übertrieben hatte. Was wir kulturell dieser Ausstellung hinzuzufügen hatten, waren genau unsere täglichen Themen, dadurch fiel uns alles ganz leicht. Wir diskutierten miteinander, unterhielten uns, und Mac stellte immer wieder erlösende Fragen an mich. Wir haben zwei Stunden lang frei gesprochen. Mit einem Plan, aber ohne Stichpunkte. Die Zeit verflog im Nu. Einige Leute aus dem Publikum hatten Fragen an mich, die ich gern und auch offenen Herzens beantworten konnte. Mac und ich blieben aber trotzdem immer weiter im Gespräch. Wir erweiterten quasi nur den Rahmen. Nach dem Talk stellten sich einige Gäste vor meinem Stuhl auf und wollten sich persönlich mit einem Händedruck oder einer Umarmung für dieses inspirierende Gespräch bedanken. Ich war überrascht. Bedanken für das, was mir so lange peinlich war? Mit unserer Ehrlichkeit, Vertrautheit und unser beider Bereitschaft, über Rassismus und Ausgrenzung, Historie, Kunst und die Zusammenhänge zu allem zu sprechen, hatten wir einen Anfang zu einer Gesprächsreihe gemacht, die wir später im Soho House Berlin wiederholten. Das empfand ich als großes, unheimliches Paradox, denn ich hatte viele Hunderte Male in meinem Leben gesagt, wie es mir geht, wie ich fühle, und es hatte bis hierher maximal zu mitleidigen oder genervten Gesichtern geführt. Nie aber war es als Ausdruck meiner Kraft und Stärke wahrgenommen worden. Ich war genau am richtigen Ort, aber ich war mit lauter Fremden zusammen, außer natürlich mit meinem neuen alten Freund und Seelenverwandten Mac Folkes. Macs und meine Dynamik war unglaublich, wir schwangen wie zwei Stränge derselben Pflanze, von ganz allein. Das erste Mal bekam ich ein Mikrofon, wurde aufgefordert zu sprechen, und zwar nicht, um bestraft zu werden und mich vor allen zu entschuldigen, sondern um zu berichten und aufzuklären.

Tränen kamen mir während dieser Auftritte, immer wieder Tränen, den Gästen auch. Das erste Mal kam mir öffentlich über die Lippen, dass meine Eltern bei der Stasi gewesen sind und niemals an meiner Seite. Und das Gefühl, gezüchtet worden zu sein, dass ich gequält worden war. Zu diesem Zeitpunkt war meine Erinnerung noch sehr oberflächlich: Mir fiel nur ein, dass ich keine Sportwettkämpfe mitmachen durfte, kein Abitur bekam, mein Fotomodell-Dasein, das Ausgelacht-Werden, dass es keinen Friseur für meine Haare gab, das Hänseln, die Bestrafungen und Tonnen von Ungerechtigkeiten. Mein Selbsthass und mein mir antrainierter Rassismus gegen mich selbst und alle anderen fielen mir ein. Nachdem ich über all das gesprochen hatte, wir viele Fragen beantworteten, Mac und ich auch unsere Konversation hier fortsetzten, stieg ich einfach wieder in den Zug und fuhr zurück nach Hamburg.

Theaster und Daisy hörten ziemlich zeitnah den Mitschnitt des Abends und schlugen ein baldiges Treffen vor. Mac organisierte eine Lunch-Verabredung, und wir lernten uns endlich kennen.

Ich erhielt ein kleines Stipendium für einen Aufenthalt in New York City zum Black Artist Retreat 2019 der Rebuild Foundation und war nun Gast beim »Sonic Imagination« in der Park Avenue Armory in Manhattan.

Ich bedankte mich überschwänglich für die offizielle Einladung, ohne auch nur zu ahnen, was mich dort erwartete.

Ich konnte schon vor lauter positivem Stress kaum aushalten, mir ein Ticket zu buchen. Fast hätte ich die Reise nicht angetreten. Meine Agentin spornte mich an und zwang mich nahezu, dazu, in den Flieger zu steigen. Ich konnte vor Euphorie nicht mehr denken oder schlafen. Ich hatte solche Angst, obwohl alles so leicht war. Ein befreundeter Fotograf hatte eine sehr gute Bekannte, die mir für eine Woche ein Zimmer untervermietete.

So stieg ich im Oktober 2019 ins Flugzeug nach New York City. Am Abend des Openings fuhr ich in einem VIA Ride zur Park Avenue. Mehr als dreihundert geladene Gäste aus Kunst und Kultur kamen dort zusammen, bis auf einige wenige alle Schwarz. Ich glaube, an diesem Punkt hörte ich auf zu atmen.

Am Abend der Eröffnungsveranstaltung begrüßten mich Daisy und Theaster gleich am Eingang und stellten mich als Erstes Naomi Campbell und dann der Jazzmusikerin Esperanza Spalding vor. »Nice to meet you«, versuchte ich zu formulieren. Es ließ sich mit meiner hyperventilierenden Stimme kein brauchbarer Satz zustande bringen. Ein freundliches Nicken ohne Ton, das war's, mehr kam nicht aus mir heraus. Ich war schon längst im Freudigkeits-Delirium. Und ab dann war und blieb alles wie im Traum oder auf einem Trip. Während aller Reden und gesprochenen Performances unterstrich ein Beat den Sound der Sprache. Leute standen auf und groovten mit den Melodien der gesprochenen Stimmen. Die bezaubernde Jazzmusikerin Esperanza Spalding performte auf ihrem Kontrabass, belebte ihr Spiel mit ihrer glasklaren Stimme. Eine Tänzerin mit langem, grauem Haar verkörperte und unterstrich ihre gesungene Message. Nona Hendryx fegte röhrend über die Bühne und ehrte mit ihrem Auftritt das Werk von Grace Jones. Was für ein Vibe! Die Spoken-Word-Dichterin Staceyann Chin trug ihre Gedichte und Texte auf eine Weise vor, die mich von meinem Stuhl schmiss. Ihr ganzer Körper trug jedes Wort in vollkommener Inständigkeit heraus. Sie wandt sich, zuckte ekstatisch und schmiss die Arme um sich. Jedes Wort kam aus der Tiefe ihres Seins, jedes Wort war wichtig. All das war mir zuvor in meinem Leben entgangen. Ich weinte. Musik, Beats, Worte trugen alle Gäste im Saal und ließen ein unnachahmliches Gemeinschaftsgefühl aufblühen. *Like in a big African Church. Amen!* Wir verbrachten hier alle die Tage zusammen, von früh bis spät. Ich kann nicht beschreiben, was ich hier erlebt habe und wie mein Körper darauf reagierte. Ich sage nur: Wachstumsschmerz!

Ich meine, noch nicht einmal Mac und ich haben in dieser Woche telefoniert oder geschrieben. Er fragte mich immer wieder, ob ich noch am Leben sei. Ob ich Spaß habe? Ich wollte aber keinen einzigen Millimeter meines Erlebten teilen oder abgeben und auch nicht verraten, wie ich mich fühlte. Und es ist immer noch so. Ich zog mir einen Schal über meinen Mund, der meine sechs blühenden Herpesbläschen verdecken sollte, und flog zurück nach Deutschland.

Zu Hause planten wir unseren nächsten Talk im Soho House Berlin, der leider unser letzter sein sollte. Im Februar 2020 ist Mac schwer erkrankt und ist bald darauf aus dem Leben gewichen. Am liebsten wäre ich mit ihm gegangen. Ich wollte so gern noch viel mehr Zeit mit ihm haben. Wir hatten doch noch so viel zu besprechen und wollten die Welt zusammen ändern und verbessern. Wir wollten doch Mode, Kunst und Aktivismus verbinden. Wir wollten zusammen mit seinem Freund Mumi ein *African Festival* in die Welt bringen. Aber nun war er weg. Und mir blieb es, dieses Buch zu schreiben. Ich widme es ihm. Ohne ihn hätte ich es wohl nicht zustande gebracht und würde noch heute nach jemandem suchen, der oder die es für mich schreibt.

An einem Tag im März ließen wir ihn dann einschlafen. All seine Freunde sind gekommen, von überall her. Er war ein Mensch der Liebe, der Nächstenliebe und ein Mann des wirklich guten Geschmacks, ein Denker und Poet, ein Visionär. Er hat mich gehalten und tut es noch immer.

Reflection M

Du meine
Du mein geliebter Freund
Das Image einer Frau,
mit einer Tasche unter dem Arm
von Angst getrieben
eine rote Tasche
ein Wesen im Wesen eines Wesens
im Kleid
im schönen Kleid

Den Traum vom Fröhlichsein
im Treppenhaus stehen gelassen
Im alten Treppenhaus
kalt ist es darin
es riecht nach feuchtem Stein
Ein leises Summen
ein Lied für sie allein,
kaum mehr hörbar,
ein kleines Lied
sehr klein
Einem Stöhnen gleich,
kaum mehr zu hören
einem Windhauch ähnlich
aber schön, schön im Kleid

Du mein Geliebtes hast gerufen
nach ihr
nur ein Atemzug
ein Wort kein Blick
alles beginnt zu blühen
im Frühling
in monotonem Summen
erwächst die Glut der Sonne
nicht ihre Hand hält die Sterne hoch
Du bist es

Peggy Kurka, Mac, März 2020, Berlin

Schlusswort

Ich fühle mich wie eine Spionin, die in der Hülle der Person, die andere mir zugeteilt haben, versteckt war. Die ganze Zeit saß ich in ihren Reihen und hörte ihnen zu. Ich schwieg, aber war immer da und beobachtete, was mit mir passierte.

Ich habe euch gesehen und gehört! Wie ihr mich habt wissen lassen, dass ich übertreibe. Behauptet habt, dass ich mich nach Aufmerksamkeit sehne, eine wilde Fantasie habe, egoistisch bin, weil ich nur an mich denke, nicht gut genug bin, es nur nicht wahrhaben will, zu laut bin, zu leise bin und leider nicht so bin wie ihr. *Goodness,* ich habe mich nicht gerührt in der fremden Hülle. Ich habe alles angehört, zugelassen, ausgehalten, habe meinen Verstand und meine Fähigkeiten für mich behalten und beinahe vergessen, dass ich da noch bin.

Also was wäre, wenn ich jetzt endlich werde, wie ich gehöre? Die Hülle ablege? Ohne in die Irre geführt zu werden, ohne anderen durch unverhältnismäßigen Mehraufwand zu gefallen, oder gar gefallen zu müssen, ohne dem Bild der perfekten Bilderbuchmutter zu entsprechen. Ich habe es so vermisst, meinen Verstand aus Freude zu benutzen. Meinen Verstand zu verwenden für ein größeres Bild, nicht nur, um zu überleben. Eine Karriere ist keine Karriere und ein Leben auch kein Leben, wenn der Hauptteil deines Seins nicht daran beteiligt ist: dein Herz.

Das Leben ist zum Fließen geschaffen, wie das Wasser. So stecken zu bleiben, wie ich es tat, ist keine Option. Zu viele negative Emotionen blockierten mir, wie ein halbverstopfter Abfluss, viel zu lange das Leben. Ich tanze um die Pfützen der Angst und unschönen Erfahrungen herum. Sie pflastern meinen Tag noch immer, doch mit größter Disziplin und Genauigkeit schlendere ich um sie herum. Ich will da einfach nicht mehr reintreten. Ich werde nie wieder leise sein und nie wieder das nervige Opfer für die Gesellschaft mimen. Wenn ich mich heute umdrehe, finde ich da nichts mehr, das mich unsicher sein lässt. Vergangenheit und Gegenwart ergeben dieselbe Frau. Kein Teil von mir muss mehr im Keller wohnen. Und kein Ziel ist verschwommen oder nur für andere bestimmt.

Meine Stimme ist ein brauchbares Getümmel in meinem Kopf, und ich jongliere die Worte umher, wie es mir beliebt.

Alles kann jedem passieren. Jeder ist alles. Jeder kann zu allem werden. Unsere Geschichten wurden lange vor unserem Hier und Jetzt begonnen und beschrieben. Sie zu erzählen gehört zum Lauf der Dinge. Unsere Sichtweisen und Perspektiven zu überdenken und an unsere aktuelle Lebenssituation anzupassen ist so enorm wichtig, das habe ich gelernt und begriffen. Mich zu korrigieren und an das Jetzt anzupassen. Es ist verachtenswert, auch das habe ich verstanden, Menschen zu quälen und dafür bewusst ihre Fragilität auszunutzen. Erst recht, Kinder zur eigens kreierten Befriedigung zu verwenden, ist ekelhaft und nur verachtenswert. Aus geschädigten Seelen wächst der Impuls, die daraus entstandenen Wunden durch wutgeladene, laute oder leise Ausbrüche zu verdrängen. Vielleicht sind manche Persönlichkeiten so stark traumatisiert, dass sie Gewalt im Dunkeln ihres Wesens stattfinden lassen müssen. In so einem Dunkel, dass es dem eigenen Selbstbild entgeht. Oder der Drang nach Erhöhung über andere so zwanghaft geworden ist, dass er sich leichtfertig nur wie eine dumme Angewohnheit anfühlt. Diese Seite verschwindet dann aus ihnen, aus ihrer Wahrnehmung, und zermürbt sie an anderen Stellen des physischen Körpers. Entschieden zu haben, den Schmerz eines Menschen, eines Kindes als Werkzeug zu deren Bändigung nach eigenem Maßstab zu verwenden, ist grob und lässt jeden Tätigen für immer zerschlissen zurück. Sind doch in der Wiederholung solcher Taten alle wieder befähigt fortzusetzen, was einst die Vorfahren begonnen haben. Zu schlagen, um der eigenen Enge und der tief verwurzelten Verzweiflung zu entkommen, ist verbreitet. Es scheint Normalität zu sein, immer noch.

Ich denke, dass jede Person, der physische oder psychische Gewalt angetan worden ist, dazu neigt, durch Verdrängungen und Verdrehungen der Wahrheit, selbst tätig zu werden. Meiner Erfahrung nach benötigt es Unterstützung durch Dritte, um sich der eigenen Kraft und Wahrhaftigkeit gewahr zu werden. Das Bigotte in den Reihen der Familien oder Freundeskreise anzunehmen, um es dann zu verachten und es zu guter Letzt zu vergeben, so gut es eben geht. Aber vor allem braucht es Unterstützung, um keine neuen Plattformen für Gewalt, Misshandlungen und Demütigungen zu kreieren.

Wer sonst schaut schon auf die »kleinen Ausrutscher« hier und da. Jeden Tag nur einen Schlag. Jeden Tag nur eine Bestrafung. Jeden Tag nur einmal die Hand unter dem Röckchen. Nur einmal in der Woche den Penis eines erwachsenen Mannes berühren müssen, nur einmal im Monat angeekelt von der Mutter mit einem grobrippigen Waschlappen die Scheide gewaschen zu bekommen. Nur ab und zu mit dem Bügel geschlagen zu werden. Nur einmal am Tag einen warmen, aufgeregten Atem am Hals zu spüren. Nur ab und zu wie ein Äffchen auf und ab zu laufen, zu springen und zu tanzen zur Belustigung der anderen, die Wilde aus dem Busch zu spielen, damit alle ihre Freude haben. Nur ab und zu unter dem Gewicht eines erwachsenen Mannes fast zu ersticken drohen. Nur ab und zu zur sexuellen Erregung anderer am späten Abend im Nachthemdchen auf dem Sofa platziert sein. Nur ab und zu zwischen den Erwachsenen zu sitzen, während sie Sex miteinander haben. Nur ab und zu erleben, wie sie Freude daran haben, dass ich ihnen zusehe. Nur ab und zu mit Fremden in den Urlaub geschickt werden. Nur ab und zu ihre lustvollen Blicke aufzufangen. Nur ab und zu mal bei der Begrüßung die Zunge im Hals, nur mal kurz.

Was ich dir raten kann? Es ist nicht wichtig, dass es ihnen Freude machte, sie kein Verständnis hatten oder haben für dein Leid. Es ist wichtig, dass du begreifen kannst, dass es falsch ist und dein Gefühl dich nicht täuscht. Alle waren immer nett, niemand hat geschrien, nur manchmal, wenn wir nicht taten, was wir sollten. Es war normal und trotzdem falsch und unrecht.

Jeder will doch irgendwie dazugehören, und es ist nicht leicht, gegen die eigene Familie zu argumentieren, das weiß ich. Dann tu es nicht gegen sie, sondern für dich oder deine Kinder, wenn du welche hast. Tu es für die Menschen, die du liebst, um ihnen geben zu können, was sie verdienen. Liebe ist nicht Hörigkeit. Familien sind nicht Gruppen, die einander decken und verharmlosen, was geschieht. Was auf Kosten der Gesundheit der Kinder geht, ist kein Akt der Nächstenliebe und kein Akt der Fürsorge. Es sind, das wissen wir alle, die vielen Gesichter sexueller und gewaltsamer Übergriffe an Kindern und Jugendlichen. Gewalt hat kein Gesicht, kein Aussehen, keinen Kontostand, keine Hautfarbe. Die Gründe dafür sind vielfältig und die Hilferufe der Betroffenen oft leise oder gar verkleidet in unverständliche Überreaktionen.

Ein Richtig oder Falsch ist für die Auflösung all dieser menschlichen und gesellschaftlichen Problematiken nicht zu erwarten. Es geht eher darum, den Zugang zu Empathie und Vertrauen und in die eigene Intuition zu manifestieren.

Ein »richtiges« Leben erlaubt ein unumstößliches Gestatten

von dem, was gerade ist. Wer ein gesellschaftlich anerkanntes und geduldetes, vielleicht sogar *verehrtes* Leben lebt, bei dem wird auf der fehlerhaften Seite nicht mehr so genau hingeschaut. Ist das richtig?

Ein richtiges Leben gibt es nicht. Richtig bedeutet nicht: »Wir gehen alle in dieselbe Richtung, wir sind uns einig.« Und es bedeutet auch nicht: »Wenn du es so empfindest wie ich, dann gehörst du dazu, zu uns, den Richtigmachern.« Dieses »Richtig« entbehrt jeder Haltung oder Menschlichkeit oder Intuition oder des Glaubens an uns selbst. Es wird uns zu nichts sonderlich Gutem führen. Dabei schaukelt es unaufhörlich in unsere täglichen Routinen, alles bewegt sich, immer und andauernd.

Intuition ist nicht immer die beste Richtlinie für persönliche Entscheidungen. Grund dafür ist die Angst. Sie macht, dass wir uns scheuen, nicht dazuzugehören. Nahezu automatisch, zu häufig, wenden wir uns der Gruppe zu. Ich kann mir nicht anders erklären, warum mir und uns niemand geholfen hat. Warum sie zugelassen haben, dass wir derartig gebrochen werden. So oft und immer wieder, auf die unmenschlichste Art und so ohne Vorwarnung, so ganz still und im Schein der Normalität.

Ich habe jahrzehntelang gedacht, dass ein erfülltes Leben der stetige Kampf ums Überleben ist. Der Kampf, nicht zu sterben und irgendwie in Sicherheit zu sein. Ich bin gelaufen und gelaufen, sehr weit gelaufen, fast um die ganze Welt. Im wahrsten Sinne des Wortes. Ich hatte mich so sehr daran gewöhnt, dass es jeden einzelnen Tag bestimmte. So viele schöne Momente konnten mir nur kurz Freude bereiten, denn dann ging die Jagd um den Erdball, weg von da, wo ich herkam, weiter.

Erst kürzlich hielt ich inne, sah um mich und befand, dass ich noch einmal zurückblicken möchte, um dieses Buch zu schreiben. Einfach nur Freude zu haben, ohne mich zu reiben, ohne mich mit den dunkelsten Seiten eines jeden Menschen, der oder die mir begegnet sind, zu befassen.

Mehrmals täglich entscheiden wir, wohin wir gehen. Eine Anzahl von kleinen, richtungsweisenden Entschlüssen: Einander zuzuhören, einander anzusehen und dem Drang nach Bequemlichkeit nicht nachzugeben sei, glaube ich jedem geraten. Nachfragen und immer wieder nachfragen. Hätte doch nur irgendjemand nachgefragt und immer wieder nachgefragt. Statt einen Schritt zur Seite zu gehen, freundlich mit einem gnädigen Lächeln von dannen zu ziehen.

All diese Erziehungsprogramme, all diese Rahmen und Regeln, in die wir passen, verschleiern unseren Blick und die Aufmerksamkeit füreinander. Wohl denen, die in liebenden Umfeldern aufwachsen dürfen. Aber was ist mit all den anderen, die hören sollen, was ich sage:

Du musst das nicht aushalten.
Du musst nicht regelmäßig Schmerzen haben.
Du bist nicht schmutzig.
Du bist ein wundervoller Mensch.
Es ist nicht deine Schuld!
Es war auch niemals deine Schuld.
Du warst nicht zu sexy und du hast Papa, den Onkel, Opa
oder Mama nicht dazu aufgefordert, dich so zu berühren,
du bist nicht frühreif, weil du Schwarz bist, und auch nicht zur
sexuellen Bespaßung Weißer, rassistischer Menschen da.
Du bist wundervoll, man darf dir nicht weh tun!
Du bist stark, weil du all das aushältst.
Wenn du nicht mehr kannst, komm zu mir.
Du musst nicht warten, bis du erschöpft zu Boden gehst.
Melde dich bei mir.

Weine, solange du willst, auch Jahre, wenn du magst.
Und dann beginne, zu lachen, laut zu lachen, immer und immer wieder!
Hilf anderen durch deine Erfahrungen. Du hast dir kostbares Wissen angeeignet.
Hilf dir und vergib ihnen.

Es ist ermüdend, dass Menschen, die von Gewalt betroffen sind, nicht nur ein Unrecht angetan wird, sondern dass man sich zugleich auch noch von ihnen abwendet. Mit einer unterschwelligen Schuldzuweisung geschieht das. Betroffene fragt man zu gern nach ihrer Mitschuld, was ihr Leid unnötig vermehrt und den Mut, um Hilfe zu bitten, drastisch reduziert. Zu gern werden derlei menschliche Abgründe am sogenannten Rand der Gesellschaft verortet. Und damit meine ich zunächst keine reichen Vororte der Städte. Nicht selten wird es als Mittel rassistischer Ausgrenzung verwendet oder sogar zur Sexualisierung der Opfer, die dann selbst schuld sind an ihrer Situation, da sie viel zu erotisierend auf andere wirken. Im Fernsehen oder im Kino kneift man fest die Augen zusammen, an diesen ungemütlich anzuschauenden Stellen, und behauptet, dass es sicher einen Grund gibt, weshalb so etwas passiert. Weder gelingt es, die Verzweiflung der Betroffenen noch den seelischen und körperlichen Schmerz langanhaltend nachzuempfinden. Gesunderweise schmeißt das menschliche System solche Bilder schnellstmöglich wieder raus. Leider manchmal etwas zu früh. Man will sich nicht andauernd vorstellen müssen, dass im Grunde jeder Mensch Täter:in werden könnte. Man will sich auch nicht vorstellen, dass jeder dritte oder fünfte Sitz im Kinosaal, in dem man sitzt, oder in der Bahn, in der man fährt, oder im Flieger oder im Bus, oder jedes fünfte oder sechste Auto an der Ampel im Grunde Menschen mit einer Missbrauchsgeschichte beherbergt.

Inflationär verbinden wir die Wörter »Missbrauch« und »Täter« mit Menschen aus Nordafrika, Täter mit muslimischem oder angeblich »südländischem« Background. Das aber lenkt ab vom eigentlichen Missstand, den es aufzuklären gilt. Das, worum es eigentlich geht. Kriminelle Straftaten an Menschen, die nicht eine Sekunde lang eine Wahl hatten. Welche starke Frau oder welcher starke Mann in der Blüte seines oder ihres Lebens möchte als »Opfer von sexueller Gewalt« betitelt werden? Das Wort »Opfer« impliziert heute längst nicht mehr, um was es eigentlich geht: ein ungefragtes, gewaltsames Eindringen in die Sphäre eines anderen Menschen, abgestuft in unterschiedliche Level.

Wo beginnt Intimsphäre, und wie beachten wir sie, unsere eigene und die der anderen? Was bedeutet ein Nein? Ab wann dringe ich in einen Ort ein, in den man hereingebeten werden muss? Das Gleiche gilt für die Bezeichnung »Täter«, die sich im heutigen Sprachgebrauch nahezu nach einer Art ungestümem, romantisiertem Kontrollverlust anhört. Jemand, der oder die ja auch Gründe hat für die Taten und zur Lösung das Mittel des Übergriffs genutzt hat. Diese Bezeichnungen, Opfer und Täter, entsprechen schon lange nicht mehr dem Status quo.

Sprache muss sich mitbewegen. Wie muss es sein, sich als »pädophil« oder Mensch mit einer Neigung dazu zu outen. Es ist bestimmt eine Bürde, wie alle Krankheiten oder Dysfunktionen. Es ist ein Krankheitsbild, eine Ausprägung von dem, wie wir Menschen eben sein können. Etwas, mit dem Menschen eben auch zu leben haben. Nichts, was unbeachtet und unbegleitet in den Alltag hineingeschwiegen werden sollte. Dasselbe gilt für die, die die Grenze zwischen Wut und Gewalt nicht einhalten können. Wie hart muss es sein, sich als Täter zu sehen? Sind wir doch alle die Kinder der Geschichten, in die wir hineingeboren wurden. Kinder, die stark genug sind, halten aus und halten aus, wieder und wieder, das ist das Einzige, was sie tun können, aushalten und hoffen, dass es beim nächsten Mal etwas schneller vorbeigeht. Sie hoffen manchmal sogar, auch zu sterben, krank zu werden, um im Krankenhaus sein zu können, an einem sicheren Ort. Sie hoffen, dass sie niemand mehr findet, damit ihre Eltern nicht bestraft werden oder sie wegmüssen von ihnen.

Sie hoffen, dass sie sich gut benehmen und dann alles wieder gut wird. Oder sie sind ständig krank, werden immer kränker und merken gar nicht, dass ihr Leben so nicht sein müsste. Weil sie es gewohnt sind, fest daran geglaubt haben, und sich selbst nur so kennen, bis in ihr Erwachsenenleben hinein.

Wer will das sein? Wer will ein demolierter Mensch sein, ein gebrochenes Wesen? Wer will dann noch mit dir leben, bei dir sein, wenn du mit solchen Geschichten zu leben hast?

Das ist nicht das, wovon man träumt, wenn es darum geht, Freundeskreise oder Partnerschaften zu erträumen. Sich als gewesenes »Opfer« zu zeigen, führt leider oft zu einer weiteren Demütigung, ganz abgesehen von dem, was die eigene Familie dann zu produzieren vermag. Die Familie, die ja den Schock mitzuverarbeiten und eine Position einzunehmen hat.

Wie können wir mit sogenannten Opfern und Täter:innen umgehen, die sich selbst nicht erkennen? Diese Fragen stelle ich mir seit vielen Monaten und Jahren immer und immer wieder. Besonders intensiv, während ich dieses Buch schreibe. Ob es wohl sein kann, dass ich nun meine Geschichte stellvertretend für die erzähle, deren Leben sich in welcher Position auch immer um ähnliche Themen dreht? Ich schreibe für die, die Furcht haben. Angst, alles zu sein, was das Leben ihnen als Möglichkeit geschenkt hat. Für die, die immer noch glauben, es nicht verdient zu haben, ein erfülltes Leben zu führen. Die meinen, nicht vollständig zu sein, oder sich beschmutzt fühlen und die sich verstecken und ihre Wunden verheimlichen. Anstatt sich zu ehren dafür, dass sie noch da sind. Für die, die andere suchen, die ihnen sagen, dass sie wertvoll sind. Nicht zuletzt, weil sie eventuell glauben, dass es keine wirkliche Heilung für sie gibt. Ich verspreche hier, es kann sehr wohl Heilung geben! Es gibt in dir, das schwöre ich, diesen fröhlichen Menschen, der keine Angst vorm Alleinsein hat und nicht hinter jeder Ecke ein Horrorszenario sucht.

Bedauerlicherweise beinhaltet die Bezeichnung »Opfer« wohl auch eine gewisse Unfähigkeit. Eine Unfähigkeit auf ein normales, kraftvolles Leben. Unausgesprochen, aber dennoch immer mit dabei, klingt es irgendwie, als sei man zerfleddert, gerupft und nicht mehr vollständig. Dass die überlebenden Opfer die stärksten von allen sind und die verständnisvollsten Menschen sein können oder auch die kreativsten oder liebevollsten und offensten, klingt da nicht mit. Ich sehe es an mir selbst und wünsche mir zutiefst, dass es viele Menschen gibt, die ihr Leben leben können. Vielleicht finden sie nach dem Lesen meiner Geschichte noch mehr Mut, um nicht nur zu überleben, sondern sich das Leben zu gestalten, das sie immer wollten. Es gilt und ist wichtig anzuerkennen, dass Erwachsene, die ihre Kinder quälen, keinen Kinderschänder-Kleidungsstil haben. Sie fahren auch keine Kinderschänder-Autos, wohnen in keiner Kinderschänder-Straße, haben auch keine Kinderschänder-Berufe, keinen Kinderschänder-Namen oder hören Kinderschänder-Musik. Sie sehen aus wie deine Lieblingslehrerin, deine Lieblingsnachbarin, wie deine Freundin oder dein bester Freund, vielleicht auch wie dein Partner oder deine Partnerin, der Typ mit dem Skateboard, der DJ, dessen Tracks du auf Spotify hörst. Deine Yogalehrerin, dein Therapeut, die Großeltern deiner besten Freundin, der hübsche Nachbar, das Fotomodell, der Schlagersänger, deine Lieblingsschauspielerin und so weiter. In allen Kreisen, oben und unten und dazwischen. Es braucht nicht so viel: nur ein Paar traumatisierter, überforderter Eltern, mit ebenso traumatisierten Familien, blinde Nachbar:innen, Ärzt:innen und einen bequemen Freundeskreis.

In meinem Fall gab es noch viele rassistische Köpfe ringsherum, denen das Bild der viel zu lauten, viel zu lustigen, zu wenig dankbaren, unmöglich klugen, frühreifen, übersexualisierten, männerfressenden, dauergeilen, körperlich kräftigen, zu ewigem Dank verpflichteten kleinen adoptierten Afrikanerin richtig gut gefiel.

Es passiert nicht woanders, sondern hier, genau hier.

Wir müssen lernen, einander beizustehen. Meine Familie hätte Unterstützung und Rat gebraucht. Jemand hätte sie aufhalten können bei dem, was sie mit uns vollzogen haben.

Stattdessen hat man sich an uns Kindern abgearbeitet. Es hat an unserem Glauben an die Liebe gerüttelt, an unserem Empfinden, das Recht zu haben, hier zu sein, daran, dass die Welt auch ein guter Ort sein kann.

Die geschundenen Seelen und Körper, mit denen auch die folgenden Generationen noch zu leben haben, sind in allen Kulturen gleich. Die Menge der Pigmente im Körper hat hierbei keine Funktion. Das ist einfach zu begreifen.

Kinder sind immer die Kinder von jemandem. Hunger, Verletzungen, zerstörte Körper, zerrissene Familien sind immer nur genau das. In Schwarz und Weiß. Was haben wir Menschen getan. Und nun spricht die Weiße Frau in mir, die ich gar nicht mehr bin, aber sehr lange war. Was haben wir getan, was haben wir der Welt angetan, all den Menschen, den Familien, uns selbst. Wegen einer bestimmten Pigmentierung der Haut. Wegen der Eitelkeiten, zu denen wir erzogen werden. Wegen des Geldes, das uns immer nur wieder zu Geld führt. Während die ganze, wundervolle Erde einfach aufgebraucht wird. Wir haben ja die Wahl. All diese Fähigkeit zum Narzisstischen, Eigensinnigen steckt in jedem Individuum. Aber wir entscheiden, ob wir es sein wollen und wann. Jeden Tag. Am Anfang meiner Recherche zu diesem Buch dachte ich noch, die Menschen wissen es nicht besser. Aber sie wissen es – oder sagen wir, sie *könnten* es wissen, wenn sie hinsehen würden. Sie wissen es, alles und längst genug. Aber die Bequemlichkeit ist zu groß. Das Weißsein hat über so viele Jahrhunderte hinweg auf dem Rücken friedfertiger Völker stattgefunden und nun sind all die überpflegten, perfekten, schlankgehungerten oder in perfekte Kleider gestopften Menschen, die immer perfekter werden wollen, deren schlechtes Gewissen ihnen im Nacken sitzt, überfordert mit dem Schmuddel, den sie selbst angerichtet haben. Wegzugehen wäre wohl recht unsinnig, denn es gibt keinen Ort mehr, an den man noch gehen kann, an dem das Resultat des schlechten Verhaltens der Menschheit nicht zu spüren ist. Nicht einmal in dir selbst. Hier könnte deine klärende Reise einen Anfang finden. Wenn ich mir vorzustellen beginne, wie rassistisch ich selbst erzogen und demnach gewesen und noch immer zuweilen bin, schäme ich mich für diese Konditionierung, obgleich ich schuldlos in diese Situation hineingewachsen bin. Vollgestopft mit kreativsten Verurteilungsmodellen mir selbst gegenüber. Und hier und da auch meinen BIPoC-Kolleg:innen und Menschen um mich herum gegenüber, entledige ich mich minütlich, stündlich, täglich mehr und mehr von diesem grinsenden, eklig sich um die Seele herumschlängelnden Wurm, der die Befähigung zu Mitgefühl und Miteinander zerfrisst. Es braucht den Mut zur Scham und den Mut, in Tränen zu zergehen, wenn einem klar wird, wozu man eigentlich Ja sagt, wenn man nicht Nein sagt. Es tut weh, rückwirkend seine Unfähigkeit vor dem eigenen Auge abzubilden.

Es verunsichert. Und vielleicht umtreibt dich sogar ein hilfloser Schwindel. Wenn es sich so anfühlt, ist es richtig und du kannst ruhigen Gewissens dort hindurchgehen. Zieht dieses Ungeziefer aus euch heraus, sage ich. Denn das, was dann kommt, lässt so viel Platz für Besseres.

Alle Bilder, die es braucht, sind sichtbar. Meine Hoffnung sind unsere Kinder. Sie tun es besser als wir. Sie sind offen, mutig und vollgestopft mit Liebe. Kraftvoll und hatten viel Zeit, unseren Fehlern zuzusehen.

Es ist nicht nur eine Zeit, die wir hier verbringen mit all den anderen.

Wir teilen unsere Tage, unsere Zeit, die Luft und unser Wissen miteinander. Teilen Geschichten, die wir hören wollen, und auch die, die wir nicht hören wollen.

Würden wir doch alle hinsehen und zuhören. Wir würden einander beschützen können. Wir könnten die Schwachstellen der Gesellschaft und Gemeinschaft durch uns selbst tragen und heilen. Wir könnten Streit schlichten, in Gewalt eingreifen, Schmerzen ernst nehmen. Leid teilen und gemeinsam Freude am Leben haben, weil es so ist. Das wünsche ich mir.

Früher, in der DDR, gab es keinen Ort, an den ich hätte gehen können, weil wir eingesperrt in einer Diktatur waren. Nun ist das *Nowhere-to-Go* die ganze Welt. Wir können nicht mehr vor der Verantwortung füreinander davonlaufen. Jede:r, die oder der das in sich hinein fragt, weiß das. Jede:r wird die gleiche Antwort bekommen wie ich. Es ist eines jeden menschlichen Wesens Wahl, was damit zu tun ist.

Unsere afro(ost)deutschen Geschichten sind wichtig, sonst kommen wir in der Gesellschaft und Historie dieses Landes, unserer Heimat, nicht vor. Gerade, weil wir auch andere kulturelle Anteile in uns tragen, sind wir ein bereichernder Anteil der Bevölkerung. Wir sind nicht weniger, sondern mehr. Alle Menschen dürfen ihre Geschichten erzählen. So gehört es sich für eine Gesellschaft.

Stories need to be told!

Die sich eingeschlichene Leere wegen meiner immer noch lückenhaften Herkunft ist größer, als ich vermutet hatte. Man hat mich meiner friedlichen Identität beraubt. Die eine Seite nutzte gewaltsame, uneinsichtige, menschenverachtende Methoden der Erziehung und die andere, die ich noch immer sehr vermisse, fand nicht statt. Natürlich steht es mir frei, mein Leben mit allem zu füllen, was darin Platz finden möge. Eine Heimat kreiere ich nun in mir. Aber es wird nicht der Ort auf dem Schoß meiner Eltern oder Großeltern sein.

Da ist eine ganze Welt in mir, der ich neu begegnen kann. An Tagen wie heute habe ich Wachstumsschmerzen. Meine Knochen tun weh, ohne dass ich sonderlich müde bin. Als Kind war es schon so, dass ich fühlen konnte, wenn ich gewachsen bin. Ich wusste gleich, dass mir das Gefühl bekannt vorkam. Umso mehr hat es mich erfreut, genau das darin wiederzufinden.

Diese Geschichte ist nicht mehr nur an mich gekoppelt. Es ist eine von so vielen, ein Song, eine Melodie. Jetzt schwingt sie von Mensch zu Mensch, von Seele zu Seele. Wir sind die Klänge unserer Ahnen und die Ahnen unserer Kinder. So geben wir ihnen unsere Lieder in die Hände. Das ist, was wir tun.

Ich leihe mir May Ayims Wort in Gedenken an ihr Werk und bedanke mich für ihr Lied.

grenzenlos und unverschämt

ein gedicht gegen die deutsche sch-einheit

ich werde trotzdem
afrikanisch
sein
auch wenn ihr
mich gerne
deutsch
haben wollt
und werde trotzdem
deutsch sein
auch wenn euch
meine schwärze
nicht paßt
ich werde
noch einen schritt weitergehen
bis an den äußersten rand
wo meine schwestern sind
wo meine brüder stehen
wo
unsere
FREIHEIT
beginnt
ich werde
noch einen schritt weitergehen und
noch einen schritt
weiter
und wiederkehren
wann
ich will

wenn
ich will
grenzenlos und unverschämt
bleiben

May Ayim
[für Jacqueline und Katharina, 1990]

Thank you!

John Otis, Beck Berthold Ruczinski, Mac Folkes, Jork Weismann, Michaela Schwarz Weismann, Carola Niemann, Clara Meister, Stephen Burns, Stefanie Graf, Claudia Kühne, Anke und Torsten Schaubrenner, Jessica Ziesmer, Eugenia von Hannover, Maggie Sade Coker, Andrea Meyerfeld, Roberto Uribe Castro, Zozo Ngceni, Désirée Nosbusch, Angela Chambers, Elena Brower, Anna Kuen, Dr. Rayan Shayin, Carola Niemann, Nina Kunzendorf, Richard Stuart Perkins, Luis Alberto Rodriguez, Debra Shaw, Anne-Sophie Glahn, Aino Laberenz, Thembi Wolf, Hanna Leitgeb, Valérie Thieme, Sara Nuru, Sebastian Graalfs, Edward Buchanan, Jan Quammie, Dörte Reinke, Tobias Müksch, Izogie Guobadia, Ifeoma Ojukuwu, Toar Avni, Gudrun Maxwell, Michaela Rietz- Loeb, Sonja Heinrich, Diane Betties für *Die Frau*, Matthias Ziegler, Julia von der Heide, Oumi Janta, Susanne Walter, Tyronne Machhausen, Remo, Sammy Hart, Ruben Henkel for your music, Anders Talleeras, Oliver Beckmann, Frank Zacharias, Uje und Henni from Ujote Espresso, Tupoka Ogette für dein Buch *Exit Racism*, May Ayim für den Klang deiner Worte.

Quellen

Gedichte aus: May Ayim: blues in schwarz weiss / nachtgesang Münster UNRAST Verlag 2021 © UNRAST Verlag.

dpa: »Weiter Beratung für frühere DDR-Heimkinder in Thüringen«, Süddeutsche Zeitung, 26. April 2021, URL: <https://www.sueddeutsche.de/wissen/geschichte-erfurt-weiter-beratung-fuer-fruehere-ddr-heimkinder-in-thueringen-dpa.urn-newsml-dpa-com-20090101-210429-99-405298>

Fannrich-Lautenschläger, Isabell: »Die Hölle der Spezialheime«, Deutschlandfunk, 28. Dezember 2015, URL: <https://www.deutschlandfunk.de/kinderheime-in-der-ddr-die-hoelle-der-spezialheime-100.html>

Piesche, Peggy: »Schwarz und deutsch? Eine ostdeutsche Jugend vor 1989 – Retrospektive auf ein ›nichtexistentes‹ Thema in der DDR«. Heinrich Böll Stiftung, Heimatkunde. URL: <https://heimatkunde.boell.de/de/2006/05/01/schwarz-und-deutsch-eine-ostdeutsche-jugend-vor-1989-retrospektive-auf-ein>

Poppe, Grit, Weggesperrt, Oetinger 2010

Sachse, Dr. Christian. »Spezialheime der DDR-Jugendhilfe im Land Brandenburg«, URL: <https://aufarbeitung.brandenburg.de/wp-content/uploads/2018/11/Spezialheime.pdf>